Malte Brinkmann | Stefan Kipf | Ruprecht Mattig (Hrsg.)
Wilhelm von Humboldt: Kulturwissenschaftliche Forschung zwischen Praxis, Theorie und Empirie der Bildung

Malte Brinkmann | Stefan Kipf | Ruprecht Mattig (Hrsg.)

Wilhelm von Humboldt: Kulturwissenschaftliche Forschung zwischen Praxis, Theorie und Empirie der Bildung

BELTZ JUVENTA

MIX
Papier aus verantwortungsvollen Quellen
FSC® C089473

Dieses Buch ist erhältlich als:
ISBN 978-3-7799-7176-4 Print
ISBN 978-3-7799-7177-1 E-Book (PDF)

1. Auflage 2023

Herstellung: Myriam Frericks
Satz: xerif
Druck und Bindung: Beltz Grafische Betriebe, Bad Langensalza
Beltz Grafische Betriebe ist ein klimaneutrales Unternehmen (ID 15985–2104-100)
Printed in Germany

Weitere Informationen zu unseren Autor:innen und Titeln finden Sie unter: www.beltz.de

Inhalt

Einleitung

Ruprecht Mattig, Malte Brinkmann, Stefan Kipf

Das Humboldt-Jahr 2017 und die Feierlichkeiten zu seinem 250. Geburtstag machten noch einmal deutlich, dass der Blick auf Wilhelm von Humboldt auch und vor allem durch seine Sprachphilosophie (Trabant 2012), seine liberale Staatstheorie und – vor allem in Berlin – seine Tätigkeit als Bildungspolitiker und als Mitbegründer der Universität (McClelland/Tenorth 2013) geprägt ist. Er gilt bis heute also vor allem als Theoretiker und Politiker, wird aber kaum als empirischer Forscher wahrgenommen. Für die empirische Forschung steht dagegen sein Bruder Alexander, der große Naturforscher, der die Welt auf ausgedehnten Reisen erkundete. In den Statuen, die am Eingang der heutigen Humboldt-Universität zu Berlin stehen, ist diese Aufgabenteilung deutlich zu sehen: Wilhelm ist dort mit einem großen Buch als Mann des Geistes und der Geisteswissenschaft dargestellt, Alexander mit einem Globus, einem Herbarium und anderen Utensilien als Mann der Empirie und der Naturforschung.

In der Pädagogik hat zu diesem Bild Wilhelm von Humboldts auch eine besondere Rezeptionsgeschichte beigetragen. Es war jahrzehntelang von Eduard Sprangers (1882–1963) Darstellung Wilhelms als eines humanistischen Bildungstheoretikers geprägt, der Individualismus und Idealismus verklärend und vergeistigt verkörpert habe (Spranger 1909) – ein Bild, das sich in Abschattungen bis heute durchhält (vgl. Rieger-Ladich 2020). Die Empirische Bildungsforschung, die in den letzten Jahrzehnten reüssierte, konnte mit diesem Verständnis von Bildung nichts anfangen. Es galt als philosophische und normative Kategorie, als „deutsches Syndrom“ (Schriewer) nationaler Idiosynkrasie, das man ablegen wollte – nicht nur, um internationale Vergleichbarkeit herzustellen, sondern auch, weil Bildung als Humanitätsidee kaum für empirische Messungen operationalisiert werden kann. In der quantitativ orientierten Empirischen Bildungsforschung wird aktuell vor allem der Begriff der Kompetenz verwendet, der sich am angelsächsischen *literacy*-Konzept orientiert. Aber auch für viele qualitativ orientierte Zugänge gilt, dass sie, etwas zugespitzt formuliert, ohne eine Theorie der Bildung auskommen. Das Verhältnis von Bildungsforschung und Bildungstheorie soll in diesem Band mit Humboldt einer erneuten Prüfung unterzogen werden. Die Potenziale, Möglichkeiten und Spielarten einer bildungstheoretisch orientierten Bildungsforschung werden mit Humboldt neu verhandelt.

Ausgangpunkt ist eine Umkehrung: Das Bild von Wilhelm von Humboldt, das von Mythen und Mythologisierungen durchzogen ist (Tenorth 2018), wird gleichsam vom Kopf auf die Füße gestellt. Denn anders als die breite Rezeption des Humboldt'schen Werkes es nahelegt, ist auch *Wilhelm* ein Empiriker gewesen. Von seinen frühen Arbeiten über den Staat bis hin zu seinen Altersstudien über die Vielfalt der Sprachen hat Humboldt immer auch empirisch geforscht und sein theoretisches Denken empirisch gegründet. Das gilt sowohl für seine frühen ethnographischen Studien als auch für seine Forschungen im Bereich der Sprache und seine historischen Studien. Im Mittelpunkt steht dabei die Kultur als Ausprägung mannigfaltiger und vielfältiger individueller Äußerungen des Menschen, in denen sich Humanität repräsentiert. Dabei wird deutlich, dass seine für viele Disziplinen bahnbrechenden theoretischen Einsichten und selbst seine politischen Vorschläge und Entscheidungen ohne Einbezug seiner empirischen Studien nicht ausreichend verstanden werden können.

Es geht hier also um empirische Bildungsforschung, eine, die dem Begriff der Bildung gerecht zu werden versucht. Dieser systematische Anspruch wirft aber einige Fragen auf: Wie ist Humboldts Bildungsverständnis zu interpretieren, wenn die auf Spranger zurückgehende Deutung von Bildung als unpolitische Innerlichkeit und Geistesaristokratie nicht mehr haltbar ist? In welcher Weise hat Humboldt seinen Begriff von Bildung ‚operationalisiert' (ein Wort, das zu seiner Zeit freilich noch nicht verwendet wurde)? Wie ist er in seinen empirischen Forschungen methodisch vorgegangen? Wie ist der Zusammenhang zwischen Bildungsforschung, Bildungstheorie und Bildungspraxis zu sehen – einer Praxis, die Humboldt in einer kulturwissenschaftlichen und zivilgesellschaftlichen Perspektive, wie man heute sagen würde, erforscht hat. Und letztlich: zu welchen Ergebnissen kam er durch seine theoretischen und empirischen Studien und welche Wirkungen haben diese Ergebnisse gezeitigt?

Es zeigt sich, dass Humboldts Begriff der Bildung für das empirische Forschen nicht verabschiedet werden muss. Aber der Begriff der „Bildungsforschung", der heute vor allem mit international vergleichenden Schulleistungsstudien assoziiert wird, erscheint in einem anderen Licht, wenn man ihn von Humboldt her denkt. Blickt man auf die vielfältigen Gegenstandsbereiche Humboldt'scher Forschungen und politischer Tätigkeit – Charakter, Nation, Sprache, Kultur, Anthropologie, Staat, Politik, Universität, Schule, Curriculum – (vgl. Menze 1965, Benner 2023), so lässt sich von einer empirischen, kulturwissenschaftlich orientierten und theoretisch-reflexiven Bildungsforschung sprechen. Auf diese Weise lassen sich Bildungstheorie und Bildungsforschung als Kulturwissenschaft rahmen.

Humboldts Bildungsverständnis hatte eine äußerst breite Spannweite, er hatte das einzelne Individuum, die „Geschlechtscharaktere", die „Nationalcharaktere" und letztlich, ganz Kosmopolit, die gesamte Menschheit im Blick. Sein Ziel war die Höherbildung der Menschheit in der Fülle und Vielfalt individueller Charaktere. Dieser Idee blieb er sein Leben lang treu. So schreibt er 1797 in dem Fragment „Das achtzehnte Jahrhundert": „Mannigfaltigkeit der Charaktere ist daher die erste Forderung, welche an die Menschheit ergeht, wenn wir sie uns als ein Ganzes zu höherer Vollkommenheit fortschreitend denken" (GS II, S. 38)[1]. Und sein Alterswerk aus den 1830er-Jahren über die Sprache Javas trägt den Titel: „Über die Verschiedenheit des menschlichen Sprachbaues und ihren Einfluß auf die geistige Entwicklung des Menschengeschlechts" (GS VII.1, S. 1).

Um diesem Bildungsziel in der Praxis näherzukommen, so Humboldt, müssen die Menschen in ihren Bildungsmöglichkeiten *empirisch* erforscht werden. So entwickelt er ein Konzept für eine empirische Bildungsforschung *avant la lettre*, bei der sich Empirie und Theorie wechselseitig durchdringen, so dass die Empirie theoriegeleitet untersucht wird und die Theorie durch die Empirie weiterentwickelt und differenziert wird (vgl. Mattig 2019). Der Blick auf Humboldts empirische Untersuchungen ermöglicht damit auch ein anderes, erweitertes Verständnis seiner theoretischen Arbeiten.

Vor diesem Hintergrund wird es auch möglich, einen Blick auf pädagogische Praxis zu werfen, der sich im Sinne von Humboldts Humanismus an einer Balance zwischen Relativismus und Universalismus, zwischen Individuum und Menschheit orientiert. Bildung ist hier nicht nur Geistesbildung, sondern auch Praxis, die sich sowohl individuell als auch kollektiv, sowohl geistig als auch leiblich ausdrückt.

Schließlich macht der hier vorgeschlagene Blick auf Wilhelm von Humboldt auch deutlich, dass Humboldts empirische Forschung selbst eine in humanistisch-bildungstheoretische Vorstellungen eingebundene Praxis ist. Humboldts Tätigkeiten als Leiter der Sektion für Kultus und Unterricht zeigen, dass Bildungsforschung, Bildungstheorie und Bildungspolitik eine produktive Verbindung eingehen können. Die hier versammelten Beiträge machen deutlich, dass sich mit Wilhelm von Humboldts Forschungen zwischen Praxis, Theorie und Empirie der Bildung methodologische, kulturwissenschaftliche und bildungstheoretische Perspektiven aufwerfen lassen, die das herrschende, hegemoniale Verständnis empirischer Bildungsforschung als messende und vermessende Disziplin zur Disposition stellen.

In diesem Band werden vielfältige Perspektiven für eine bildungstheoretische und kulturwissenschaftlich orientierte Bildungsforschung entworfen, die sich modelltheoretisch, methodologisch, gegenstandsbezogen oder anthropologisch artikulieren. Es werden die Originalität und Aktualität sowie die Bedeutung und auch die Nützlichkeit der Humboldt'schen Theorie und Methodologie für aktuelle Fragen und Probleme der Bildungsforschung deutlich gemacht sowie Konsequenzen und Ausblicke für die künftige Bildungsforschung und Humboldtforschung formuliert.

Dieser Band geht auf eine Vorlesungsreihe an der Humboldt-Universität zu Berlin im Wintersemester 2021/22 und dem Sommersemester 2022 zurück. Diese

1 Wilhelm von Humboldt wird hier nach den *Gesammelten Schriften* (GS) zitiert: Humboldt 1903–1936.

wurde von den Herausgebern im Rahmen des Interdisziplinären Zentrums für Bildungsforschung an der Humboldt-Universität organisiert.

Heinz Elmar Tenorth verdeutlicht in dem Eröffnungsvortrag der Vorlesungsreihe und des vorliegenden Bandes die Bedeutung, den Nutzen und die Unentbehrlichkeit der Humboldt'schen Bildungstheorie für die empirische Bildungsforschung. Zunächst stellt Tenorth mit wenigen, klaren Strichen die Leerstellen des alten, behavioristisch orientierten Angebots-Nutzungs-Modells der Lehr-Lernforschung heraus, das er mit Luhmann als Trivialmaschine charakterisiert. Sodann zeigt er, dass die darin fehlende Ko-Konstruktion von Lehrenden und Lernenden mit Humboldts zugleich normativ und empirisch basiertem Weltmodell erheblich differenziert und reflexiver zu bestimmen ist. Dazu wird das Modell der Wechselwirkung zwischen Mensch und Welt (als „NichtIch") nicht bildungsphilosophisch, sondern bildungspraktisch in unterschiedliche „Bildungswelten" pluralisiert und differenziert. Bildung vollzieht sich in Schule, Unterricht und im Bildungssystem schulform- und lebenslaufbezogen, curricular und strukturell differenziert. Sie wird damit individuell und systemisch reflexiv bzw. selbst reflexiv. Diese Form der systemtheoretischen Beobachtung der Beobachtung wird wieder an die Bildungsforschung als Lehr-Lernforschung zurückgespielt und konstatiert, dass aktuelle Revisionen des Angebots-Nutzungs-Modells die zuvor aufgewiesenen Leerstellen identifizieren und das Modell erheblich differenzieren, allerdings mit dem Effekt, dass nun „nicht trivial", wie in der qualitativen Bildungsforschung auch, Wirkungen im oder des Unterrichts nicht mehr kausal bestimmbar sind. Der Humboldt'schen Reflexionsmodus wird schließlich modelltheoretisch der Bildungsforschung als Wechselwirkung zwischen „Methode und Befunden, im Trivialen und im Komplexen" als allgemeiner Betriebsmodus der Wechselwirkung in und mit Bildungswelten empfohlen.

Ruprecht Mattig weist in seinem Beitrag zunächst darauf hin, dass Humboldts Kosmopolitismus bisher nicht Gegenstand einer systematischen wissenschaftlichen Analyse wurde und seine kosmopolitischen Ideen im Rahmen seiner Anthropologie einzuordnen sind. Mattigs zentrale These lautet daher, dass mit Humboldts Anthropologie gerade auf solche Aspekte, die in der philosophischen Tradition als problematisch erscheinen, ein alternativer Blick entwickelt werden könne. Es wird in Mattigs Ausführungen deutlich, dass der Kerngedanke von Humboldts Kosmopolitismus in der Bildung liegt, und zwar als weltweite Kultivierung menschlicher Vielfalt. Das Besondere an Humboldts Ansatz ist dabei sein Menschenbild, das sich nicht nur auf die Vernunft bezieht, sondern alle „Kräfte" des Menschen berücksichtigt und ihnen zur Bildung verhelfen möchte. Humboldts vergleichende Anthropologie erweist sich als ein kosmopolitisches Projekt, das dazu beitragen soll, empirisch, theoretisch und praktisch ein möglichst facettenreiches Bild der Menschheit in ihrer höchstmöglichen Entfaltung hervorzubringen. Mattig betrachtet Humboldts Ansatz zunächst in historischer Perspektive mit Bezug auf den Zusammenhang von Anthropologie und Kosmopolitismus. Im Anschluss daran skizziert er die Tradition des philosophischen Kosmopolitismus, um in systematischer Hinsicht deren Vernunftbetonung zu verdeutlichen. Sodann arbeitet Mattig einzelne Facetten von Humboldts Kosmopolitismus heraus, wobei chronologisch vorgegangen wird: von Humboldts frühen anthropologischen und politischen Überlegungen über seine ethnographischen Forschungen und Pläne zur Bildungsreform bis hin zu seiner Sprachtheorie. Mit Blick auf die Gegenwart formuliert Mattig auf der Basis seiner historischen Analysen wichtige Kennzeichen des Kosmopolitismus. So bedeutet Bildung in kosmopolitischen Begegnungen: sich mit fremden Kulturen und Sprachen auseinanderzusetzen und transkulturelle Dynamiken in Gang zu setzen; dass alle Personen an den Ergebnissen dieser Begegnungen teilhaben, auch wenn sie nur mittelbar an ihnen beteiligt sind, um soziale „Klüfte" zu überwinden; die gemeinsame, oft konfliktreiche und schmerzhafte Vergangenheit zu reflektieren und dabei auch die vielen noch offenen Wunden der Geschichte zu bearbeiten. Abschließend plädiert Mattig dafür, das Wissen über Bildung in kosmopolitischen Begegnungen zu erweitern, z. B. durch Forschung im Bereich der pädagogischen Anthropologie.

Jürgen Trabant richtet seinen Blick auf Humboldts Sprachforschungen und zeichnet nach, wie eng hier empirische Untersuchungen und theoretische Einsichten aufeinander bezogen sind. Trabant fokussiert dabei auf Humboldts erste intensive Beschäftigung mit dem Thema der Sprache in den Jahren 1811/12. Der Beitrag beginnt mit der Betrachtung von Humboldts Studien des Baskischen, die eine zentrale Rolle in der Entwicklung von Humboldts Sprachforschung spielen. Hier entwirft Humboldt zum ersten Mal sein großangelegtes Projekt der Erforschung der Sprachen der Menschheit, das er dann in der Folge ausarbeiten wird. Humboldt geht es dabei um die deskriptive und strukturelle Untersuchung von Sprachen mit Hilfe des Sprachvergleichs. Seine Studien über die baskische Sprache, so Trabant, sind dabei noch ganz empirisch ausgerichtet und enthalten kaum so etwas wie eine Sprachphilosophie. Trabant geht anschließend auf Humboldts Studien der Amerikanischen Sprachen ein und zeigt, wie er sich, auch hier zunächst noch ganz Empiriker, durch Grammatiken und Wörterbücher arbeitet. Allerdings beginnt Humboldt nun auch, allgemeine, also theoretisch-philosophische Schlussfolgerungen aus seiner Beschäftigung mit den empirischen Sprachen zu ziehen: In den Reflexionen zu den Amerikanischen Sprachen deuten sich Begriffe wie „Weltansicht" an, für die seine Sprachphilosophie heute so bekannt ist. Abschließend untersucht Trabant eine erst kürzlich entdeckte „Sprachkarte" Wilhelm von Humboldts aus dem Jahr 1812, in der Humboldt – im Zwiegespräch mit Goethe – die räumliche Verteilung der menschlichen Sprachen in Europa darstellt und damit eine Alternative zur damaligen historischen Sichtweise auf Sprachen gewinnt. Überhaupt weist Trabant in seinem Beitrag immer wieder darauf hin, dass Humboldt mit seinem Ansatz der Sprachforschung dem Fach der Linguistik vorausgegriffen hat.

Iñaki Zabaleta-Gorrotxategi geht auf Humboldts Forschungen über die Basken ein und nimmt dabei zwei Perspektiven ein. Zunächst wird Humboldts Baskenerfahrung als ein Schlüsselerlebnis für sein anthropologisches Denken dargestellt. Zabaleta-Gorrotxategi zeigt, dass Humboldts Konzept der vergleichenden Anthropologie auf die empirische Untersuchung von „Nationalcharakteren" ausgerichtet ist, so dass die Basken als eine Nation in seinen Forscherblick kommen. Humboldt treibt dabei sowohl politische als auch soziale und linguistische Studien. Dabei stellt sich für ihn ein anthropologisches Problem, das heute vor allem ein politisches Problem ist: Denn die Basken leben in zwei Staaten, dem spanischen und dem französischen, was die Frage nach ihrer kollektiven Identität aufwirft und das Verhältnis von Nation und Staat problematisiert. Letztlich, so Zabaleta-Gorrotxategi, münden Humboldts anthropologisch-empirische Baskenstudien in sein späteres Interesse für die Sprachen der Welt. Anschließend zeigt Zabaleta-Gorrotxategi aus einer aktuellen Perspektive, dass nicht nur die Basken für Humboldt von großer Bedeutung waren, sondern, umgekehrt auch Humboldt für die Basken. Dabei geht er wieder von der Frage aus, was eigentlich das Baskische ausmacht, wobei er – ganz wie Humboldt – die Bedeutung der baskischen Sprache betont. Anschließend zeichnet Zabaleta-Gorrotxategi die Rezeption der Arbeiten Humboldts im Baskenland nach und verweist auf eine rege Übersetzungstätigkeit gerade seiner Studien über das baskische Volk. Darüber hinaus stellt er Humboldts Ideen als eine wichtige, wenn auch eher indirekte Inspiration für kulturelle und politische Wiederbelebungsversuche des Baskischen ab Mitte des 20. Jahrhunderts dar. Schließlich zeigt Zabaleta-Gorrotxategi, dass Humboldts Arbeiten auch in der heutigen, schwierigen Situation der Basken noch Anregungen, auch in politischer Hinsicht, zu geben vermögen.

Dietrich Benner stellt Humboldt zum einen als Theoretiker der modernen Zivilgesellschaft und zum anderen als Theoretiker einer ausdifferenzierten Grundbildung vor, der damit wesentliche Grundlagen für eine demokratisch und bildungstheoretisch orientierte Bildungsforschung liefert. Eine erziehungstheoretisch und operativ ausgewiesene, also erziehungswissenschaftliche Forschung allerdings lässt sich nur über Humboldt hinausführend formulieren. Benner rekonstruiert zunächst in Humboldts Ideenschrift Grundzüge zivilgesellschaftlicher Bildungsprozesse, die sich nicht staatlich regulieren und die sich nicht in gesellschaftliche Teilsysteme einordnen lassen. Zivilgesellschaftliche Bildung findet als streitbare, individuelle und staatlich nicht regulierte Meinungsbildung zwischen unterschiedlichen Gruppen statt, in denen über das Gemeinsame gestritten und beraten wird. Humboldt hat, so Benner, erst später im litauischen Schulplan die Überlegungen zur Zivilgesellschaft auf das Erziehungs- und Bildungssystem bezogen, indem er darin erstens Übergänge von der Elementarschule zum Gymnasium und zur Universität implementierte und zweitens eine Theorie des allgemeinen Unterrichts konzipierte, mit der weitere Übergänge, nämlich zum einen der Übergang vom Bildungssystem in allgemeine, zivilgesellschaftliche Lebensformen und zum anderen der Übergang in spezielle, berufsspezifische Bildungsgänge erfassbar werden sollen. Humboldt unterscheidet dazu zwei Begriffe von Bildung: allgemeine Bildung als elementare, wissenschaftspropädeutische und wissenschaftliche Bildung und berufliche Bildung. Humboldt aber bleibt Bildungstheoretiker. Die edukativen, erzieherischen und operativen Voraussetzungen, die Bildungen ermöglichen sollen, werden von ihm nicht thematisiert. Benner führt im letzten Teil seines Beitrages exemplarisch eine Relationierung von Bildungs- und Erziehungstheorie am Beispiel des Lallens eines Kindes vor. Dazu wird Humboldts bildungstheoretische Lesart mit der erziehungstheoretischen Perspektive von Rousseau relationiert. Mit Fichte wird schließlich die notwendige Relationierung von Bildung und Erziehung bzw. Bildungs- und Erziehungstheorie für eine erziehungswissenschaftlich fundierte Bildungsforschung gefordert.

Stefan Kipf widmet sich in seinem Beitrag einem Aspekt der Rezeptionsgeschichte Wilhelm von Humboldts, der bei der Erforschung der Geschichte des altsprachlichen Unterrichts bisher weitgehend unbeleuchtet blieb. Humboldt wird bis heute die ‚Erfindung' des preußischen Gymnasiums zugeschrieben, einer Schulform, die ganz wesentlich von den beiden alten Sprachen Latein und Griechisch geprägt wurde. Damit wird zugleich unterstellt, dass Humboldt durch seine bildungstheoretischen und schulpraktischen Reflexionen, d. h. als theoretisch und empirisch ausgerichteter Bildungsforscher, bis in die Gegenwart hinein einen direkten Einfluss auf die Programmatik und auch auf die Praxis des altsprachlichen Unterrichts ausgeübt habe. Waren und sind die Vertreter des altsprachlichen Unterrichts tatsächlich „Schüler Humboldts", wie Walther Kranz im Jahr 1926 bemerkte? Um diese bisher ungeklärte Frage näher zu beleuchten, ist es angebracht, sich in der Geschichte des altsprachlichen Unterrichts umzusehen. Welche Rolle spielte Wilhelm von Humboldt in der Geschichte der altsprachlichen Fachprogrammatik seit dem 19. Jahrhundert? Welche Auswirkungen hat diese Rezeption auf die Gegenwart? Welche Perspektiven könnten sich für eine weitere fachdidaktische Beschäftigung mit Wilhelm von Humboldt ergeben? Kipf macht deutlich, dass die fachdidaktische Rezeption Humboldts Höhen und Tiefen aufwies und zwischen Verehrung und Vergessen Humboldts schwankte. Nachdem Humboldt bereits im Laufe des 19. Jh. weitgehend aus dem Blick der Vertreter des altsprachlichen Unterrichts geraten war, erfolgte über Eduard Spranger seine Wiederentdeckung: Humboldt wurde nunmehr in den existentiellen Krisen des altsprachlichen Unterrichts in den Zwanziger- und Fünfzigerjahren des 20. Jh. als Schutzpatron und Nothelfer in Anspruch genommen. Den Schwerpunkt bildete dabei die Reform des lateinischen Sprachunterrichts, indem Humboldts relativistisches Konzept von Sprache als Weltansicht nutzbar gemacht wurde, um insbesondere dem in der Öffentlichkeit übel beleumundeten Lateinunterricht eine didaktisch sinnvolle Legitimation geben zu können. Jedoch war diese durchaus produktive Rezeption nicht von Dauer. So glaubte man, sich unter dem Reformdruck der Siebziger Jahre von humanistischen Traditionen lösen zu müssen, um vor allem dem Lateinunterricht einen Neuanfang zu ermöglichen. In der Folgezeit tauchte Humboldt dann nur noch als vordergründige Projektionsfläche auf, an dessen Ideen man sich im ungünstigsten Fall klarmachte, was in der Gegenwart für den altsprachlichen Unterricht unrettbar verloren schien, nämlich seine zentrale, impulsgebende Rolle im Bildungswesen und der Gesellschaft. Schließlich skizziert Kipf vielversprechende Ansätze, sich in Zukunft mit Humboldt intensiv als historischer Referenzgröße zu befassen, dessen Bildungstheorie für den altsprachlichen Unterricht etwa im Bereich sprachlicher Bildung ein nicht zu unterschätzendes didaktisches Anregungspotenzial bietet.

Der Beitrag von Malte Brinkmann stellt die Methodologie der kulturwissenschaftlichen Bildungsforschung nach Humboldt in den Mittelpunkt. Der Autor geht davon aus, dass sich mit Humboldt nicht nur „einheimische" Begriffe der Pädagogik, sondern auch eine einheimische Methodologie der Bildungsforschung genauer bestimmen lässt. Im Mittelpunkt von Brinkmanns Ausführungen steht Humboldts „Plan einer vergleichenden Anthropologie" (1795/1960a), um diesen in einer systematischen Perspektive für die Methodologie und Gegenstandsbestimmung erziehungswissenschaftlicher Bildungsforschung fruchtbar zu machen. Dabei gelingt es Brinkmann, die historische Diktion Humboldts in aktuelle Begriffe zu übersetzen und mit dem aktuellen Diskurs in der Bildungsforschung zu verbinden. Dementsprechend wird die Aufgabe der vergleichenden Anthropologie, „individuelle Verschiedenheiten der Charaktere" aufzufinden, unter sieben Aspekten betrachtet: 1. Individuelle Verschiedenheiten der Charaktere: Kraft, Wechselwirkung, Lage; 2. Unterscheidung zufälliger und bleibender Charakter: Typus; 3. Beschaffenheit erforschen: Empirie und „Speculation"; 4. Ursachen nachspüren: Verstehen; 5. Wert beurteilen: Ideal und Normativität; 6. Die Art, sie zu behandeln, bestimmen: Praxis; 7. Den Fortgang ihrer Entwicklung vorhersagen: Antizipation von Möglichkeiten. Insgesamt wird deutlich, dass Humboldt eine Wechselwirkung zwischen Bildungstheorie, Bildungsforschung und Bildungspraxis anstrebt. Bildungsforschung ist daher kein Selbstzweck, sondern soll gleichermaßen wirksam werden für die Praxen in der Zivilgesellschaft und für die Praxis der Charakterbildung. Ihre Leistung besteht also darin, eine Heuristik zu bieten, die auf einer typologisierenden Menschenkenntnis von verschiedenen Charakteren basiert. Notwendiger Gegenstand der Bildungsforschung ist Bildung bzw. Charakterbildung, wobei nicht nur Forschung, sondern auch die Praxis der Bildung fundiert und orientiert wird. Brinkmann liest Humboldts Plan somit als Entwurf, erstmals so etwas wie eine „einheimische" Methodologie kulturwissenschaftlicher Bildungsforschung genauer zu bestimmen. Dabei ergibt der performative Wechselbezug von Bildungsforschung, Bildungstheorie und Bildungspraxis einen heuristischen Suchrahmen, der es ermöglicht, Empirie, Theorie und Praxis der Bildung zu verbinden, dazu die Bildungspraxis systematisch einzubeziehen, systematisch einen interdisziplinären, kulturwissenschaftlichen Zugang zu entwickeln und schließlich Normativität für Forschung und Praxis gleichermaßen fruchtbar zu machen.

Oliver Lubrich zeichnet in seinem Beitrag die Beziehung der Brüder Wilhelm und Alexander von Humboldt mit Blick auf insbesondere Alexanders Werk nach. Zunächst geht er darauf ein, dass diese brüderliche Beziehung mitunter Stoff für eine Mythenbildung abgibt, die auf eine gegensätzliche Unterscheidung zwischen dem Weltreisenden, Abenteurer und Solitär (Alexander) und dem Zu-Hause-Bleibenden, Staatsmann und Familienmenschen (Wilhelm) hinausläuft. Trotz oder gerade in dieser Gegensätzlichkeit werden die beiden Brüder oft zusammen erinnert, so Lubrich. In Antithese zu dieser geläufigen Deutung stellt Lubrich im Weiteren mit Blick auf das Werk Alexanders heraus, dass Wilhelm darin eine Schlüsselfunktion zugesprochen werden kann. In Alexander von Humboldts Werk spiegelt sich die Beziehung der Brüder, so Lubrichs These, die er anhand verschiedener Schriften herausarbeitet. Zunächst geht er auf Alexanders Amerikareise und die Briefe ein, die Alexander immer in besonderen Momenten von dieser Reise an seinen Bruder schreibt. Ähnlich verhält es sich mit der späteren Asienreise, die für Alexander in politischer Hinsicht aufgrund der polizeistaatlichen Überwachung eine Herausforderung darstellt, über die er allerdings nur seinem Bruder in Tegel berichtet. Weiterhin geht Lubrich auf die Herausgabe des wissenschaftlichen und literarischen Nachlasses Wilhelms nach dessen Tod durch Alexander ein und zeigt, inwiefern sich die Brüder auch gegenseitig literarisiert haben. Lubrich zeigt weiterhin, dass Alexander sein erfolgreichstes Werk, die *Ansichten der Natur*, nicht zufällig seinem Bruder gewidmet hat und dass Alexander – vor allem nach Wilhelms Tod – in seinen Werken immer wieder auf die Forschungen und Gedanken seines Bruders verweist. Dies wird insbesondere mit Blick auf den ersten Band von Alexanders *Kosmos* herausgearbeitet, in dem Wilhelm in einem „grandiosen Finale" (Lubrich) wörtlich zitiert wird, um Naturforschung und Humanismus miteinander zu verknüpfen. In Lubrichs Beitrag wird Wilhelm von Humboldt also nicht so sehr selbst als Forscher präsentiert, sondern eher als ein Spiegel, an dessen Reflexionen sein Bruder Alexander seine humanistisch orientierte Naturwissenschaft konturiert.

Hermann Parzinger stellt im letzten Beitrag dieses Bandes eine weitere, wichtige Facette der Humboldt'schen Bildungsreform vor. Neben den Schulplänen und der Reform des Schulwesens sowie nach der Gründung der Berliner Universität trat in der späten Phase seines Wirkens das Museum als weltbürgerliche Bildungsanstalt in den Fokus. Parzinger rekonstruiert den Weg Humboldts bis zur Gründung des Alten Museums als erstem öffentlichen Museum in Preußen und als Ort bürgerlicher und weltbürgerlicher Bildung vor dem Hintergrund seiner lebenslangen Beschäftigung mit der antiken Kunst und Kultur. Diesen verfolgt der Autor zunächst über die biographischen Stationen von Berlin ausgehend über Göttingen, Weimar, Paris, Rom und Wien zurück nach Berlin. Die erste Manifestation Humboldts klassischen Museumskonzepts wurde im Schloss Tegel verwirklicht, hier schon in der kongenialen Zusammenarbeit mit Schinkel, dem späteren Architekten und Baumeister Preußens. Mit Tegel hat Humboldt, so Parzinger, schon das erste öffentliche Kunstmuseum in Berlin geschaffen. Die Zusammenarbeit mit Schinkel wurde dann in der Konzeption, Planung und dem Bau des sogenannten Alten Museums wieder aufgenommen. Humboldt wie Schinkel vertraten auch hier ein klassizistisches Programm. Inhaltlich war dieses an Humboldts Orientierung an der klassischen griechischen Plastik des perikleischen Zeitalters ausgerichtet. Aufstellung und Hängung der Originale sollten eine einzigartige, nur vom Eindruck und ästhetischer Wirkung her getragene Präsenz entfalten können, die nicht durch pädagogische Wirkungsabsichten oder historische Kontextualisierung gemildert werden sollte. Das Museum erhält so eine aufklärerische Funktion als öffentliche, kulturelle Bildungseinrichtung des Bürgertums, das damit identitätsstiftend und zugleich bildend wirkt. Parzinger gibt im letzten Teil seines Beitrags einen Ausblick auf die Berliner Museumsgeschichte nach Humboldt und nach der Eröffnung des Neuen Museums 1859. In diesem wurde nunmehr eine historisierende, gleichsam hermeneutische Präsentation der Kunstwerke vorgenommen, wobei jetzt der kulturgeschichtliche Zusammenhang sowie die Lehr- und Forschungsfunktion des Museums auch als nationale Anstalt bürgerlicher Identitätsbildung im Mittelpunkt standen – eine Perspektive, die mehr dem Bruder Alexander entsprach und die im Unterschied zur klassizistischen, an Originalität und Ästhetik orientierten Konzeption nun auch Kopien und Gipsabdrücke beinhaltete.

Literatur

Benner, Dietrich (2023): Wilhelm von Humboldts Bildungstheorie. Eine problemgeschichtliche Studie zum Begründungszusammenhang moderner Anthropologie, Gesellschaftstheorie und Bildungsreform. 4. Aufl. Weinheim/Basel: Beltz Juventa.

Humboldt, Wilhelm von (1903–1936): Gesammelte Schriften. 17 Bände. Hg. von der Preussischen Akademie der Wissenschaften. Berlin: B. Behr's Verlag.

Mattig, Ruprecht (2019): Wilhelm von Humboldt als Ethnograph. Bildungsforschung im Zeitalter der Aufklärung. Weinheim/Basel: Beltz Juventa.

McClelland, Charles; Tenorth, Heinz-Elmar (2013): Geschichte der Universität Unter den Linden. Band 1: Gründung und Blütezeit der Universität zu Berlin 1810 – 1918. Hg. v. Heinz-Elmar Tenorth. Berlin: de Gruyter (Geschichte der Universität Unter den Linden 1810–2010).

Menze, Clemens (1965): Wilhelm von Humboldts Lehre und Bild vom Menschen. Ratingen: A. Henn Verlag.

Rieger-Ladich, Markus (2020): Bildungstheorien zur Einführung. 2. Aufl. Hamburg: Junius.

Spranger, Eduard (1909): Wilhelm von Humboldt und die Humanitätsidee. Berlin: Reuther & Reichard.

Tenorth, Heinz-Elmar (2018): Wilhelm von Humboldt. Bildungspolitik und Universitätsreform. Paderborn: Ferdinand Schöningh.

Trabant, Jürgen (2012): Weltansichten. Wilhelm von Humboldts Sprachprojekt. München: C. H. Beck.

Von Humboldt lernen ... ein Plädoyer für bildungstheoretische Bildungsforschung[1]

Heinz-Elmar Tenorth

Vorbemerkung: Thema und Absichten

Woher weiß Humboldt von uns, so müsste man – von der Eingangsfrage in Ernst Blochs Hegel-Vorlesung inspiriert – auch jetzt wohl zuerst fragen. Eine Aktualisierung von Klassikern ist nicht selbstverständlich, und das gilt auch, wenn man Humboldt und damit die Bildungsphilosophie im Kontext der kulturwissenschaftlichen Forschung rezipieren und offenkundig auch aktualisieren will. Aber: Was hat Wilhelm von Humboldt jenseits der Bildungspolitik für Praxis, Theorie und Empirie der Bildung nicht allein den Philosophen, sondern den Humanwissenschaften wirklich zu sagen? Befriedigt er mehr als die Neugierde, die er als gebildeter Intellektueller mit seinen zeitdiagnostischen Texten, seinen ethnologischen Berichten und seinen anthropologischen Thesen immer neu weckt? War das schon Forschung oder sind es doch eher Bruchstücke einer noch auszuarbeitenden Philosophie, wie selbst wohlmeinende philosophische Interpreten den Status seiner Texte qualifizieren, jedenfalls Aussagen noch vor der Theorie und vor der Praxis der Forschung der Humanwissenschaften. Solches Denken ist vielleicht als Inspiration nutzbar, aber in aktuellen Forschungskontexten doch aus guten Gründen abgelegt.

Die aktuelle, vor allem die sog. „empirische Bildungsforschung" könnte man als stärksten Beleg für diesen problematischen Status von Humboldts Philosophie anführen. Sie gehört nicht zum Kreis der Freunde und Förderer der Humboldt'schen Texte, denn in einem theoretisch distinkten Sinne negiert sie ausdrücklich den Begriff der Bildung, den sie selbst in ihrem Namen führt. Aber sie spart den Begriff bewusst aus, weil sie ihn belastet sieht durch philosophische Spekulation, normative Übersteigerung und national-kulturelle Idiosynkrasien. Er gilt auch ihr als ein „deutsches Syndrom", wie unser Kollege Jürgen Schriewer die Bildungsphilosophie schon 1975 – und bis heute unwidersprochen (und an der Humboldt-Rezeption belegt) – genannt hat (vgl. Schriewer 1975). So, als Sonderweg der deutschen humanwissenschaftlichen Reflexion, wird diese semantische

1 Verschriftlichte Version des Vortrags vom 18.11.2021 zur Eröffnung der Vorlesungsreihe: „Wilhelm von Humboldt: Kulturwissenschaftliche Forschung zwischen Praxis, Theorie und Empirie der Bildung" des Interdisziplinären Zentrums für Bildungsforschung. Die Vortragsform ist im Wesentlichen beibehalten, nur die notwendigsten Nachweise wurden beigegeben.

Tradition auch dominant von außen, schon aus der Perspektive deutschsprachiger Schweizer Bildungshistoriker[2], bis heute meist codiert und damit zugleich auch abgelegt.

Welche Argumente kann es dann aber geben, Humboldt gerade für die aktuelle Forschung zu aktualisieren und den Kulturwissenschaften zu empfehlen? Ich versuche das im Folgenden exemplarisch zu begründen, indem ich Humboldt gerade für die schärfsten Kritiker, die empirische Bildungsforschung, als theoretisch nützlich, ja unentbehrlich empfehlen will. Dafür werde ich zuerst das leitende Modell der empirischen Bildungsforschung kurz vorstellen und mein Urteil begründen, dass ich es für ein triviales Modell halte, d. h. in spezifischen Kontexten brauchbar, aber systematisch nicht hinreichend; in einem zweiten Schritt will ich die Bildungstheorie Humboldts für die Konstruktion eines alternativen Modells nutzen – nicht ohne dabei einleitend mein Verständnis von Bildungstheorie gegen Alternativen zu rechtfertigen; in einem letzten Schritt soll – jenseits der Argumente Humboldts – danach gefragt werden, welche forschungsmethodischen Implikationen sich mit dem Modell verbinden, das ich bei Humboldt finde und der aktuellen Bildungsforschung anbiete. Kann man Bildung messen, das ist am Ende die Frage – und ich will, gegen das dominant negative Votum der Bildungsphilosophen bei diesem Thema, darauf nicht skeptisch oder defätistisch oder gar scharf abwehrend reagieren, sondern positiv antworten. Das soll sogar in der zugespitzten These geschehen, dass die Rede von Bildung so lange leer bleibt, wie sie nicht jenseits der grundlagentheoretischen Modellierung auch die Messproblematik in einem diskutierbaren Sinne darstellen und den Bildungsbegriff auch für empirische Forschung als nicht nur nützlich, sondern in einem theoretischen Sinne unentbehrlich ausweisen kann. Aber exakt das ist heute möglich, wenn man Bildungstheorie nicht vom Forschungskontext isoliert betrachtet, sondern als ihren integralen Teil sieht.

1. „Empirische Bildungsforschung" und ihre Modellierung der pädagogischen Wirklichkeit

Zuerst aber die Klärung der Ausgangssituation: Was heißt heute Bildungsforschung, und vor allem, was heißt empirische Bildungsforschung? Wie denkt sie? Antworten darauf sind nicht ganz einfach, denn die empirische Bildungsforschung ist zwar sozial, über eine abgrenzbar endliche Menge von Personen, sehr gut identifizierbar, aber theoretisch eher diffus. Als Gruppe von Forschern hat sich 2012 eine eigene, die „Gesellschaft für Empirische Bildungsforschung" (GEBF) gegründet, aber was deren Mitglieder konkret tun, das verschwindet in

2 Belege liefern immer neu die Texte z. B. von Rebecca Horlacher bis zu Daniel Tröhler et al.

der Tautologie, dass sie sich der „empirischen Bildungsforschung" widmen und zugleich „die Zusammenarbeit der Disziplinen stärken, die mit empirischen Methoden zu Bildungsfragen forschen" (GEBF Startseite). Das wäre eindeutig, wenn eindeutig wäre, was „empirische Methoden" sind und wie man „Bildungsfragen" eingrenzt. Die Beiträge der Tagungen der GEBF[3] belegen aber nur, dass es bei den Methoden um Praktiken der Erhebung und Auswertung von (meist in numerische Werte transferierten) Daten geht, wie sie bei der Beobachtung von Schule und Unterricht in Lehr-Lern-Prozessen – also sehr allgemein in „Bildungsfragen" – anfallen bzw. erhoben werden können.[4] Aber beides bleibt relativ offen, die Themen im Detail und auch die Methoden; denn mit Blick auf die Forschungsrichtungen der Mitglieder, zu denen z. B. keine Historiker oder Phänomenologen oder ethnographisch forschende Akteure zählen, sind auch nicht alle wirklichkeitsorientierten Methoden eingeschlossen. Gleichwie, nehmen wir mal die Arbeit dieser selbstdefinierten Gruppe als erste Referenz für ein Forschungsprogramm.

Ist die Theorielage klarer, die basale Konstruktion der Welt? Prüft man diese Frage an der aktuell dominierenden Praxis dieser Forschung, dann stoßen wir auf ein konstant dominierendes theoretisches Bild der Realität von Schule und von Lehr-Lern-Prozessen. Dieses Bild wird in der empirischen Bildungsforschung selbst als das „Angebots-Nutzungs-Modell" (Helmke 2012, S. 71; vgl. Kohler/Wacker 2013, S. 248) bezeichnet (vgl. Abb. 1).

In diesem Modell, das seit TIMSS[5] und in PISA[6] etc. die Beobachtung der Wirklichkeit auch öffentlich leitet und die Zurechnung von Ergebnissen *outcome*-orientierter Leistungsmessung theoretisch ermöglicht, wird der schulisch organisierte Lehr-Lern-Prozess in ganz eigenartiger Weise modelliert. Das sieht man schon, wenn man den Pfeilen folgt, in denen sich die Annahmen der Konstrukteure über

3 Eine Übersicht der Jahrestagungen (vgl. GEBF, Tagungen der GEBF):
2013: 1. GEBF-Tagung Kiel „Bildungsverläufe über die Lebensspanne";
2014: 2. GEBF-Tagung Frankfurt am Main „Die Perspektiven verbinden";
2015: 3. GEBF-Tagung Bochum „Heterogenität. Wert. Schätzen";
2016: 4. GEBF-Tagung Berlin „Erwartungswidriger Bildungserfolg über die Lebensspanne";
2017: 5. GEBF-Tagung Potsdam „Durch Bildung gesellschaftliche Herausforderungen meistern";
2018: 6. GEBF-Tagung Basel „Professionelles Handeln als Herausforderung für die Bildungsforschung";
2019: 7. GEBF-Tagung Köln „Lehren und Lernen in Bildungsinstitutionen";
2020: 8. GEBF-Tagung Potsdam (wegen der COVID-19-Pandemie abgesagt) „Bildung gestalten – Partizipation erreichen – Digitalisierung nutzen";
2021: Digitales GEBF-Konferenzjahr 2021;
2022: 9. GEBF-Tagung Bamberg „Alles auf Anfang? Bildung im digitalen Wandel";
2023: 10. GEBF-Tagung Essen „Bildung zwischen Unsicherheit und Evidenz".

4 Vgl. dazu auch Reinders et al. (2015), Inhaltsverzeichnis, Bd. 1, S. 5–7.

5 „Trends in International Mathematics and Science Study", seit 1995.

6 „Programme for International Student Assessment", seit 2000.

Abb. 1: Angebots-Nutzungs-Modell der Wirkungsweise von Unterricht

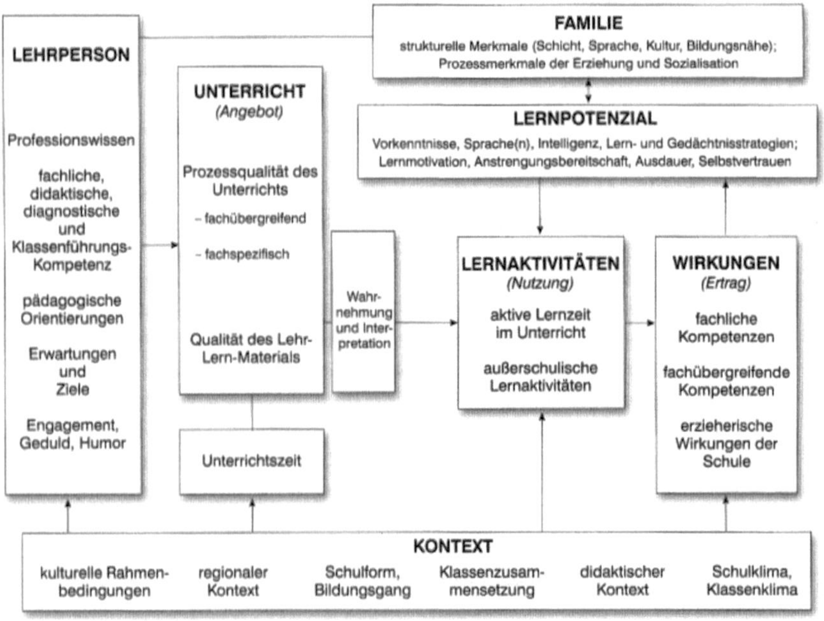

Quelle: Helmke 2012, S. 71

Wirkungszusammenhänge abbilden, denn die gehen alle in eine Richtung und von der Lehrertätigkeit aus. Das ist also noch behavioristisch gedacht, denn

> „Im Kern stellt das Modell ein erweitertes Stimulus-Response-Modell oder ein ergänztes und ausdifferenziertes Prozess-(Mediations-)Produkt-Modell dar. Zentral sind die drei Felder ‚Unterricht' (= Angebot), ‚Lernaktivitäten' (= Nutzung) sowie ‚Wirkungen' (= Ertrag)" (Kohler/Wacker 2013, S. 247),

und das heißt auch: „Der Bildungsbegriff […] findet sich, ungeachtet vorgebrachter Kritik, auch im Modell von 2009 nicht"[7] (ebd., S. 248).

Allerdings, das darf man natürlich nicht unterschlagen:

> „Wichtig erscheint dabei noch das kleine Feld zwischen dem Angebot und seiner Nutzung, welches mit ‚Wahrnehmung und Interpretation' überschrieben ist und auf die Mediationsprozesse von Seiten der Lernenden fokussiert" (ebd., S. 247), –

7 Das Zitat geht so weiter: „Damit operiert das Modell weitgehend mit Begriffen, die in der Lehr-Lernforschung etabliert sind (vgl. Gruschka 2011b) und konzeptualisiert damit Gestaltungsmerkmale von Unterricht unter der Erwartung von Wirkungen (vgl. Eickhorst 2011), die sich in messbaren Kriterien ausdrücken lassen (vgl. Terhart 2009)" (Kohler/Wacker 2013, S. 248).

allerdings ohne auf die Aktivitäten der Lehrenden zurückzuwirken (die können das anscheinend ignorieren). Wechselwirkung findet sich nur im Kontext der Familie. Aber damit wird das quasi normale menschliche Verhalten – sich im Blick auf andere handelnd zu orientieren – aus der Schule heraustransportiert und nur in der Familie gesehen und platziert. Nur dort ist der Mensch wirklich ganzer Mensch, und wird, Parsons winkt, als Persönlichkeit behandelt und nicht nur als „Lerner". Unbeschadet der Diskussion innerhalb der empirischen Bildungsforschung über das Modell, die eine große interne Varianz im Modell[8] und Debatten über seine Implikationen (vgl. McElvany/Gebauer/Gräsel 2019[9]) erzeugt hat, bleiben die Probleme, ja sie werden durch die systematischen Kontingenzen noch verschärft, die dem Modell ebenfalls eigen sind.[10]

---

8 Zur Diskussion, und ich zitiere wieder nur die wohlgesinnten Beobachter (Kohler/Wacker 2013): „Auch das ‚Systemische Rahmenmodell von Unterrichtsqualität und -wirksamkeit' von Reusser und Pauli (vgl. 2010, S. 18) bzw. Reusser (vgl. 2011, S. 21) enthält im Kern die Implikationen des Angebots-Nutzungs-Modells, wenngleich es Differenzen zum Modell von Helmke zeigt. [...] Damit nimmt das ‚Systemische Rahmenmodell von Unterrichtsqualität und -wirksamkeit' auch die Kritik Gruschkas vorweg, welcher am Angebots-Nutzungs-Modell kritisiert, es erkläre ‚den Unterricht als die kommunikative Verhandlung der Inhalte zwischen Lehrenden und Schülern genauso wie die Spezifik der sachlichen Anforderung zu einer intervenierenden Variable' (Gruschka 2011a, S. 36) und erhebe ihn nicht, wie es ihm eigentlich zukomme, ‚zum Kern der Sache' (a. a. O., S. 36; vgl. Gruschka 2011c, S. 120 ff.). In den modifizierten Modellen von Lipowsky (2009) sowie Reusser und Pauli (2010) erstreckt sich die Trennung von Angebot und Nutzung nicht in den Unterrichtsbereich hinein, und so wird dieser unter Berücksichtigung der Wechselwirkungen mit Hilfe bidirektionaler Richtungspfeile als Gesamtgeschehen modelliert." (Kohler/Wacker 2013, S. 249) Die Kritik existiert, aber das alte Modell hat sich insgesamt noch nicht verändert und wird weiter genutzt. Eine vergleichende Übersicht, zusammen mit einem neuen, integrierten Modell, liefern Vieluf et al. (2020).

9 Erst jüngst, aber ohne systematische Differenz zu den alten Programmen.

10 Ausführlicher noch einmal bei Kohler/Wacker 2013, S. 250 f.: „Sicher gilt für das Angebots-Nutzungs-Modell, wie es für ein Prozess-Produkt-Modell naheliegt, dass der Fokus auf der Frage der Wirksamkeit von Prozessvariablen liegt: ‚Guter Unterricht ist demnach der, der wirkt' (Gruschka 2011a, S. 37). Dabei wird allerdings leicht die entscheidende Frage nach der Sinnhaftigkeit und Bedeutsamkeit der anzustrebenden Ziele ausgeblendet. Ob der zur Diskussion stehende Unterricht bedeutsame Bildungsprozesse beispielsweise im personalen und sozialen Bereich zu befördern vermag, ob zentrale Inhalte und bedeutsame Schlüsselprobleme bearbeitet werden (vgl. Klafki 1985) oder in welchem Verhältnis die Bildungsprozesse zu den Funktionen von Schule stehen (vgl. Fend 1980), wird innerhalb dieses Modells nicht beachtet. Und so kann festgestellt werden, dass unter dieser Perspektive auch ein solcher Unterricht, der seine ursprüngliche Zweckbestimmung (Lernen zu ermöglichen) kaum mehr erkennen lässt, dennoch und sogar mehr oder weniger reibungslos weiterläuft. [...] Die interaktive Praxis scheint nahezu resistent gegenüber der Sinnfrage zu sein' (Breidenstein 2010, S. 873 f.). Das Modell lässt einen Sinnbegriff vermissen, wie er beispielsweise im kommunikationstheoretischen Unterrichtsverständnis darin zum Ausdruck kommt, dass die Bedeutung des Geschehens erst durch die situative Interpretation der Interaktionsteilnehmer und -teilnehmerinnen festgelegt wird (vgl. Meseth/Proske/Radtke 2011). Dieser relevante Punkt kann nicht hinreichend im Modell mit seinem impliziten Wirkbegriff abgebildet werden. Solange diese Begrenzung des Modells gesehen und ihm nicht mehr zugetraut wird, als es zu leisten vermag, resultiert daraus noch kein

Diese „Kontingenzen“, also die modellimmanenten Grenzen der Aufmerksamkeit, hat Jürgen Baumert auf einem Fachgespräch der KMK am 10.02.2016 in einem Überblick zur Forschungslage besonders deutlich markiert, als er die Frage diskutierte, „Was wissen wir über Unterricht und welche Fragen können wir nicht beantworten?“ Dort nannte er für das Angebots-Nutzungs-Modell „Zwei Kontingenzen“, und zwar als selbst gewählte Begrenzungen, die mit dem Modell systematisch verbunden sind, also Themen, die das Modell nicht thematisieren kann, weil sie modellsystematisch ausgegrenzt sind: „Die idiosynkratische Natur verständnisvollen Lernens“ sowie „Das ‚Angebot' als Ko-Konstruktion von Lehrendem und Lernern.“ Und was immer man von Unterricht und den Möglichkeiten seiner Gestaltung denkt: das sind zentrale Dimensionen seiner Konstruktion, und es verwundert doch, dass ein so prominentes Modell diese wichtigen Dimensionen vollständig ausblendet, sich also, uneingestanden, in eine problematische Tradition von Modellen der empirisch-pädagogischen Forschung einordnet.

Die Kritik blieb und bleibt deshalb auch nicht aus. Niklas Luhmann, ein so distanzierter wie kundiger Beobachter der pädagogischen Reflexionsarbeit, hat solche Theoriemodelle als „Trivial“-Modelle charakterisiert und ihre simplen Annahmen graphisch gezeichnet, wie in Abb. 2 zu sehen.

Abb. 2: Implikationen des Modells – der Lerner als „Trivialmaschine“

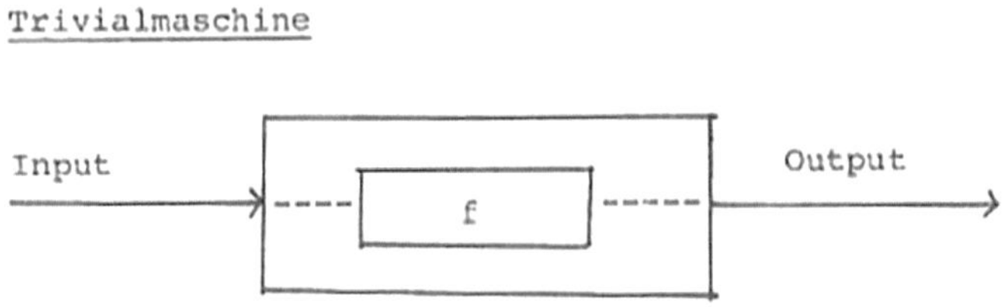

Quelle: Luhmann 1985, S. 82.

„Angebot“: Unterricht → „Nutzung“: Lernaktivitäten → „Ertrag“: Wirkung

Luhmann nennt solche Modelle der pädagogischen Welt „Trivial“-Modelle, weil sie – selbst eingestanden, wenn man Baumert liest – den Prozess des Unterrichts im Wesentlichen als *black box* betrachten und Lernende damit als „Trivial-Maschinen“

Problem. Wird das Modell aber als ausreichende Reflexionsfolie oder gar Planungsgrundlage für Unterricht erachtet, so fehlen zentrale Kategorien, die mit den Begriffen Sinn und Bedeutung hier nur angedeutet werden sollen. Sie kennzeichnen Unterrichtspraxis als eine den ganzen Menschen angehende und dabei immer auch moralische Praxis, die über eine technische oder technologische Betrachtung hinausweist (vgl. Biesta 2011).“

behandeln. Solche Modelle tun das explizit, obwohl ihre Nutzer natürlich wissen, dass Lernende keine Trivialmaschinen sind und entsprechend auch anders behandelt werden wollen, nämlich mit dem Ziel, dass alle Technologien im System dazu beitragen, „den Spielraum des ‚Selbst' in seiner Entwicklung auf die Beziehung von Selbst und Programm zu vergrößern und mehr Freiheit, das heißt mehr Unzuverlässigkeit zu erzeugen" (Luhmann 1986, S. 168). Theorietechnisch gesehen stößt man also erneut auf die paradoxen Probleme, mit denen sich Praxis und Reflexion von Erziehung systematisch ‚rumschlagen' und die sie in ihren theoretischen und operativen Überlegungen, z. B. in der Didaktik, in Mustern der Entparadoxierung bearbeiten und lösen müssen – zum Erstaunen der beobachtenden Soziologen.[11]

Wenn man nicht dieses Trivialmodell will, was wäre die Alternative? Für Luhmann ist die Sache eindeutig:

> „Es ist klar, daß psychische Systeme niemals Trivialmaschinen sind. Ihre Reaktion auf Anregungen wird immer auch durch Selbstreferenz ermittelt, das heißt: Sie befragen sich selbst, was von einem Input zu halten ist, und können auf den gleichen Input das eine Mal so, das andere mal anders reagieren." (Luhmann 1985, S. 82)

Abb. 3: Alternative – der lernende Mensch als „Nicht-Trivialmaschine"

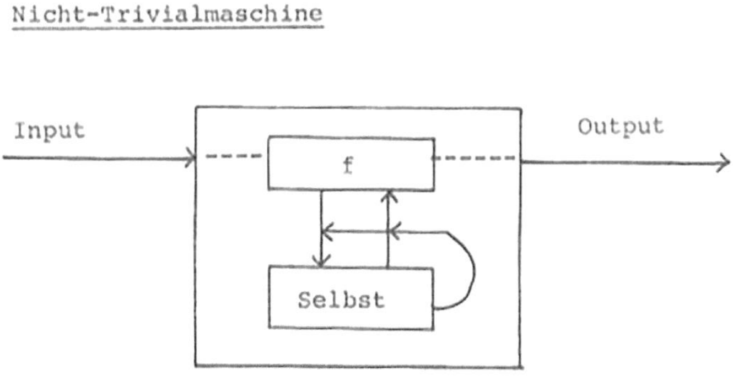

Quelle: Luhmann 1985, S. 82.

Auch diese Modellannahmen kann man, mit Luhmann, bildlich darstellen (Abb. 3.), als „Nicht-Trivialmaschine".

11 Luhmann 1986, S. 169 f. demonstriert das an einem langen Zitat, das er bei von Foerster findet, und der Frage, welche Fragen Pädagogen stellen sollen und ob dazu auch welche gehören sollen/dürfen/können, deren Antwort auch dem Pädagogen noch unbekannt ist. Zum Paradoxieproblem generell: Binder / Krönig 2021.

Anders als im Standard-Modell der empirischen Bildungsforschung spielen hier Beziehungen der Wechselwirkung nicht nur randständig, im familiären Kontext, aber ungenutzt für den Kern, für Unterricht, eine Rolle, sondern bestimmen das Zentrum des Modells. Aber im Blick auf die Realität der schulischen Arbeit fügt Luhmann auch – resignierend? – hinzu:

> „Im Interaktionssystem Unterricht werden sie gleichwohl als Trivialmaschinen behandelt und in Richtung auf Trivialisierung ihrer Transformationsfunktionen erzogen." (Luhmann 1985, S. 83)

Und bevor ihn alle Pädagogen erschlagen, fügt er hinzu, quasi bildungstheoretisch: „Ich bin mir natürlich im Klaren darüber, daß die Pädagogen mit ihrem Programm der Erziehung zur Freiheit das Gegenteil behaupten." (ebd.) Aber gegen diese pädagogische Argumentation sagt er, erneut der distanzierte Beobachter, dass die Pädagogik die damit bezeichnete Differenz von „Code" – Bildung – und „Programm" – Trivialisierung – zwar praktiziere, aber sich nicht eingestehe, sondern nur rhetorisch dem Programm folgt, also von „Bildung" redet, in ihrer Praxis aber dem Code der schulischen Selektion folgt und Trivialmaschinen erzeugt (vgl. Luhmann 1986, passim).

2. Bildungsphilosophie und -theorie als systematische Alternative – normative oder theoretische Referenz

Was sagen die hier kritisierten Pädagogen und Bildungstheoretiker zu solchen Modellen und Befunden? Können sie Luhmann einholen, vielleicht sogar überbieten, und zugleich auch seine Skepsis gegen eine von Codes statt vom großen Programm beherrschte Praxis dementieren? Gibt es eine bessere Modelloption in der Bildungsphilosophie, die doch nichts anderes so scharf vorträgt, wie ihre Abgrenzung von der empirischen Bildungsforschung?

Bei der Klärung dieser Fragen muss man zuerst – wie bei der Bildungsforschung wohl auch – die Angebote der Bildungstheorie selbst aus der Distanz betrachten; denn, zumindest das ist heute klar, es gibt keinen Konsens darüber, was den „Kern" des Bildungsdenkens ausmacht. Aktuell finden sich z. B. Versuche, von einem vermeintlich unstrittigen „normativen Kern" aus den Charakter von Bildung und zugleich auch den theoretischen Status und spezifischen Wert der Bildungstheorie zu bestimmen.[12] Selbst die operative Dimension wird dann nur von

12 Vgl. Stojanov 2014a sowie die darauffolgenden zahlreichen Beiträge zu diesem Vorschlag, den ich für ein Exempel für die Strategie halte, wie Bildungstheorie es sich leicht macht (vgl. Tenorth 2014). In seiner „Replik" (Stojanov 2014b) ignoriert Stojanov diese und andere theorie- und methodenkritische Einwände gegen seinen Vorschlag. In einem anderen Kontext hat Stojanov

Begriffen und Praktiken aus analysiert, in denen Normen und ihnen entsprechende Erwartungen regieren: Empathie wird dann gefordert, Anerkennung, Zuwendung, Vermeidung von Diskriminierung. Leistungsmessung dagegen, gar *outcome*-orientierte Messungen und an ihnen orientierte Gestaltung von Schule und Unterricht kommen schon deswegen dabei nicht vor, weil jede leistungsorientierte Betrachtung von Schule und Unterricht als ein Denken und Handeln in „sozialpathologischen" Dimensionen betrachtet und aus dem legitimen Bildungsdenken ausgegrenzt wird (vgl. Stojanov 2021, S. 788 u. a.).

Aber von einer solchen Position aus kann man kein funktional äquivalentes und zugleich in der empirischen Forschung konkurrenzfähiges Alternativ-Modell zum Angebots-Nutzungs-Modell erwarten, Normreflexion, nicht Forschung, ist hier zentral (und die Vorurteile der empirischen Bildungsforschung werden so erneut bestätigt). Allerdings, ich halte diese Position auch bildungsphilosophisch für eng und letztlich für irreführend und falsch. Sie markiert eine Anschauung über den Status von Philosophie, die in Theorien kommunikativen Handelns schon einmal präsent war und offenbar in der „philosophischen" Pädagogik bis heute beliebt ist, der ich aber wenig Kredit einräumen will und kann. In einer Analyse von Hegels Phänomenologie des Geistes (1807/1980) hat der Leipziger Philosoph Pirmin Stekeler (2014) dagegen das von mir favorisierte Verständnis von Philosophie und ihrer Möglichkeiten expliziert, wenn er (auch gegen die Habermas- oder Apel-Rezeption Hegels) „Geschwätztradition" und ernstzunehmende „Textinterpretation" (Stekeler 2014, Bd. 1, S. 15) unterscheidet. Er nutzt dabei Argumente der Kritik, die ich auch gegen eine Bildungsphilosophie nutzen würde, die sich primär von einem „normativen Kern" aus meint begründen zu können. „Philosophie", so Stekeler nicht ganz ohne Polemik, „ist aber mehr und anderes als sich unter Predigten des Guten zu versammeln. Philosophische wie religiöse Erkenntnisse verdecken in ihrer Erbaulichkeit sogar die in ihnen noch lange nicht aufgehobenen Spannungen ethischen Urteilens" (ebd., S. 21).

Schon ein Blick in die bildungsphilosophische Tradition belegt, dass nicht einmal dort eine solche eindeutige Fixierung auf normative Fragen dominiert hat. Sicherlich, auch Humboldt wurde bereits um 1900 und in Berlin ganz wesentlich von der „Humanitätsidee" her und mit Kants Ethik interpretiert, andere Berliner Philosophen lesen heute noch sein Verständnis von Wissenschaft und Forschung nur ethisch.[13] Wir alle kennen und zitieren seine emphatischen Sätze, wenn wir die Ambition von „Bildung" markieren wollen: Dass es darauf ankäme, „dem Begriff der Menschheit in unserer Person […] einen so großen Ausdruck als möglich

---

die These erneuert, dass seit Hegel in Ethos und Sitte, also in normativen Ansprüchen, der „intersubjektive Kern von Bildung" (Stojanov 2021, S. 789, Anm. 3 u. ö.) zu finden sei.

13 Ich erinnere also an die Tradition von Spranger (Spranger 1909 mündet in ein Kapitel zu Humboldts Ethik, in dem er zu belegen sucht, dass die Humanitätsidee „nur zu begreifen [ist] als eine Ausweitung der Kantischen Ethik", S. 395) bis zu Gerhardt 2017.

zu verschaffen" (Humboldt 1960b, S. 235). Aber Humboldt ergänzt (und relativiert) doch sogleich selbst seine Emphase und belegt, dass seine Bildungstheorie nicht über einen wie immer gearteten „normativen Kern" allein schon angemessen oder gar hinreichend verstanden ist, sondern nur als komplexe Theorie der Bildung rekonstruiert werden kann. Denn er weiß und unterstellt sogleich theoretisch, dass „diese Aufgabe […] sich allein durch die Verknüpfung unsres Ichs mit der Welt zu der allgemeinsten, regesten und freiesten Wechselwirkung [löst]" (ebd., S. 235 f.) – normativer Anspruch und ein empirisch basiertes Weltmodell gehen also von Beginn an parallel.

In dieser Relation auf „Welt" und in der starken, empirisch gehaltvollen These, dass erst in Wechselwirkung mit „Welt" sich Bildung vollziehen kann, beginnt Humboldts Entfaltung des Theorie-Modells, das ich hier für die empirische Bildungsforschung nutzen will.

3. Welten und Bildungswelten – Humboldts Theoriemodell

Seine Argumentation, auch das spricht für den Theoretiker, beginnt mit Skepsis und Distanz, denn er sagt, „Die Verknüpfung unsres Ichs mit der Welt scheint vielleicht auf den ersten Anblick nicht nur ein unverständlicher Ausdruck, sondern auch ein überspannter Gedanke" (ebd., S. 236), und er bleibt im Kontext seiner skeptischen Argumentation auch dann, wenn er hinzufügt, dass man bei der Klärung der „Aufgabe", die er vom Menschen in der Welt erwartet, „unmöglich bei etwas Geringerem stehen bleiben kann" (ebd.). Seine konstante Skepsis und zugleich die theoretische und empirische Anschlussfähigkeit seiner Argumentation belegt er weiter damit, dass er sogleich zu klären sucht, was „Welt" bedeuten kann und soll, damit Bildung möglich wird:

> „Was also der Mensch nothwendig braucht, ist bloss ein Gegenstand, der die Wechselwirkung seiner Empfänglichkeit mit seiner Selbstthätigkeit möglich mache. Allein wenn dieser Gegenstand genügen soll, sein ganzes Wesen in seiner vollen Stärke und seiner Einheit zu beschäftigen, so muss er der Gegenstand schlechthin, die Welt seyn, oder doch (denn diess ist eigentlich allein richtig) als solcher betrachtet werden." (ebd., S. 237 f.)

Humboldt folgt also einer für die moderne Wissenschaft, die in seiner Zeit entsteht und die er in Göttingen auch selbst studiert hat, typischen Fragestellung, wenn er fragt, was die angezielte Wechselwirkung „möglich mache". Er liefert damit selbst den Ausgangspunkt, Bildungsphilosophie auch, wenn nicht sogar zuerst, in epistemischer Hinsicht als kategoriale Konstruktion eines Weltmodells zu interpretieren. Denn wie sonst soll man verstehen, dass er zwar auf „Welt" zielt, und zwar als „Gegenstand schlechthin", aber dann doch – ganz und gar konstruktivistisch und empirieoffen – einen jeden Gegenstand akzeptiert, der „als Welt [...] betrachtet werden" kann. Denn „diess ist eigentlich allein richtig" – wie der Humanwissenschaftler Humboldt methodologisch angemessen, auf der Höhe von Kants Verständnis von Theorie und ihrem Modus des Weltzugangs konzis und knapp sagt.

Aber was bedeutet „Welt" – und ist der Begriff auch geeignet, die „Bildungswelt" zu charakterisieren? In seinen Überlegungen zur Theorie der Bildung, nur ein „Bruchstück" – aber doch unerschöpflich in seinem Anregungsgehalt –, bestimmt er die „Welt" und ihre je eigene Wirkungsweise für die Bildung der Subjekte näher. Er arbeitet dabei zwar auch mit Naturannahmen, denn das „Streben, nicht in sich müssig zu bleiben" (ebd., S. 235), sei die natürliche Bestrebung des Menschen, „den Kreis seiner Erkenntnis und seiner Wirksamkeit zu erweitern" (ebd.). Aber damit diese Bildung, dieses „Vorstellen und Bearbeiten von etwas" (ebd.), möglich wird, ist für den freien Menschen die Wechselwirkung mit Welt notwendig, weil er nur darin seine Erfüllung finden kann. Die erreicht er nicht ohne „Welt", also „nur vermöge eines Dritten" (ebd.), also eines „Gegenstandes", der als Welt betrachtet werden kann. Diese „Welt" muss allerdings für Humboldt ein zentrales Merkmal aufweisen, das zunächst nicht selbstverständlich ist, denn „dessen eigentlich unterscheidendes Merkmal ist es, NichtMensch, d. i. Welt zu seyn" (ebd.) – und damit eröffnet er die Möglichkeit, auch Institutionen wie die Schule oder den Kanon ihrer Fächer als Bildungswelt zu verstehen.

Diese Pointierung auf „NichtMensch" ist auch nicht selbstverständlich, denn schon in der zeitgenössischen Philosophie gab es bei der Diskussion des Bildungsthemas auch eine konkurrierende Theorieoption: „Der Mensch [...] wird nur unter Menschen ein Mensch" (Fichte 1796/1966, S. 347). Das kann man bei Fichte lesen, wenn er im ersten Teil der „Grundlagen des Naturrechts" (1796/1966) das Problem der „Einwirkung", auch der pädagogischen Einwirkung, auf den Menschen klärt, für den als Gattungswesen „freie Selbsttätigkeit" charakteristisch sei, aber nicht diese Fremdbestimmung, wie sie z. B. im Zugriff der Erziehung impliziert sei. Fichte klärt dieses Problem – die legitime Form der pädagogischen Einwirkung angesichts der Freiheit des Menschen –, indem er ihre Handlungsform als „Aufforderung zur freien Selbsttätigkeit" (ebd., S. 347; vgl. S. 340–348) präzisiert,[14] und zwar im Rahmen einer weit ausgreifenden Theorie der sozialen Konstitution von Individualität und Subjektivität. Das ist bildungstheoretisch eine konkurrierende Theorie, die ich hier schon deswegen ignoriere, weil sie die Perspektive auf das Bildungssystem und den Unterricht, in Differenz zu Humboldt, sehr stark ausblendet.

14 Also unterschieden von Erziehung im Kontext von „Sorge für die Erhaltung" des Menschen, die auch „Einwirkung" erlaubt, aber nicht als „höhere Erziehung" (Fichte) gelten kann, die der Mensch zur Menschwerdung und nicht nur zum Überleben braucht.

Humboldts Bild von „Welt“ als das ganz Andere, sein Blick auf den „Nicht-Menschen“ als den „Gegenstand“ der Wechselwirkung ist dagegen nicht nur für die Analyse von Bildungssystemen erheblich produktiver. Welt als „Nicht-Mensch“ erklärt bei Humboldt nämlich auch, wie der „Eigensinn“ der „Gegenstände“, ein Kanon von Fächern z. B., oder eine jede kulturelle Praxis, den Prozess der Bildung provoziert, der nicht nur Individualität konstruiert, sondern auch eine „Praxis“, in der Individualität in ihren Werken fortlebt und diese Praxis zugleich mit ihrer Tätigkeit konstituiert und fortzeugt. Bei Humboldt werden auch nicht nur ideale Welten wie die schöne Literatur, Kunst oder Philosophie zu Medien der Bildung, sondern die menschliche Alltagspraxis. In ihren je spezifischen ‚Geschäften‘ entfalten sie ihren Eigensinn, der als Herausforderung für die Bildung der Individuen fungiert, die sich wiederum in deren ‚Werken‘ objektiviert. In ihrer Dignität für Bildung umfassend, quasi grenzenlos präsent, kann ‚Welt‘ – jedenfalls bei Humboldt – auch nicht hierarchisch klassifiziert oder nach einem irgendwie zugeschriebenen Wert von Tätigkeitsfeldern oder „Aufgaben“ bewertet werden: „Jedes Geschäft kennt eine ihm eigenthümliche Geistesstimmung, und nur in ihr liegt der ächte Geist seiner Vollendung.“ (Humboldt 1960b, S. 239)

4. Bildungssystem, Schule und Unterricht als „Bildungswelten“

Der Weg in die Schule ist von einem solchen Verständnis von Welt aus so einfach wie naheliegend. Humboldt hat nicht zufällig seine Kommentare zu den Schulplänen für Königsberg und Litauen (1809/1964a) in einer Weise formuliert, dass man sie als eine bildungstheoretische Theorie der Schule rekonstruieren kann, schon in der Dekomposition der zentralen Dimensionen des Bildungssystems: Es wird konzipiert als ein gesellschaftliches System mit spezifischen Funktionen (zwischen Bildung und Selektion / Prüfung), als eine in sich gestufte und differenzierte Organisation und als Unterricht, d. h. als eigene Form der Interaktion, die vor allem sachlich, im Curriculum, aber auch zeitlich, in der prozessimmanent erzeugten Graduierung und Endlichkeit, und sozial, in der Definition ihrer Klientel und in der Etablierung einer eigenen Profession, eine ganz eigene Welt darstellt.

Die Logik des Systems erweist sich dabei zugleich als Ermöglichungs- und Steigerungsform von Bildung, und zwar in mehrfacher Weise in Wechselwirkung mit differenten „Welten“.

- Prozessbezogen, also nach einer immanenten Logik: Die Elementarschule macht Unterricht und den Lehrer „möglich“, denn sie erzeugt „Unterrichtsfähigkeit“; die Schule als Organisation realisiert Unterricht und damit Bildung durch Verallgemeinerung von „Kenntnissen“ – als Kanonisierungsarbeit – und durch Generalisierung und Kultivierung der Lernkompetenz.

- Gestuft im Lebenslauf: indem Schule das „Lernen des Lernens" zugleich allgemein und im fachlichen Kontext eröffnet, der immer „didaktisch" und „philosophisch" ist. Zugleich machen sich, *outcome*-orientiert (!), schul- und professionsbasierter Unterricht „entbehrlich", weil die Absolventen danach im Lebenslauf selbständig lernen können, ohne Lehrer, in der Universität und in der lebensweltlich-beruflichen Praxis.
- Curricular: Auch spezifische Bildungsgüter sind als Formen der Repräsentation relevanter Welten, als notwendiger Anlass und Strukturierungsform des Lernens benannt. Zuerst ist es die Sprache, der grundlegende Leistungen für die Konstitution des Verhältnisses von Mensch und Welt zugeschrieben werden, bei Humboldt an seiner Vorliebe für das Griechische sichtbar. Hier scheint Bildung gelegentlich identisch mit sprachlicher Bildung, aber „Griechisch" ist immer mehr als Sprache, nicht allein linguistisch relevant, sondern umfassende Repräsentation von Welt, historisch wie politisch und individuell, nie nur alltägliche Kommunikation, sondern Gegenwärtigkeit von Kultur, „historisch" und „ästhetisch" genauso relevant wie „mathematisch", also in allen Dimensionen des Kanons.
- Strukturell und organisatorisch: Für jede Welt und Bildungswelt werden die Bedingungen der Ermöglichung und der Steigerung der erwarteten Wirkung diskutiert. Für den Kontext fordert er als liberaler Staatstheoretiker die „Mannigfaltigkeit der Situationen" und „Freiheit", diese als „die erste, und unerlässliche Bedingung" (Humboldt 1792/1960a, S. 64). Sie gilt im Staat, aber auch in einzelnen Institutionen, wenn z. B. „Einsamkeit und Freiheit" innerhalb der Universität zu den „in ihrem Kreise vorwaltenden Principien" (Humboldt 1964b, S. 255) erklärt werden, damit hier z. B. die Logik von ‚Bildung durch Wissenschaft' wirksam werden kann.

Insgesamt: Bildung erweist sich deshalb, wie man pointiert sagen könnte, auch innersystemisch zuerst darin, dass die Individuen lernen, mit sich selbst angesichts der Rückmeldungen von und der Erfahrungen in Schule zu leben, autonom und selbstbewusst zu leben, mit den Zuschreibungen, die sie innerschulisch erfahren, in Zertifizierungsprozessen durch die Lehrpersonen oder in Attribuierungen durch die *peer group*, z. B. als „Streber".

Alle diese Elemente von Prozess und System gewinnen ihre Funktion und Qualität nur in „Wechselwirkung". Erwartet wird deshalb auch vom Lehrer, dass er nicht nur – themenbezogen – „immer beobachtet, bei welchem von diesen dreien [Wissensdimensionen] der Schüler mit vorzüglicher Aufmerksamkeit verweilt," dass er also Individualisierung als Perspektive praktiziert, sondern „auch streng darauf [sieht], dass der Kopf für alle drei zugleich gebildet werde" (Humboldt 1809/1964a, S. 170). Insofern ist der „allgemeine" Unterricht auch gleich, und selbstverständlich kennen wir auch hier die schöne Humboldt-Formel aus dem Litauischen Schulplan: „Auch Griechisch gelernt zu haben könnte auf diese Weise dem Tischler ebenso wenig unnütz seyn, als Tische zu machen dem Gelehrten" (ebd., S. 189).

Aber hier stehen ja die Modelle im Zentrum der Überlegungen, und ich kann, um die Modellkonstruktionen abschließend zu zeigen, belegen, dass dieses Humboldt-Modell kein Trivial-Bild des Menschen impliziert, sondern ein reflexives (vgl. Abb. 4)!

Abb. 4: Humboldts Modell schulischen Lernens

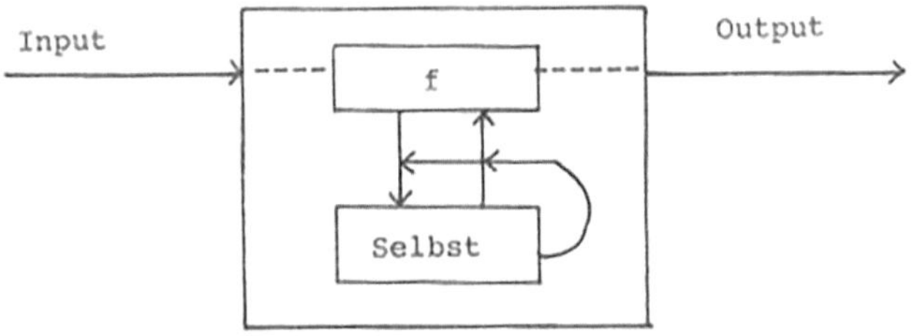

Quelle: Luhmann 1985, S. 82.

Input: → ↕ → Outcome:
„Initiation" „Lernen des Lernens"
Reflexion
„didaktisch" und „philosophisch"

Die systematische Wechselwirkung von Initiation und Reflexion ist dabei der lernprozesseigene Ausdruck der Bildungsbewegung selbst. Unterricht wird in seiner zeitlichen, sachlichen und sozialen Form als eine Praxis – als eine „Bildungswelt" – konzipiert, in der in der Auseinandersetzung mit den Herausforderungen der fremden Welt, die sich im Curriculum wie in der Organisation präsentieren, die Lernzumutungen nicht trivial, sondern selbstreferentiell verbunden sind.

Dieses Modell würde ich deshalb der empirischen Bildungsforschung anbieten, um ihre Beschäftigung mit dem Bildungssystem auch pädagogisch gehaltvoll zu fundieren, so dass sie nicht nur den *outcome* sieht und messen kann. Der *outcome* ist ja als Erwartung an das Bildungssystem trivial, also notwendig – er ist für die Beobachtung von Systemeffekten sowohl leicht verfügbar (und deshalb beliebt) als auch unverzichtbar. Weil er aber weder zur Analyse der empirischen Bedingungen der Möglichkeit der Leistungserbringung noch zu einer individualitätszentrierten Diagnose oder gar zu einer Intervention in förderlicher Absicht geeignet ist, ist er nicht hinreichend.

Ermutigt durch die alltägliche Lektüre kann ich aber auch – zu meiner Freude – belegen, dass sich jetzt selbst prominente Unterrichtsforscher (vgl. Vieluf et al. 2020), zumindest in der Selbstkritik und in der Konstruktion neuer Modelle, humboldtianisch neu auslegen (ohne das zu wissen). Das geschieht bisher zwar nur konstruktiv und noch nicht in der Forschung – aber immerhin (vgl. Abb. 5).

Abb. 5: Integriertes Angebots-Nutzungs-Modell der Wirkweise des Unterrichts

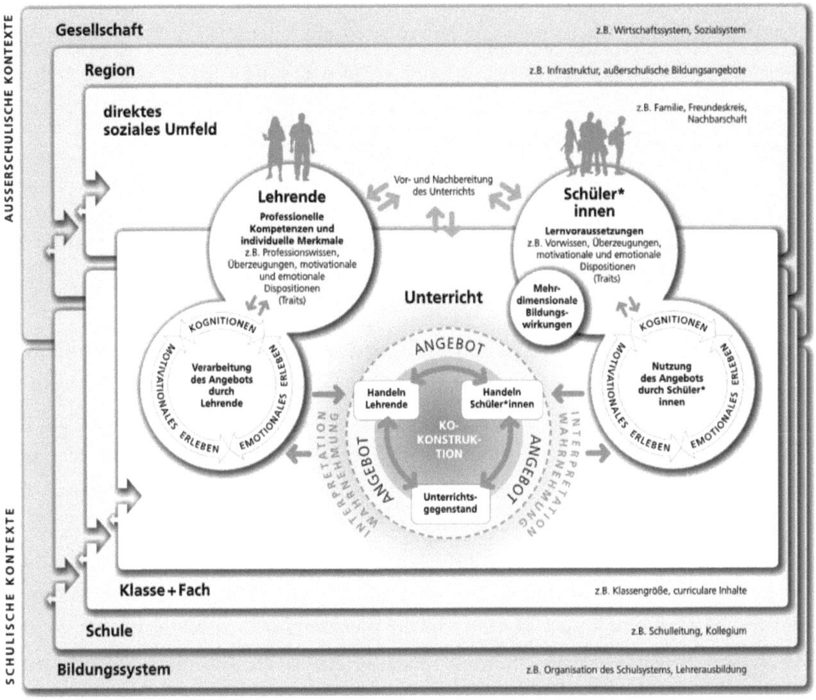

Quelle: Vieluf et al. 2020, S. 76.

Sie nähern sich erkennbar eindeutig – man folge der Richtung der Pfeile – den Modellvorstellungen Humboldts und der Interpretation von Wirkungszusammenhängen als Wechselwirkungen an. Betrachtet man das neueste Modell (Abb. 5), dann zeigen die Pfeile eben nicht mehr nur in eine Richtung, sondern bezeichnen durchgängig Wechselwirkungen, und die Konstrukteure kennen sogar „mehrdimensionale Bildungswirkungen" (vgl. Abb. 5). Zugleich diskutieren Vertreter der empirischen Bildungsforschung auch die Forschungsprobleme, die entstehen, wenn sie versuchen, den Fallstricken der weiteren und systematischen Kontingenzen ihres Modells zu entgehen. Damit werden die Schwächen des alten Modells, vor allem die Ignoranz gegenüber der Tatsache der Ko-Konstruktion, eingestanden, aber auch schon intensiv die Folgeprobleme diskutiert, die sich daraus für die Beobachtung und Feststellung von Wirkungszusammenhängen ergeben. Dann gilt: die „Effekte sind […] reziprok", Unterricht wird konzipiert „als Interaktion von Lehrenden, Lernenden und einem Unterrichtsgegenstand"

(Vieluf et al. 2020, S. 75), Ko-Konstruktion und die fachliche Zentrierung werden gesehen. Allerdings, die Schwierigkeiten kausaler Zurechnungen sind dann unverkennbar, denn sobald man „Unterricht als koproduktives Handeln“ auffasst, wird man mit einem ganz zentralen Folgeproblem konfrontiert, dem „Verschwimmen von Ursachen und Wirkungen im Angebots-Nutzungsmodell“ (Reusser 2020, S. 245)[15] – und das führt uns sogleich zu unserem letzten Punkt: kein Modell ist akzeptabel, das sich nicht auch für die Vergewisserung seiner Annahmen der Realitätsprüfung öffnet, also zeigen kann, welche Forschungsimplikationen mit dem jeweiligen Modell verbunden sind.

5. Die Messbarkeit von „Bildungswelten" und die Suche nach „Kausalitäten"

In der Selbstkritik der empirischen Bildungsforscher wird das Folgeproblem als „Kausalitäts“-Problem bezeichnet – und entsprechend stark gewichtet, denn die Frage nach dem Bewirken von Wirkungen steht hier traditionell im Zentrum und „what works“ [16] ist nicht zufällig eine klassisch gewordene Frage. Aber sie ist erkennbar auch der Humboldt'schen Frage, wie Bildung möglich ist, verwandt, und sie gehört zum Kern epistemischer Praxis. Daran arbeiten sich also auch nicht zufällig die Vertreter empirischer Methodik modellbildend und prüfstatistisch seit langem ab – und sie werden dabei hoffentlich nicht forschungsmethodisch die Tatsache überspielen, dass Welten, die in Wechselwirkung konstituiert werden, sich kausalen Modellierungen nicht zufällig, sondern systematisch entziehen. Mehr als Korrelationen kann man offenbar nicht erwarten, selbst nicht für die Trivialmodelle. Dann liegt es vielleicht auch eher nahe zu fragen, welche Erwartungen und Ansprüche an „Kausalität“[17] angesichts der Praxis im Bildungssystem für die differenten Nutzer bedeutsam sind: triviale Modelle bedienen allenfalls die triviale – z. B. politisch relevante, vielleicht sogar notwendige – Erwartung, Systemeffekte von Bildungssystemen zu kennen. Aber, bevor man sich leichtfertig gegen die Messung dieser Effekte kritisch erhebt: Solche Informationen sind gelegentlich sehr bedeutsam und wurden schon zu Humboldts Zeiten genutzt und z. B. von der Verwaltung erhoben, um die Ergebnisse der eigenen Politik zu kontrollieren. – „Fortschrittsberichte“, die z. B. in Preußen erstellt und archiva-

15 Zu dem Messproblem weiter S. 245–246.

16 Abhandlungen dieses Titels haben die Debatten in der empirischen Pädagogik, gleich ob in den USA oder in Deutschland, immer neu beschäftigt (auch wenn es kein deutsches Äquivalent zu einem US-amerikanischen Titel wie diesem gibt: „What works: Research about Teaching and Learning“ (Bennett 1986)); und nicht erst mit den Versprechen – und der Kritik! – der sog. evidenzbasierten Bildungsforschung ist diese Fokussierung als problematisch erkannt (vgl. Biesta 2011).

17 Benner (2018) unterscheidet deshalb Kausalität nach Referenzkontexten.

lisch in den Beständen des Preußischen Kultusministeriums reich überliefert sind, oder die Stapfer-Enquête in der Schweiz belegen das (vgl. Tröhler 2014 u. a.): Studien dieser Art zeigen – ohne systematisch Erklärungen der Ursachen anbieten zu können – systematische, kollektiv bedeutsame Leistungen, die Alphabetisierung z. B. oder, aktuell, Defizite in der Arbeit von Bildungssystemen: die permanente Verfehlung des Gleichheitsanspruchs z. B., die Kontinuität in der Konstruktion von Bildungsarmut, Friktionen in der Passung von Bildungsgängen etc. Das mag theorietechnisch „trivial" sein, bildungsbiographisch zeigt es die anderen Dimensionen des Trivialen, den Hinweis auf Phänomene, die offenbar immer auch in schulischen Lernprozessen erzeugt werden, notorische Defizite, die den eigenen Anspruch des Bildungssystems dementieren.

Aber man weiß heute auch, dass solche Befunde weder für die Individualdiagnostik von Lernprozessen noch für zielgenaue Interventionen in das Bildungssystem oder in einzelne seiner Segmente als hinreichende Informationsbasis gelten können. Forscht man nach den Ursachen dieser Begrenzungen, dann gilt die Kritik doch wieder den Modellen. Aber mehr als Korrelationen, das sieht man rasch, sind auch dann kaum verfügbar, wenn man den Standards der empirischen Bildungsforschung folgt, selbst die Propheten der evindenzbasierten Forschung haben das gelobte Land sicherer Befunde nicht erreicht. Aber man muss ja, wenn man nicht nur an Forschung, sondern auch an Gestaltung denkt, nicht allein dem Purismus und den Erwartungen der empirisch-analytischen Unterrichtsforschung folgen, sondern kann auch weiter denken, sich z. B. erneut auch von Humboldt inspirieren lassen und seine modernen Erben nutzen, also z. B. auch ethnographisch forschen, also die problembezogene Beobachtung von Praktiken und Praxen betreiben. Selbst dafür findet man schon Plädoyers in der häufig nur gescholtenen empirischen Unterrichtsforschung. Die Beteiligten wissen auch dort schon, dass erweiterte Modelle

> „auch anschlussfähig für [Forschung-]Zugänge [sind], welche nicht Teil der (quantitativen) Lehr-Lern-Forschung sind [...]: Die rekonstruktive ethnographische Unterrichtsforschung beispielsweise fokussiert auf die Praktiken der Lernenden und deren Eigenlogik, die jener der Lehrenden in einem erstaunlichen Maße zuwiderlaufen kann." (Kohler/Wacker 2013, S. 254)[18]

18 Fortsetzung des Zitats: „So konnte Wiesemann (vgl. 2009) beispielsweise zeigen, wie ein Arrangement der Lehrerin zur Förderung von Konzentration und individuellem Arbeiten von den Lernenden genutzt wurde, um Kontakt mit anderen aufzunehmen und peerkulturelle Prozesse vor lernstoffbezogene Aktivitäten zu schieben: ‚Unterricht ist damit immer auch Bühne für Inszenierungen, in welchen [...] Peer Culture gestiftet wird' (Lehmann-Rommel 2009, S. 299). Damit wird aus einer anderen Perspektive deutlich, dass Angebot und Nutzung in hohem Maße auseinanderfallen können und es folglich einer getrennten Analyse bedarf." (Kohler/Wacker 2013, S. 254)

Irritationen dieser Art sind aus der Alltagserfahrung der Lehrprofession nur zu bekannt. Man kennt sie auch aus eigenen Erfahrungen, schon in der Vorliebe für unterschiedliche Fächer sind sie zum Leidwesen der Lehrenden ebenso manifest wie in den Konsequenzen der Muster von Selbstannahmen und Zuschreibungen, die sich dabei in Toleranz für Lehrende und Lernende entwickeln. Das gehört dann schon in die Empirie, nicht mehr in die Modell-Konstruktionen, und dann ist für mich, reflexiv, nicht die Forschung die erste Adresse, auch nicht Humboldt, denn meine schönsten Belege für die Irritationen, die das Bildungssystem bereithält, finde ich immer wieder in Comics, zumal denen von Charles M. Schulz[19] (vgl. Abb. 6).

Abb. 6: Comic von Charles M. Schulz

Quelle: Charles Schulz; United Features Syndicate Inc.

Systematisch gesehen: Bildungstheorie als Bildungsforschung sollte sich modelltheoretisch an Humboldts Maßstäben orientieren und in der Forschungspraxis zugleich Hegel'schen Kriterien genügen, also Tradition und Aktualität der Praktiken von Forschung in ihrer eigenen Arbeit selbst „aufheben“: Bildungsforschung existiert selbst nur in der Wechselwirkung der Methoden und Befunde, im Trivialen und Komplexen zugleich, so dass „outcome“ eine notwendige, aber nicht hinreichende Größe darstellt, weil Qualität im Prozess, die komplementäre Erwartung und Sensibilität für individuelle Bildungsprozesse, theoretisch und praktisch unentbehrlich ist. Jedes „Geschäft“ hat seine eigene Vollkommenheit, auch die Bildungsforschung – revierspezifische Absonderung belegt nur, dass wechselseitig Denkbarrieren aufgebaut werden, philosophisch genauso wie empirisch. Aber erst in der Einheit der Fragen besteht die Vollkommenheit der Forschung, man muss gleichzeitig sagen, was Bildung soll und wie das möglich ist, was man von ihr erwartet – deshalb: Humboldt docet! Er weiß von uns, weil sein Modell immer noch am besten die Welt abbildet, die wir als Bildungswelt verstehen, – und

19 Zur Erläuterung dieser Präferenz für Schulz vgl. Tenorth 1991.

dann bleibt für den Alltag immer noch die erste Botschaft an alle Akteure, Profession wie Klientel: „Lernen ist nun mal ein Abenteuer!“

Abb. 7: Lernen ist nun mal ein Abenteuer

Quelle: Charles Schulz; United Features Syndicate Inc.

Literatur

Baumert, Jürgen (2016, 10. Februar): Was wissen wir über Unterricht und welche Fragen können wir nicht beantworten? Vortrag auf einem Fachgespräch der KMK. [Eigene Mitschrift]

Benner, Dietrich (2018): Über drei Arten von Kausalität in Erziehungs- und Bildungsprozessen und ihre Bedeutung für Didaktik, Unterrichtsforschung und empirische Bildungsforschung. In: Zeitschrift für Pädagogik 2018, H. 1, S. 107–120.

Bennett, William J. (1986): What works: Research about Teaching and Learning. United States Department of Education.

Biesta, Gert (2011): Warum „what works“ nicht funktioniert: Evidenzbasierte pädagogische Praxis und das Demokratiedefizit der Bildungsforschung. In: Bellmann, Johannes / Müller, Thomas (Hrsg.): Wissen, was wirkt. Kritik evidenzbasierter Pädagogik. Wiesbaden: Springer VS, S. 95–121.

Binder, Ulrich / Krönig, Franz K. (Hrsg.) (2021): Paradoxien (in) der Pädagogik. Weinheim und Basel: Beltz Juventa.

Breidenstein, Georg (2010): Überlegungen zu einer Theorie des Unterrichts. In: Zeitschrift für Pädagogik 56, H. 6, S. 869–887.

Eickhorst, Annegret (2011): Das Unterrichtsverständnis der empirischen Lehr-Lern-Forschung. In: Meseth, Wolfgang / Proske, Matthias / Radtke, Frank-Olaf (Hrsg.): Unterrichtstheorien in Forschung und Lehre. Bad Heilbrunn: Klinkhardt, S. 50–66.

Fend, Helmut (1980): Theorie der Schule. München: Urban und Schwarzenberg.

Fichte, Johann G. (1796/1966): Grundlage des Naturrechts nach Principien der Wissenschaftslehre (1. Teil). In: Lauth, Reinhard / Jacob, Hans (Hrsg.): J. G. Fichte: Gesamtausgabe der Bayerischen Akademie der Wissenschaften I, 3. Stuttgart: Frommann, S. 291–460.

GEBF – Gesellschaft für Empirische Bildungsforschung (o. J.). Startseite. www.gebf-ev.de (Abfrage: 25.11.2022)

GEBF – Gesellschaft für Empirische Bildungsforschung (o. J.). Tagungen der GEBF. www.gebf-ev.de/deutsch/tagungen-der-gebf/(Abfrage: 25.11.2022)

Gerhardt, Volker (2017): Wissenschaft aus dem Geist der Humanität. Festvortrag aus Anlass der Wiederkehr von Humboldts Geburtstag. www.hu-berlin.de/de/pr/nachrichten/archiv/pm1706/wissenschaft-aus-dem-geist-der-humanitaet (Abfrage: 30.11.2022).

Gruschka, Andreas (2011a): Verstehen lehren. Ein Plädoyer für guten Unterricht. Stuttgart: Reclam.

Gruschka, Andreas (2011b): Der empirische Blick auf das Unterrichten als pädagogischer Prozess. In: Meseth, Wolfgang / Proske, Matthias / Radtke, Frank-Olaf (Hrsg.): Unterrichtstheorien in Forschung und Lehre. Bad Heilbrunn: Klinkhardt, S. 130–144.

Gruschka, Andreas (2011c): Pädagogische Forschung als Erforschung der Pädagogik. Leverkusen-Opladen: Barbara Budrich.

Hegel, Georg W. F. (1807/1980): Phänomenologie des Geistes. In: Gesammelte Werke. Akademieausgabe Bd. 9. Hamburg: Meiner.

Helmke, Andreas (2012): Unterrichtsqualität und Lehrerprofessionalität. 4. Auflage. Seelze-Velber: Klett Kallmeyer.

von Humboldt, Wilhelm (1792/1960a): Ideen zu einem Versuch, die Gränzen der Wirksamkeit des Staates zu bestimmen. In: Flitner, Andreas / Giel, Klaus (Hrsg.): Wilhelm von Humboldt: Werke, Bd. 1 (Schriften zur Anthropologie und Geschichte), Darmstadt: Wissenschaftliche Buchgesellschaft, S. 56–233.

von Humboldt, Wilhelm (1960b): Theorie der Bildung des Menschen. Bruchstück. In: Flitner, Andreas / Giel, Klaus (Hrsg.): Wilhelm von Humboldt: Werke, Bd. 1 (Schriften zur Anthropologie und Geschichte), Darmstadt: Wissenschaftliche Buchgesellschaft, S. 234–240.

von Humboldt, Wilhelm (1809/1964a): Der Königsberger und der litauische Schulplan. In: Flitner, Andreas / Giel, Klaus (Hrsg.): Wilhelm von Humboldt: Werke, Bd. 4 (Schriften zur Politik und zum Bildungswesen), Darmstadt: Wissenschaftliche Buchgesellschaft, S. 168–195.

von Humboldt, Wilhelm (1964b): Über die innere und äußere Organisation der höheren wissenschaftlichen Anstalten in Berlin (1810). In: Flitner, Andreas / Giel, Klaus (Hrsg.): Wilhelm von Humboldt: Werke, Bd. 4 (Schriften zur Politik und zum Bildungswesen), Darmstadt: Wissenschaftliche Buchgesellschaft, S. 255–266.

Klafki, Wolfgang (1985): Neue Studien zur Bildungstheorie und Didaktik. Weinheim: Beltz.

Kohler, Britta / Wacker, Albrecht (2013): Das Angebots-Nutzungs-Modell. Überlegungen zu Chancen und Grenzen des derzeit prominentesten Wirkmodells der Schul- und Unterrichtsforschung. In: Die Deutsche Schule 105, H. 3, S. 242–258.

Lehmann-Rommel, Roswitha (2009): Zuhören und Macht im Unterricht. In: de Boer, Heike / Deckert-Peaceman, Heike (Hrsg.): Kinder in der Schule. Zwischen Gleichaltrigenkultur und schulischer Ordnung. Wiesbaden: Springer VS, S. 297–315.

Lipowsky, Frank (2009): Unterricht. In: Wild, Elke / Möller, Jens (Hrsg.): Pädagogische Psychologie. Heidelberg: Springer Medizin, S. 73–102.

Luhmann, Niklas (1985): Erziehender Unterricht als Interaktionssystem. In: Diederich, Jürgen (Hrsg.): Erziehender Unterricht – Fiktion und Faktum? Bericht über die Jahrestagung 1984 der Gesellschaft zur Förderung Pädagogischer Forschung. Frankfurt a. M. 1985, S. 77–94.

Luhmann, Niklas (1986): Codierung und Programmierung. Bildung und Selektion im Erziehungssystem. In: Tenorth, Heinz-Elmar (Hrsg.): Allgemeine Bildung. Analysen zu ihrer Wirklichkeit, Versuche über ihre Zukunft. Weinheim und München: Juventa, S. 154–182.

McElvany, Nele/Gebauer, Miriam M./Gräsel, Cornelia (Hrsg.) (2019): Empirische Bildungsforschung – eine Standortbestimmung. Journal for Educational Research Online (Journal für Bildungsforschung Online) 11, H. 1.

Meseth, Wolfgang / Proske, Matthias / Radtke, Frank-Olaf (2011): Was leistet eine kommunikationstheoretische Modellierung des Gegenstandes „Unterricht"? In: Meseth, Wolfgang / Proske, Matthias / Radtke, Frank-Olaf (Hrsg.): Unterrichtstheorien in Forschung und Lehre. Bad Heilbrunn: Klinkhardt, S. 223–240.

Reinders, Heinz/Ditton, Hartmut/Gräsel, Cornelia / Gniewosz, Burkhard (Hrsg.) (2015): Empirische Bildungsforschung. 2 Bde. 2. Auflage. Wiesbaden: Springer VS.

Reusser, Kurt (2011): Von der Unterrichtsforschung zur Unterrichtsentwicklung – Probleme, Strategien, Werkzeuge. In: Einsiedler, Wolfgang (Hrsg.): Unterrichtsentwicklung und didaktische Entwicklungsforschung. Bad Heilbrunn: Klinkhardt, S. 11–40.

Reusser, Kurt (2020): Unterrichtsqualität zwischen empirisch-analytischer Forschung und pädagogisch-didaktischer Theorie. In: Praetorius, Anna-Katharina/Grünkorn, Juliane/Klieme, Eckhard (Hrsg.): Empirische Forschung zu Unterrichtsqualität. Theoretische Grundfragen und quantitative Modellierungen. Zeitschrift für Pädagogik, Beiheft 66, S. 236–253.

Reusser, Kurt/Pauli, Christine (2010): Unterrichtsgestaltung und Unterrichtsqualität. Ergebnisse einer internationalen und schweizerischen Videostudie zum Mathematikunterricht: Einleitung und Überblick. In: Reusser, Kurt/Pauli, Christine/Waldis, Monika (Hrsg.): Unterrichtsgestaltung und Unterrichtsqualität. Ergebnisse einer internationalen und schweizerischen Videostudie zum Mathematikunterricht. Münster u. a.: Waxmann, S. 9–32.

Schriewer, Jürgen (1975): „Rückführung der Bildung zu sich selbst" – zur Humboldt-Rezeption in neueren bildungstheoretischen Ansätzen. In: Vierteljahrsschrift für wissenschaftliche Pädagogik 51, H. 3, S. 237–259.

Spranger, Eduard (1909): Wilhelm von Humboldt und die Humanitätsidee, Berlin: Reuther und Reichard.

Stekeler, Pirmin (2014): Hegels Phänomenologie des Geistes. Ein dialogischer Kommentar, 2 Bde. Hamburg: Meiner.

Stojanov, Krassimir (2014a): Bildung: zur Bestimmung und Abgrenzung eines Grundbegriffs der Humanwissenschaften. In: EWE Erwägen – Wissen – Ethik 25, H. 2, S. 203–212.

Stojanov, Krassimir (2014b): Über die pädagogisch-politische Relevanz eines nicht-pädagogischen Bildungsbegriffs. In: EWE Erwägen – Wissen – Ethik 25, H. 2, S. 347–365.

Stojanov, Krassimir (2021): Bildungsgerechtigkeit als gesellschaftskritische Kategorie. Zur jüngsten Kontroverse in der Erziehungswissenschaft über Leistung und Gerechtigkeit im Bildungswesen. In: Zeitschrift für Pädagogik 2021, H. 5, S. 784–802.

Tenorth, Heinz-Elmar (1991): Pattys Trauma – Oder: Die offenbaren Geheimnisse der Pädagogik. In: Oelkers, Jürgen/Tenorth, Heinz-Elmar (Hrsg.): Pädagogisches Wissen. Zeitschrift für Pädagogik, Beiheft 27, S. 291–305.

Tenorth, Heinz-Elmar (2014): Wie sich Bildungsphilosophie die Arbeit leicht macht. In: EWE Erwägen – Wissen – Ethik 25, H. 2, S. 336–338.

Terhart, Ewald (2009): Didaktik. Eine Einführung. Stuttgart: Reclam.

Tröhler, Daniel (Hrsg.) (2014): Volksschule um 1800. Studien im Umfeld der Helvetischen Stapfer-Enquête 1799. Bad Heilbrunn: Klinkhardt.

Vieluf, Svenja/Praetorius, Anna-Katharina/Rakoczy, Katrin/Kleinknecht, Marc/Pietsch, Marcus (2020): Angebots-Nutzungs-Modelle der Wirkweise des Unterrichts. Ein kritischer Vergleich verschiedener Modellvarianten. In: Praetorius, Anna-Katharina/Grünkorn, Juliane/Klieme, Eckhard (Hrsg.): Empirische Forschung zu Unterrichtsqualität. Theoretische Grundfragen und quantitative Modellierungen. Zeitschrift für Pädagogik, Beiheft 66, S. 63–80.

Wiesemann, Jutta (2009): „Kinder als Akteure" von Unterricht – Konsequenzen für eine pädagogische Lernforschung. In: de Boer, Heike/Deckert-Peaceman, Heike (Hrsg.): Kinder in der Schule. Zwischen Gleichaltrigenkultur und schulischer Ordnung. Wiesbaden: Springer VS, S. 177–192.

Wilhelm von Humboldts Kosmopolitismus

Vergleichende Anthropologie als globales Bildungsprojekt

Ruprecht Mattig

Einführung

Die Globalisierung der letzten Jahrzehnte ist offensichtlich an ihre Grenzen gekommen. Das zeigen insbesondere die Deglobalisierungstendenzen im Zuge der Corona-Pandemie und des russischen Krieges gegen die Ukraine. Gleichzeitig steht die Menschheit vor Herausforderungen wie dem Klimawandel, die nicht in nationalen Alleingängen, sondern nur in internationaler Zusammenarbeit angegangen werden können. Fragen, wie ein gutes globales Zusammenleben gelingen kann, sind also weiterhin drängend und sollten wohl auch aus Perspektiven untersucht werden, die bislang kaum zur Kenntnis genommen wurden. Der vorliegende Beitrag betrachtet vor diesem Hintergrund den Kosmopolitismus Wilhelm von Humboldts.

Humboldt wird oft als ein Kosmopolit dargestellt, der viel reiste und mit Menschen in aller Welt korrespondierte (vgl. z. B. Gall 2011; Maurer 2016). In der Forschung über sein Werk wird gelegentlich angedeutet, dass er auch kosmopolitische Ideen entwickelte. So wird z. B. die kosmopolitische Ausrichtung seines Plans zur Gründung der Berliner Universität gelobt (z. B. Forster 2013, S. 24 ff.). Auch Aussagen Humboldts über die Einheit der Menschheit werden als kosmopolitische Vision interpretiert (z. B. Trabant 2021, S. 88). Abgesehen von solch eher knappen Bemerkungen ist Humboldts Kosmopolitismus bislang allerdings noch nicht systematisch untersucht worden. In der Literatur zum Kosmopolitismus selbst wird er meist gar nicht oder nur am Rande erwähnt (z. B. Wigger 2019, S. 252; Strand 2016, S. 168; Cavallar 2015, S. 154).[1]

Das Wort „Kosmopolit“ geht auf das griechische „kosmopolitês“ zurück, was als „Weltbürger“ übersetzt werden kann.[2] Eine Weltbürgerschaft im wörtlichen Sinne gibt es jedoch, zumindest derzeit, nicht, da es weder einen kosmopolitischen Staat noch eine kosmopolitische Regierung gibt, die einen solchen Status

---

1 Im 600 Seiten starken *Routledge International Handbook of Cosmopolitanism Studies* (Delanty 2020) findet sich nur eine Erwähnung Humboldts, die zudem äußerst knapp ausfällt (vgl. Stråth 2020, S. 57).

2 Die Übersetzung von „kosmopolitês“ lässt keine gegenderte Fassung (z. B. „Weltbürger*in“) zu. Ich danke Stefan Kipf für diesen Hinweis.

vergeben könnten. Daher bezeichnet „Kosmopolitismus" eher die Utopie einer in Frieden lebenden Menschheit (vgl. Long 2008, S. 51). In diesem Sinne definiert Cavallar Kosmopolitismus als „den Glauben oder die Theorie, dass alle Menschen, unabhängig von Rasse, Geschlecht, Religion oder politischer Zugehörigkeit, einer einzigen Gemeinschaft angehören oder angehören sollten" (2015, S. 4)[3]. Während der Kosmopolitismus in der Forschungsliteratur meist als ein Ansatz des *philosophischen* Denkens dargestellt wird, arbeitet dieser Beitrag heraus, dass die kosmopolitischen Ideen Humboldts im Rahmen seiner *Anthropologie* stehen. Die These des Beitrags lautet, dass mit Humboldts Anthropologie gerade auf solche Aspekte, die in der philosophischen Tradition als problematisch erscheinen, ein alternativer Blick entwickelt werden kann. Hier spielt insbesondere Humboldts Sicht auf den menschlichen Körper eine Rolle, die auch die aktuellen Debatten zum Kosmopolitismus bereichern kann.

Der Kerngedanke von Humboldts Kosmopolitismus liegt in der *Bildung* – verstanden als weltweite Kultivierung menschlicher Vielfalt. Seine vergleichende Anthropologie erweist sich als ein kosmopolitisches Projekt, das dazu beitragen soll, sowohl auf theoretischer als auch auf praktischer Ebene ein möglichst facettenreiches Bild der Menschheit in ihrer höchstmöglichen Entfaltung hervorzubringen. Diese kosmopolitische Grundperspektive zeigt sich in allen seinen Schriften, so unterschiedliche Themen sie auch behandeln; zugleich bringen die verschiedenen Schriften jeweils besondere Aspekte dieser Perspektive zur Geltung.

Im Folgenden wird Humboldts Ansatz zunächst in historischer Perspektive mit Bezug auf den Zusammenhang von Anthropologie und Kosmopolitismus betrachtet. Anschließend wird die Tradition des philosophischen Kosmopolitismus skizziert, um in systematischer Hinsicht deren Vernunftbetonung zu verdeutlichen. Anschließend werden Facetten von Humboldts Kosmopolitismus herausgearbeitet. Dabei gehe ich chronologisch durch Humboldts Werk, von seinen frühen anthropologischen und politischen Überlegungen über seine ethnographischen Forschungen und Pläne zur Bildungsreform bis hin zu seiner Sprachtheorie.[4] Abschließend stelle ich heraus, dass Humboldts Werk der Diskussion um kosmopolitische Fragen gerade heute, in der Krise der Globalisierung, wichtige Anregungen geben kann.

---

3 Direkte Zitate aus englischsprachiger Literatur werden in eigener Übersetzung wiedergegeben.

4 Der kosmopolitische Charakter von Humboldts Museumskonzeption, der hier nicht behandelt werden kann, wird in dem Beitrag von Hermann Parzinger in diesem Band deutlich.

Anthropologie und Kosmopolitismus: Humboldts Ansatz im historischen Kontext

Der Begriff „Anthropologie“ kam im 16. Jahrhundert auf und markierte eine neue Denkrichtung, die das theologische Denken zu überwinden suchte, indem sie nicht Gott, sondern die Eigenschaften und Entwicklungsmöglichkeiten des Menschen in den Mittelpunkt stellte (vgl. Wulf 2009, S. 13). Gegen Ende des 18. Jahrhunderts wurde die Anthropologie zu einem zunehmend eigenständigen Forschungsfeld, in dem verschiedene Denkströmungen zusammenkamen.

So wurde die Anthropologie durch den Diskurs über das säkulare Reisen, der sich seit der Renaissance entwickelt hatte, inspiriert (vgl. Carey 2003). Dieser Diskurs umfasste sowohl Reiseberichte als auch Reflexionen über die Auswirkungen des Reisens, wobei letztere sich auf die typische Erfahrung von Alterität konzentrierten, die durch fremde Sprachen, Bräuche und politische Institutionen ausgelöst wurde. Für die Anthropologie bedeutete dies, dass sie sich auf den Menschen als empirisches Wesen konzentrierte, das durch empirische Forschung (insbesondere durch Reisen, aber auch durch andere Methoden wie historische Studien) untersucht werden sollte (vgl. Mattig 2022). Darüber hinaus betonte die Anthropologie die menschliche Vielfalt im Sinne unterschiedlicher Lebensformen.

Im Laufe des 18. Jahrhunderts wurde das Reisethema dann zunehmend von Aufklärungsphilosophen wie Montesquieu, Hume, Voltaire, Herder und Kant aufgegriffen (vgl. Mattig 2019, S. 52–90; Niezen 2009, S. 178 ff.). Mit Begriffen wie „Nationalcharakter“ oder „Rasse“ reflektierten die Philosophen über die Vielfalt menschlicher Sitten und Gebräuche, fragten aber auch danach, inwieweit es unabhängig von den offensichtlichen Unterschieden zwischen den Völkern eine gemeinsame menschliche Natur gibt. Zudem wurde über den Zusammenhang von Nationalcharakter und aufgeklärten politischen Institutionen nachgedacht.

Viele Intellektuelle des späten 18. Jahrhunderts interessierten sich auch lebhaft für die Antike. In Deutschland wurde vor allem das antike Griechenland mit seinem Sinn für das Wahre, Gute und Schöne sowie seine demokratischen Institutionen bewundert. Das griechische Menschenbild mit seiner positiven Sicht auf den Körper, auf Sinnlichkeit und Ästhetik war ein attraktives Gegenmodell zu den körperfeindlichen christlichen Vorstellungen von der Erbsünde (vgl. Maurer 2016, S. 72–81). Die Antike wurde daher oft als positives Modell auf dem Weg zur Überwindung des *Ancien Régime* gesehen.

Das intellektuelle Klima des späten 18. Jahrhunderts in Deutschland war sehr fruchtbar für die Entwicklung von Ansätzen des Kosmopolitismus (vgl. Kleingeld 1999). Autoren wie Wieland, Kant, Herder, Forster und Schlegel trieben das kosmopolitische Denken aus verschiedenen Perspektiven voran, oft mit Bezug auf anthropologische Forschungen. Die Anthropologie war allerdings nicht *per se* kosmopolitisch. Es gab auch anthropologische Studien mit einem antikosmopolitischen Charakter: Autoren wie Sömmering und Meiners zeichneten abwertende Bilder fremder Völker, behaupteten eine europäische Überlegenheit und legitimierten letztlich Rassismus, Kolonialismus und Sklaverei (vgl. Niezen 2009, S. 180 f.).

Wilhelm von Humboldt und sein jüngerer Bruder Alexander wuchsen im Geist der Aufklärung auf (vgl. z. B. Gall 2011, S. 18–28). Wilhelm interessierte sich vor allem für das Studium der antiken griechischen Literatur, für politische Theorie und Anthropologie. Er reiste viel und führte dabei meist ein Tagebuch, in dem er sich ethnographische Notizen machte.

Wilhelm war unzufrieden mit den anthropologischen Ansätzen seiner Zeit. Ihm fehlte es an Komplexität sowohl im Menschenbild als auch in den bestehenden Forschungsmethoden. So reflektiert er in einem Tagebucheintrag von 1789 kritisch über den Begriff der „Rasse“:

> „Immer aber ist mirs, als wäre man noch vorzüglich darin in der anthropologie zurük, den menschen in der that als ein ganzes anzusehn, alle seine verschiednen seiten – des geistes, des herzens, des körpers – in ihrem zusammenhange zu kennen, in dem sie nichts als Ein nur verschieden modificirtes ganze sind. Ehe das nicht geschieht, wird die charakterkenntniss – der eigentliche zwek aller anthropologie, oder vielmehr die eigentliche anthropologie selbst – nie eine Wissenschaft werden können.“ (GS XIV, S. 211)[5]

Ab den späten 1780er Jahren macht sich Humboldt entsprechend daran, ein anthropologisches Forschungskonzept zu entwickeln. Er verfasst eine Reihe von Texten, in denen er die theoretischen und methodischen Grundlagen für seinen Ansatz der vergleichenden Anthropologie legt, der dann auch seine empirischen Forschungen orientiert. Dieser Ansatz entwickelt schon früh eine kosmopolitische Vision. 1793 schreibt Humboldt: „Das Studium des Menschen gewönne am meisten durch Studium und Vergleichung aller Nationen aller Länder und Zeiten.“ Das Ziel seiner Anthropologie ist es demnach, durch Vergleich „den Charakter des Menschen überhaupt“ zu verstehen (GS I, S. 264).

Humboldts Menschenbild im Kontext des Kosmopolitismus

Um die Tragweite von Humboldts Beitrag zum Kosmopolitismus zu verstehen, muss ein zweiter Blick auf seinen oben erwähnten Anspruch, den Menschen im Hinblick auf „Geist“, „Herz“ und „Körper“ zu untersuchen, geworfen werden. Dem Kosmopolitismus der philosophischen Tradition – zu dem Denker wie Diogenes,

5 Wenn nicht anders angegeben, wird Wilhelm von Humboldt nach den *Gesammelten Schriften* (GS) zitiert: Humboldt 1903–1936.

Cicero, Grotius, Smith und Kant gezählt werden – werden zwar einerseits große Verdienste zugesprochen. Doch an ihm wird immer wieder kritisiert, dass er zu einem Menschenbild neigt, das die Vernunft gegenüber anderen menschlichen Fähigkeiten bevorzugt.

Der antike griechische Philosoph Diogenes (4. Jh. v. Chr.), der der erste gewesen sein soll, der das Wort „kosmopolitês" verwendete, betrachtete die Vernunft als „das Wesen der menschlichen Natur" (Long 2008, S. 54). Dementsprechend basiert sein Kosmopolitismus auf der Auffassung, „dass die menschliche Natur in ihren rationalen Fähigkeiten alle staatsbürgerlichen und ethnischen Grenzen überschreitet" (ebd., S. 54 f.). Diese hohe Wertschätzung der Vernunft geht mit einer Tendenz einher, andere menschliche Qualitäten wie den Körper oder die Gefühle geringzuschätzen – eine Tendenz, die sich durch die Tradition des philosophischen Kosmopolitismus zieht.

Sie lässt sich auch in den Überlegungen Immanuel Kants – bis heute der wohl bekannteste und am meisten diskutierte Vertreter des Kosmopolitismus – zu einer „weltbürgerlichen Gesellschaft" (Kant 2018, S. 687) finden. Kant argumentiert von zwei Seiten her, zum einen von der politisch-rechtlichen, zum anderen von der pädagogischen. Immer steht dabei die Vernunft im Mittelpunkt seines Denkens. Der Mensch ist demnach ein mit „Vernunftfähigkeit begabtes Tier", das das Potenzial hat, aus sich selbst dereinst ein „vernünftiges Tier" zu machen (ebd., S. 673). In politisch-rechtlicher Hinsicht stellt Kant sich die weltbürgerliche Gesellschaft so vor, dass das friedliche Zusammenleben der Nationen auf nach moralischen „Vernunftprinzipien" entwickelten politischen Institutionen basiert. Diese Weltgesellschaft soll liberal, föderal und republikanisch verfasst sein, was auf die Idee eines kodifizierten Völkerbundes hinausläuft (vgl. Kant 2019, S. 191–251). Kants Auffassung nach provoziert die Verschiedenheit der Völker tendenziell Konflikte und Kriege. Deshalb bedarf es eines Vertragswerkes zwischen den Staaten, das die potenziellen Konflikte auf eine vernünftige Weise einzuhegen vermag.

Die pädagogische Seite des Kosmopolitismus geht davon aus, dass die Bürger*innen der weltbürgerlichen Gesellschaft einer entsprechenden Bildung bedürfen. Kant spricht von der „Erziehung des Menschengeschlechts im Ganzen ihrer Gattung" (Kant 2018, S. 683) und fordert, dass die Zöglinge durch Erziehung „weltbürgerliche Gesinnungen" entwickeln sollen (ebd., S. 761). Erziehung soll auch eine kosmopolitisch orientierte „Moralisierung" beinhalten. Das heißt, dass der Mensch die Gesinnung bekommen soll, „nur lauter gute Zwecke" zu wählen: „Gute Zwecke sind diejenigen, die notwendigerweise von jedermann gebilligt werden; und die auch zu gleicher Zeit jedermanns Zwecke sein könnten" (ebd., S. 707). Kurz: es kommt „vorzüglich darauf an, dass die Kinder denken lernen" (ebd.).

So visionär diese Gedanken auch sind, Kant ist immer wieder vorgeworfen worden, in seiner Vernunftfokussierung eine geradezu körperfeindliche Haltung entwickelt zu haben. Alles Körperliche, Emotionale, Affektive, Leidenschaftliche stört tendenziell die Anwendung klarer Vernunft und muss deshalb der „Disziplin“ unterworfen werden. Kants Menschenbild ist dualistisch, er nimmt einerseits einen „intelligiblen Charakter“ im Menschen an, den er als zur Freiheit befähigt und moralisch gut ansieht, postuliert andererseits aber auch einen „sensiblen Charakter“, der einen Hang zum Unerlaubten und Bösen habe (ebd., S. 677 f.). Den „sensiblen“, also den körperlich-sinnlichen Charakter gilt es durch Zwang zu disziplinieren, den „intelligiblen“ zu entfalten, um so die Freiheit zu kultivieren. Dass Menschen auch in einem positiven Sinne ihre körperlich-sinnlich-emotionale Seite kultivieren können, kommt bei Kant kaum in den Blick (vgl. Cohen 2017).

Diese Ausführungen sollen genügen, um zu zeigen, dass die „kosmopolitische Tradition“ (Nussbaum 2019) den menschlichen Körper, die Emotionen, die sozialen Praktiken usw. nicht angemessen berücksichtigt. Nussbaum konstatiert und kritisiert dies:

> „[D]ie Tradition argumentiert für den Wert des Menschen oft gerade durch einen pejorativen Gegensatz zu den ‚rohen Tieren'. Wir brauchen eine internationale Politik, die wirklich kosmopolitisch ist, und eine solche Politik [...] muss auf dem Wert und der Würde empfindungsfähiger Körper beruhen, nicht nur auf dem der Vernunft.“ (2019, S. 16 f.)

Wie im Folgenden gezeigt wird, hat Humboldt dagegen eine kosmopolitische Vision zu bieten, die dem Körper hohe Wertschätzung entgegenbringt. Von seinen ersten Schriften an betrachtet er den Menschen als „ein Ganzes“, das aus leiblich-sinnlichen, imaginativen, affektiven, intellektuellen und moralischen „Kräften“ besteht. Dabei beschäftigt er sich intensiv mit der Frage, wie sich die intellektuellen und die sinnlichen Fähigkeiten zueinander verhalten: „Sinnlichkeit und Unsinnlichkeit verknüpft ein geheimnissvolles Band“ (GS I, S. 169). Da die Kräfte miteinander in Konflikt kommen können, zielt sein Denken darauf ab, sie „[...] dergestalt zu vereinen, dass jede so wenig als möglich der andren raube“ (ebd.). So sieht er alle Kräfte als Zweck an, keine nur als Mittel: „Der wahre Zwek des Menschen [...] ist die höchste und proportionirlichste Bildung seiner Kräfte zu einem Ganzen“ (ebd., S. 106). Bildung ist demnach das Bemühen und der Prozess, die widerstreitenden menschlichen Kräfte zu entfalten und zu harmonisieren. Humboldts Anthropologie entwickelt damit ein systematisches Interesse am Körper, das auch heute noch für anthropologische Forschungen charakteristisch ist (vgl. Wulf 2009, S. 197–219). Das Ideal einer „höchsten und proportionirlichsten“ Bildung hatte Humboldt in seiner intensiven Beschäftigung mit der griechischen Antike gewonnen (vgl. Mattig 2019, S. 133 ff.).

Facetten kosmopolitischen Denkens in Humboldts Werk

Individualität und Ideal der Menschheit: Humboldts moralischer Kosmopolitismus

Im Zentrum von Humboldts Anthropologie steht eine Vorstellung von Individualität, die in dem Begriff „Charakter“ zum Ausdruck kommt. Jede einzelne Person hat demnach einen besonderen Charakter, ebenso wie die Geschlechter, die verschiedenen sozialen Klassen, die Nationen oder Völker und schließlich die Menschheit als Ganze. Diese Denkweise war zu Humboldts Zeit durchaus üblich. Einen ähnlichen Weg vom „Charakter der Person“ zum „Charakter der Gattung“ beschreitet z. B. Kant im zweiten Teil seiner *Anthropologie in pragmatischer Hinsicht* (vgl. Kant 2018, S. 623–690).

Und doch ist Humboldts Ansatz anders, da er den Charakter konsequent im Hinblick auf die menschlichen Kräfte konzipiert. In jedem Individuum sind die verschiedenen Kräfte von Natur aus in einem bestimmten Verhältnis angelegt, z. B. ist ein Individuum eher intellektuell, ein anderes eher phantasievoll. Charaktere können nicht ausgelöscht, aber in ihrer Entfaltung behindert oder in falsche Bahnen gelenkt werden. Die grundlegende moralische Forderung der Humboldt'schen Anthropologie besteht dementsprechend darin, jedem Individuum die Möglichkeit zu geben, seine Fähigkeiten möglichst harmonisch und hoch zu entfalten (vgl. Mattig 2019, S. 95–105).

Humboldt betrachtet den Menschen als soziales Wesen. Die Entfaltung der Kräfte des Individuums kann nur in der Interaktion mit anderen erfolgen. Einerseits ist jedes Individuum aufgrund seines Charakters einseitig und damit unvollständig, andererseits hat es, gerade durch seine Einseitigkeit, einen spezifischen „Reichthum“, den es anderen geben kann. Die „Verbindung mit andren“ (GS I, S. 107) kann nicht nur die Einseitigkeit der Einzelnen ausgleichen, sondern ihnen auch helfen, ihr Potenzial zu entfalten. Dies läuft auf eine Ethik der Begegnung hinaus: „Durch Verbindungen also, die aus dem Innren der Wesen entspringen, muss einer den Reichthum des andren sich eigen machen“ (ebd.).

Kollektive Charaktere werden sowohl durch die angeborenen Eigenschaften der ihnen angehörenden Individuen als auch durch die tradierten Muster des Kollektivs gebildet. Bei nationalen Charakteren manifestieren sich solche Muster beispielsweise in Sprache, Bräuchen und politischen Institutionen. Nationale Charaktere sind also nicht angeboren, sondern werden als ritualisierte und institutionalisierte Formen der Interaktion betrachtet, in die die Individuen sozialisiert werden. Bildung bezieht sich hier auf die rege „Wechselwirkung“ (GS I, S. 283) zwischen Individuen und Gesellschaft. Im Rahmen dieser Wechselwirkung sind Nationalcharaktere nicht statisch, sondern veränderbar: Auch Nationen können sich bilden.

Die Begriffe der „Verbindung“ und der „Wechselwirkung“ bezieht Humboldt letztlich auf die gesamte Menschheit. An dieser Stelle kommt seine kosmopolitische Perspektive dezidiert zum Ausdruck. In dem folgenden Zitat greift er auf eine botanische Metapher zurück:

> „Der Einzelne ist in Verhältniss zu seiner Nation nur in der Art ein Individuum, wie ein Blatt im Verhältniss zum Baum, ebenso kann die Stufenfolge der Individualität weiter gehen, von der Nation zum Völkerstamm, von diesem zur Race, von ihr zum Menschengeschlecht.“ (GS III, S. 352)

Humboldts moralischer Kosmopolitismus läuft auf die Forderung hinaus, eine globale Entfaltung der Vielfalt menschlicher Lebensformen hervorzubringen. Das ist sein „Ideal menschlicher Vollkommenheit“:

> „Mannigfaltigkeit der Charaktere ist daher die erste Foderung, welche an die Menschheit ergeht, wenn wir sie uns als ein Ganzes zu höherer Vollkommenheit fortschreitend denken.“ (GS II, S. 38)

Vom moralischen Standpunkt aus sollte man also immer die gesamte Menschheit mit ihren mannigfaltigen Entfaltungsmöglichkeiten vor Augen haben. Gleichzeitig sollte man sich aber auch auf die unmittelbaren Herausforderungen konzentrieren. Hier zeigt sich wieder Humboldts Anliegen, die Vernunft und den Körper auszubalancieren:

> „Von der Zahl der Foderungen, welche die Vernunft an den moralischen Menschen macht, kann daher auch diejenige nicht ausgeschlossen werden, die Richtung seiner Thätigkeit dem Gange der ganzen Menschheit anzupassen, und nicht bloss ein Bürger seines Staats und seiner Zeit, sondern zugleich auch ein Bürger der Welt zu seyn. Zwar hat man nicht selten gefunden, dass so weit umfassende und hohe Gesichtspunkte als dieser, wie sehr sie auch den Geist erweitern und die Gesinnung erheben mögen, dennoch gegen das wahrhaft Nothwendige und den nächsten Beruf kalt und gleichgültig machen, und die fruchtbarste und einfachste Lebensweisheit schränkt die Zahl unserer Pflichten nur auf einen engen und leicht übersehbaren Kreis ein. Aber jenes höchste Gebot der Vernunft verlangt nicht, dass der Mensch unmittelbar und mit eigentlich darauf gerichteter Absicht an einem Fortschreitungsplan seines ganzen Geschlechts wirklich arbeiten solle. Vielmehr würde ein so riesenhaftes Unternehmen, bei welchem kaum das letzte Ziel noch deutlich zu erkennen, viel weniger die Mittel mit Sicherheit zu berechnen wären, unfehlbar zu thöricht und vermessen scheinen müssen, um selbst in der edelsten und reinsten Begeisterung für Tugend und Menschenwohl nur einige Beschönigung zu finden. Nur unser Geist soll von dem erhabenen Gedanken eines allgemeinen Zusammenwirkens aller Wesen und Kräfte durchdrungen seyn, nur die leitenden Grundsätze unsers Verhaltens sollen wir, um der allgemeinsten Uebereinstimmung unter ihnen gewiss zu seyn, auch an

> diesem Probirstein prüfen, nur unsere Einbildungskraft mit diesen grossen Bildern begeisternd beschäftigen; dann aber bloss in dem beschränkten Wirkungskreise thätig seyn, welcher unsern Kräften gewachsen ist. Nie kann man die äussere Thätigkeit des Menschen genug in die Schranken des Nothwendigen zurückrufen, nie seinen Geist genug in das Gebiet der Unendlichkeit einladen." (ebd., S. 12)

Humboldts Ethik der Vielfalt muss im historischen Kontext der Kritik deutscher Intellektueller an der kulturellen und politischen Hegemonie Frankreichs gelesen werden. Wie Trabant hervorhebt, hatten französische Philosophen wie Voltaire und Rivarol behauptet, der neue Geist der Aufklärung sei untrennbar mit der französischen Sprache verbunden. Zudem verlangte die Sprachpolitik im Zuge der Französischen Revolution, dass Volkssprachen wie das Baskische oder das Bretonische durch das Französische als gemeinsame Nationalsprache ersetzt werden sollten (vgl. Trabant 2014, S. 127–138). Viele deutsche Intellektuelle lehnten ein solches Denken und eine solche Politik ab und betonten die Bedeutung der Individualität der nationalen Charaktere. Auch Humboldt warf den Franzosen vor, andere Kulturen ihrer „Herrschaft" zu unterwerfen und damit alle Völker gleich machen zu wollen (GS II, S. 107). Zugleich gab es noch keine „deutsche Nation": Deutschland war in eine Vielzahl von Fürstentümern aufgeteilt, und viele Intellektuelle stellten sich vor, dass diese zu einer Nation mit einer gemeinsamen Sprache und Kultur vereint werden sollten. Die Betonung der Nationalcharaktere entspringt hier also einer Haltung der Selbstbestimmung und nicht einem nationalen Chauvinismus. Gleichzeitig ist – gerade bei Humboldt – die Betrachtung der Nationalcharaktere in einer großen kosmopolitischen Vision aufgehoben, die eben gerade eine hegemoniale Dominanz bestimmter Nationen ablehnt. Das richtet sich auch gegen den Kolonialismus, auch wenn es zu diesem Thema nur wenige Aussagen Humboldts gibt (vgl. Mattig 2019, S. 326 ff.).

Zur Methode von Humboldts vergleichender Anthropologie

Um die Frage zu beantworten, wie die „höchste und proportionirlichste" Entwicklung der menschlichen Kräfte hervorgebracht werden könnte, hielt Humboldt anthropologische Forschung für notwendig. Auf der *empirischen* Ebene geht es ihm dabei darum, empirische Menschen zu studieren und entsprechende „Charaktergemählde" (GS I, S. 391) zu erstellen. In *theoretischer* Hinsicht soll die Forschung „den Begriff der Menschheit erweitern" (ebd., S. 392). Das *praktische* Ziel der Forschung schließlich ist, die Bildung der Charaktere – und damit die Bildung der Menschheit im Ganzen – zu fördern. Nachfolgend seien drei Merkmale von Humboldts anthropologischer Methode skizziert, um einerseits die Bedeutung des Körpers und andererseits die kosmopolitische Orientierung in seinem Forschungskonzept deutlich zu machen:

1. Die anthropologische Forschung soll sowohl „Speculation" als auch „empirische Forschung" umfassen und beide Seiten eng aufeinander beziehen.[6] Insofern gilt es, dass anthropologisch Forschende nicht nur ihren Geist, sondern auch ihre sinnliche Wahrnehmungsfähigkeit schulen. Die empirisch gesammelten Daten müssen mit Hilfe der Einbildungskraft zu einem Bild des Charakters verknüpft werden, um schließlich „aus Faktis Philosophie zu ziehen" (Brief an Körner vom 19.11.1793. In: Mattson 2015, S. 203), also Theorie zu generieren. Wenn Humboldt also, wie oben gezeigt, fordert, den Menschen im Sinne von „Geist", „Herz" und „Körper" zu sehen, dann ist dies auch sein Ausgangspunkt für die anthropologisch Forschenden selbst. Dementsprechend schlägt er u. a. Reisen und Feldforschung, die Lektüre literarischer Werke und das Studium von Forschungsliteratur als geeignete Forschungsmethoden vor (vgl. Mattig 2019, S. 158–164).

2. Die Aufgabe einer Charakterstudie besteht nicht nur darin, einen bestimmten individuellen Charakter in seinem gegenwärtigen Zustand zu beschreiben. Da Humboldt vor allem an der Bildung von Charakteren interessiert ist, hält er es für notwendig, deren historische Genese zu erfassen. Außerdem geht es ihm darum, die potentiellen Möglichkeiten einer zukünftigen Entfaltung auszuloten: „Nicht bloss die Seiten, die wirklich ausgebildet sind, sollen geschildert werden, auch diejenigen, welche es seyn sollten oder seyn könnten" (GS II, S. 2). Die Anthropologie soll eine Idee von der Entwicklung der Menschheit in der Weise erarbeiten, dass alle Charaktere die Möglichkeit haben, ihre Fähigkeiten frei zu entfalten, ohne die Entfaltung der anderen zu behindern.

3. Humboldts Anthropologie ist vor diesem Hintergrund vergleichend angelegt, da Individualität nur im Vergleich mit anderen Individualitäten als solche erkannt werden kann. Eine von Humboldts Abhandlungen aus dem Jahr 1795 enthält den Vergleich schon in ihrem Titel: Plan einer vergleichenden Anthropologie. Der Vergleich dient vor allem dazu, das „Ideal der Menschheit" zu finden: Wenn die Porträts der verschiedenen Charaktere in der Vorstellung zusammengefügt werden, stellt jeder einzelne Charakter gleichsam nur einen kleinen Teil des großen Mosaiks der Menschheit dar:

> „Der Einzelne kann das Ideal menschlicher Vollkommenheit nur von Einer Seite, nur nach Maassgabe seiner Eigenthümlichkeit darstellen, aber durch die vergleichende Betrachtung vieler dieser einseitigen und verschiedenen Darstellungen nähern wir uns einer anschaulichen Vorstellung von der Vollständigkeit desselben, als eines Ganzen." (GS II, S. 38)

Da das „Ideal der Menschheit" in seiner konkreten Ausgestaltung nicht bekannt ist, hofft Humboldt, Charaktere zu finden und zu erforschen, die geeignet sind, den Begriff der Menschheit zu erweitern.

---

6 Vgl. den Beitrag von Malte Brinkmann in diesem Band.

Humboldt entwickelte seine anthropologische Methode nicht nur im Sinne des skizzierten Programms, er wandte sie auch in der konkreten Forschung an. Er machte sich ständig Notizen, um Charaktere von Personen oder Völkern zu beschreiben, wie schon ein flüchtiger Blick in seine Tagebücher und Briefe zeigt. Er verfasste auch zahlreiche Manuskripte, die seiner Methode folgten: Mitte der 1790er Jahre veröffentlichte er zwei Abhandlungen über den Charakter der Geschlechter, die viel Beachtung fanden (vgl. Schmied-Kowarzik 1997). Im Jahr 1800 erschien ein Aufsatz über das französische Theater, in dem er den französischen Nationalcharakter mit dem der Deutschen und der alten Griechen vergleicht (vgl. Mattig 2019, S. 175–181). Im Jahr 1803 erschien der Reisebericht *Der Montserrat, bey Barcelona*, der Einblicke in den spanischen Nationalcharakter gibt (vgl. ebd., S. 195–200). Im Jahr 1805 vollendete er seine umfassende Ethnographie *Die Vasken*, die zu seinen Lebzeiten allerdings nicht mehr veröffentlicht wurde (vgl. Zabaleta-Gorrotxategi 2013; Mattig 2019, S. 207–293). 1821 erschien seine Schrift *Über die Aufgabe des Geschichtschreibers*, in der er seine kosmopolitische Vision der „Weltgeschichte" skizziert (vgl. Maurer 2016, S. 217–228). Gegen Ende seines Lebens schließlich veröffentlichte er zwei Charakterstudien seiner berühmten Dichterfreunde Goethe und Schiller, die das Bild der deutschen Klassik prägen sollten (vgl. Trabant 2021, S. 15–19).

Es lässt sich festhalten, dass Humboldt eine Forschungsmethode entwickelte, die inhaltlich auf ein kosmopolitisches Ziel ausgerichtet ist und dabei den menschlichen Körper sowohl als Forschungsgegenstand als auch als Forschungsinstrument ernst nimmt.

Humboldts politischer Kosmopolitismus

In der Forschungsliteratur über den Kosmopolitismus spielen politische Fragen wie die Beziehungen zwischen Staaten, das Völkerrecht und Formen der Weltregierung eine große Rolle. Philosophen wie Grotius und Kant haben dazu Ansätze beigesteuert, die noch heute diskutiert werden (vgl. z. B. Nussbaum 2019; Cavallar 2015). Kant beispielsweise plädierte in seinem berühmten Buch *Zum ewigen Frieden* von 1795 für einen Bund der Nationen in Form einer Föderation freier Republiken (vgl. Kant 2019, S. 191–251).[7]

---

7 Im Oktober 1795 schreibt Humboldt einen Brief an Schiller, in dem er vermerkt, dass er gerade Kants *Zum ewigen Frieden* gelesen habe. Er kommentiert kritisch, dass Kant in diesem Essay nichts Neues sage; allerdings schätze er die Schrift „wegen des treuen u. interessanten Bildes das sie von der Individualität ihres Vf. giebt" (Brief vom 30.10.1795. In: Mattson 2017, S. 124). Hier zeigt sich der Anthropologe Humboldt, der Kants Werk im Sinne einer Charakterstudie liest.

Humboldts bekanntes politisches Frühwerk *Ideen zu einem Versuch, die Gränzen der Wirksamkeit des Staates zu bestimmen* von 1792 geht, ganz im Sinne seiner vergleichenden Methode, auf einen Vergleich verschiedener Staatsverfassungen zurück (GS I, S. 99). Für uns stellt sich die Frage, ob Humboldt sich hier auch mit kosmopolitischen Fragen beschäftigt. Tatsächlich konzentriert er sich eigentlich auf Politik *innerhalb* der Staaten und schenkt den Beziehungen *zwischen* ihnen nur wenig Aufmerksamkeit. Aber aus dem Wenigen, das er sagt, lässt sich doch eine bemerkenswerte Perspektive ablesen.

Nach Humboldts politischer Theorie gibt es bessere oder schlechtere Bedingungen für die Bildung der Menschheit. Die europäischen absolutistischen und feudalen Staaten des späten 18. Jahrhunderts sind seiner Meinung nach alles andere als förderlich für die Entwicklung der menschlichen Kräfte. Vor dem Hintergrund der Erfahrungen der Französischen Revolution lehnt er revolutionäre Umstürze ab, fordert aber enthusiastisch liberale Reformen:

> „Zu dieser Bildung ist Freiheit die erste, und unerlassliche Bedingung. Allein ausser der Freiheit erfordert die Entwikkelung der menschlichen Kräfte noch etwas andres, obgleich mit der Freiheit eng verbundenes, Mannigfaltigkeit der Situationen." (GS I, S. 106)

Humboldt plädiert daher für einen zurückhaltenden Staat, der sich weitgehend des positiven Handelns enthalten soll, um den Bürgerinnen und Bürgern die Freiheit zu geben, selbst aktiv zu werden. Seiner Meinung nach hat der Staat nur zwei positive Aufgaben zu erfüllen: für innere und äußere Sicherheit zu sorgen (vgl. z. B. Benner 1990, S. 35–75).

Um Humboldts Skepsis gegenüber staatlichem Handeln zu verstehen, ist es notwendig, auf seinen Begriff der Nation zurückzukommen. Ein „Nationalcharakter" ist für ihn eine Individualität, deren Entwicklung ermöglicht werden sollte. Eine starke Nation – für Humboldt gleichbedeutend mit einer freien Nation – sollte daher die Kraft haben, sich selbst ohne staatliche Bürokratie zu bestimmen. Wenn Humboldt von „Staat" schreibt, dann im Rahmen des Absolutismus. Er schlägt deshalb vor, dass dieser Staat sein Handeln begrenzen muss, um der Nation Handlungsfreiheit zu geben. Der Staat muss einen rechtlichen Rahmen schaffen und absichern, der es der Nation ermöglicht, sich als Verband freier Individuen zu entfalten.

Letztlich fordert Humboldts politische Theorie eine größtmögliche Vielfalt an Situationen und sozialen Begegnungen. Dies ist aber nur möglich bei einer „gränzenlosen Verbindung aller Nationen und Welttheile mit einander" (GS I, S. 128), also in einer kosmopolitischen Welt. Je größer das Potenzial an globalen „Verbindungen" ist, desto „schönere, höhere und wunderbarere Gestalten der Mannigfaltigkeit und der Originalität" (ebd., S. 127) können hervorgebracht werden.

Wie aber sollen die Beziehungen zwischen den Staaten gestaltet werden? In Bezug auf diese Frage lohnt ein Blick auf Humboldts Überlegungen zur Pflicht des Staates, für Sicherheit gegen äußere Feinde zu sorgen. Im Sinne seiner liberalen Haltung schlägt er vor, dass benachbarte Staaten ihren Bürgerinnen und Bürgern so viel Freiheit wie möglich gewähren sollten, selbst wenn dies letztlich zu einem Krieg führen könnte: Der Staat

> „[…] gebe Freiheit und dieselbe Freiheit geniesse ein benachbarter Staat. Die Menschen sind in jedem Zeitalter Menschen, und verlieren nie ihre ursprünglichen Leidenschaften. Es wird Krieg von selbst entstehen; und entsteht er nicht, nun so ist man wenigstens gewiss, dass der Friede weder durch Gewalt erzwungen, noch durch künstliche Lähmung hervorgebracht ist; und dann wird der Friede der Nationen freilich ein eben so wohlthätigeres Geschenk sein, wie der friedliche Pflüger ein holderes Bild ist, als der blutige Krieger. Und gewiss ist es, denkt man sich ein Fortschreiten der ganzen Menschheit von Generation zu Generation; so müssten die folgenden Zeitalter immer die friedlicheren sein. Aber dann ist der Friede aus den inneren Kräften der Wesen hervorgegangen, dann sind die Menschen, und zwar die freien Menschen friedlich geworden. […] Die menschlichen Kräfte, unaufhörlich nach einer gleichsam unendlichen Wirksamkeit strebend, wenn sie einander begegnen, vereinen oder bekämpfen sich. Welche Gestalt der Kampf annehme, ob die des Krieges, oder des Wetteifers, oder welche sonst man nüanciren möge? hängt vorzüglich von ihrer Verfeinerung ab." (ebd., S. 139 f.)

Anders als Kant will Humboldt die „ursprünglichen Leidenschaften" nicht durch (internationale) Gesetze und pädagogische Disziplinierung einhegen. Nein: Alle Kräfte des Menschen sollen freigelassen werden, eben auch die „ursprünglichen Leidenschaften". Humboldt ist Krieg lieber als ein erzwungener oder durch Erschlaffung erreichter Frieden, weil er immerhin ein Ausdruck der Regsamkeit der Kräfte ist. Gleichwohl ist Humboldt kein Kriegstreiber. Krieg kann keine erwünschte Form der menschlichen Wechselwirkung sein, weil er der freien Entfaltung der Kräfte zu viele Beschränkungen auferlegt. Die Lösung liegt für Humboldt wiederum in der Bildung: Die ursprünglichen Leidenschaften bedürfen der „Verfeinerung". Es geht um soziale Praktiken, die geeignet sind, den Leidenschaften alternative Ausdruckmöglichkeiten zu eröffnen und damit Krieg zu sublimieren und überflüssig zu machen. Humboldt versteht Bildung hier als Entwicklung verfeinerter Formen kollektiver Begeisterung (vgl. Mattig 2023) auf internationaler Ebene, um die rohen Leidenschaften des Krieges zu überwinden.

Humboldt fällt hier als Beispiel der „Wetteifer" ein. Man mag heute an internationale Sportveranstaltungen denken, die inzwischen recht gut kultiviert sind. Zu seiner Zeit war das noch Spekulation, und er formuliert ja die offene Frage am Ende der eben zitierten Passage in dem Sinne, dass auch Praxisformen entstehen können, die man sich noch nicht vorstellen kann. Es bedarf einer geistigen Offenheit, um bereit zu sein, den Begriff der Menschheit zu erweitern. Heute gibt es aber auch viele Praktiken, die internationale Begegnungen ermöglichen und nicht unbedingt auf „Wetteifer" beruhen, wie z. B. Schüleraustausche oder internationale Musikprojekte.

Mir kommt es hier darauf an, zu zeigen, dass Humboldt nicht nur die Vernunft, sondern auch die Sinnlichkeit, die Emotionen und Affekte für bildsam hält und auch hier seinen liberalen Grundsätzen treu bleibt. Der Kontrast zu Kant ist offensichtlich: Kant zufolge sollen die Menschen ihre Vernunft so weit entfalten, dass sie einsehen, wie unvernünftig sie handeln, wenn sie sich einfach ihren Leidenschaften überlassen – um dann der Vernunft folgend zu handeln. Das kann für Humboldt kein Ziel sein. Mögen die Leidenschaften auch unvernünftig sein, auch sie haben ein Recht auf freie Regsamkeit.

Allerdings wäre es ein Missverständnis, nun zu meinen, Humboldt rede dem Irrationalismus das Wort. Ihm ist gerade an der balancierten Entwicklung der Kräfte gelegen, die immer einen prekären Charakter hat. Insofern ist er weder für Irrationalismus noch für Rationalismus. Deshalb ist ihm die Bildung der „praktischen Vernunft" als intellektueller Kraft so wichtig, denn dieser kommt die schwierige Aufgabe zu, das richtige Verhältnis der Kräfte zueinander zu bestimmen (vgl. Mattig 2021).

Es lässt sich festhalten, dass sich aus Humboldts politischer Theorie, auch wenn sie nur wenige Ausführungen zur internationalen Politik enthält, doch etwas zum Kosmopolitismus lernen lässt: Internationale Beziehungen müssen nicht nur auf einem vernunftgemäßen Rechtssystem aufbauen (Kant), sondern bedürfen auch lebendiger internationaler Spiele, Rituale und Traditionen.

Das Volk und die Gebildeten: Humboldts Baskenethnographie aus Sicht des Kosmopolitismus

Kleingeld und Brown (2019) stellen fest, dass Begriffe wie „Kosmopolitismus" und „Weltbürgertum" im 18. Jahrhundert oft nicht in einem philosophischen Sinne verwendet wurden, sondern im Zusammenhang mit Personen, die viel reisten, ein Netzwerk internationaler Kontakte pflegten und sich überall zu Hause fühlten: „Ein Kosmopolit war jemand, der nicht durch besondere Loyalitäten oder kulturelle Vorurteile voreingenommen war" (ebd., o. S.). Allerdings sind Kleingeld und Brown der Meinung, dass diese Begriffsverwendungen „nicht von großem philosophischen Interesse sind" (ebd.) In diesem Abschnitt zeige ich unter Bezugnahme auf Humboldts ethnographische Studien, insbesondere im Baskenland, dass die soziale Gruppe der Kosmopolit*innen durchaus von *anthropologischem* Interesse ist.[8]

In der Literatur über das Reisen wurde seit dem 16. Jahrhundert erörtert, ob Reiseerfahrungen für die Reisenden und ihre Heimatländer förderlich oder problematisch seien. Wer reist, kann fremde Lebensformen kennenlernen und dadurch auch für die Heimat neue moralische und soziale Perspektiven entwickeln. Doch immer auch gibt es die Gefahr der Entfremdung von der Heimat, so dass dieses positive Potenzial nicht umgesetzt werden kann (vgl. Carey 2003, S. 109 f.). Dieses Problem wurde auch von Rousseau diskutiert, der sich zeitweise so kritisch über Kosmopoliten äußerte, dass er sogar als „Anti-Kosmopolit“ bezeichnet wurde (vgl. Rosenblatt 2008). Allerdings lehnte Rousseau den Kosmopolitismus nicht *per se* ab, sondern argumentierte, dass Reisende von anderen Kulturen lernen sollten, ohne ihre Zugehörigkeit zu ihren eigenen Gesellschaften zu verlieren (vgl. auch Cavallar 2015, S. 76–91).

Humboldt, ein begeisterter Leser von Rousseaus Werk, entwickelt diese Ansicht weiter und gibt dem alten Problem eine neue Wendung, indem er die Aufklärung in seine Überlegungen einbezieht. Er beobachtet eine zunehmende Spaltung der Gesellschaft: Auf der einen Seite sieht er die aufgeklärten und gebildeten Individuen, die durch eigenes Reisen, über Briefe und Literatur am internationalen Diskurs teilnehmen. Auf der anderen Seite steht die breite Masse des Volks, das all dies nicht tun kann. Zwischen beiden gesellschaftlichen Gruppen sieht er eine „unermessliche Kluft“ (GS XIII, S. 12) sich auftun.

Bildungstheoretisch ist diese Kluft in zwei Hinsichten problematisch: Das Volk kann nicht an den geistigen Hervorbringungen der Gebildeten teilhaben. So kann aus der natürlichen „Abneigung“ gegenüber Fremdem leicht „Hass“ werden (ebd., S. 68). Aber auch die Gebildeten haben nicht an der Sinnlichkeit, den Imaginationen und sozialen Praktiken des Volkes teil. In Ländern wie Deutschland und Frankreich beobachtet Humboldt einerseits ein unaufgeklärtes Volk und andererseits eine „intellectuelle Aristokratie“ (Brief an Goethe vom 28.11.1799. In: Bratranek 1876, S. 151), der es an „Einbildungskraft“, „Gefühl“ und „Wärme“ fehle (GS XIII, S. 10).

Humboldt führt diese soziale Kluft vor allem auf die Wissenspraktiken der Aufklärung wie Lesen, Schreiben und Diskutieren in entsprechenden Zirkeln zurück (vgl. Mattig 2019, S. 83 f.). Da das einfache Volk nicht in der Lage war, philosophische Texte zu lesen und sich in solchen Zirkeln zu unterhalten, war es vom Wissen der Aufklärung ausgeschlossen und konnte seine intellektuellen Fähigkeiten nicht entwickeln: „Es gibt doch keine größere Scheidewand unter den verschiedenen Ständen, als die, welche die feinere intellectuelle Bildung errichtet“ (Brief an Goethe vom 28.11.1799. In: Bratranek 1876, S. 151). Außerdem neigten die „Gebil-

8 Zu Humboldts Baskenstudien siehe auch den Beitrag von Iñaki Zabaleta-Gorrotxategi in diesem Band.

deten" dazu, mit Hochmut auf das einfache Volk herabzusehen, was die soziale Kluft noch vergrößerte.

Vor diesem Hintergrund erst lässt sich Humboldts Erstaunen ermessen, als er auf seinen Reisen 1799 und 1801 das Volk der Basken kennenlernte. Bei den Basken findet er keine soziale Kluft:

> „Sie sind ein Ackerbau, Schiffarth und Handlung treibendes Volk und ermangeln des körperlichen Wohlstandes nicht, ohne den alles sittliche Gedeihen unmöglich ist. Sie haben eine freie Verfassung, öffentliche Berathschlagungen grossentheils in ihrer Landessprache, also ein gemeinschaftliches Interesse, das jeden angeht und für das jeder thätig seyn kann. Von einem, manchem Fremden vielleicht wunderbar scheinenden Enthusiasmus für ihr Land und ihre Nation beseelt, bleiben auch die Begüterten, auch die, welche Ehrentitel in Castilien empfangen, oder angesehene Aemter bekleidet haben, gern ihrer Heimath getreu, und in dieser leben sie nothwendig in einer sogar sehr grossen Gemeinschaft mit der Masse des Volks, da sie sich ebensowenig von den Sitten als der Sprache desselben ausschliessen können. So geht immer ein gewisser Theil neuerer Aufklärung und Bildung in die Volkssprache und die Volksbegriffe über, und es giebt eine minder sichtbare Absonderung der Stände, deren Verschiedenheit in den Augen des ächten Vizcayers sogar gänzlich hinwegfällt. Auch muss es jedem Reisenden schon an der Physiognomie des Landes und der Menschen sichtbar seyn, dass in den Vaskischen Provinzen das Volk mehr natürliche Bildung, und die Vornehmen mehr Popularität besitzen, als in dem benachbarten Spanien und Frankreich." (GS XIII, S. 12 f.)

Humboldt beobachtet bei den Basken z. B., dass die damals neu erfundene Technik des Impfens sogar von einfachen Bergbewohnern gehandhabt wird. Hier sind sich die Aufgeklärten nicht zu schade, dem Volk solche Techniken beizubringen. Gleichzeitig erkennt Humboldt bei diesen aufgeklärten Basken aber auch eine ausgeprägte Sinnlichkeit. Der oben angesprochene Gedanke, dass „einer den Reichthum des anderen sich eigen" machen solle, ist hier auf verschiedene soziale „Klassen" bezogen.

Der Zusammenhalt in der baskischen Nation ist nach Humboldt wiederum eng mit den lebendigen sozialen Praktiken wie Spielen und Festen verbunden, an denen alle gesellschaftlichen Gruppen teilnehmen (vgl. Mattig 2019, S. 239 ff.). Mit den Basken findet er ein Volk, das in sozialen Praktiken seine sinnlichen Kräfte so regsam auszudrücken vermag, dass eine „Kluft" zwischen den gesellschaftlichen Klassen gar nicht erst aufkommen kann. Die Nation kann sich als Ganze bilden.

Humboldt schließt aus seinen Beobachtungen, dass soziale Verbindungen, wie er sie bei den Basken beobachtet, für alle Nationen wichtig sind. Es ist also notwendig, dass „die am sorgfältigsten ausgebildeten Individuen in fortwährender und gegenseitiger Berührung mit dem schlichten, aber gesunden Theile des Volks stehn" (GS XIII, S. 11). Aus Sicht des Kosmopolitismus lässt sich dies so verstehen, dass nur über solche Verbindungen auch diejenigen von internationalen Fortschritten profitieren können, denen ein kosmopolitisches Leben nicht möglich ist. Auf diese Weise lässt sich auch der nationale „Hass“ vermeiden, der alle kosmopolitischen Bemühungen zunichtemacht. Gleichzeitig führen solche Verbindungen auch dazu, dass die ‚Gebildeten' ihre sinnlichen Kräfte bilden können. Aus anthropologischer Sicht ist also eine Untersuchung der sozialen Gruppe der „Kosmopolit*innen“ durchaus von Bedeutung. Und es wird deutlich, welch wichtige Rolle der Körper dabei spielt.

Humboldts Pläne zur Bildungsreform: Menschenbildung und Fremdsprachenlernen

Von 1809 bis 1810 war Humboldt in leitender Funktion an den preußischen Reformen beteiligt und hier vor allem für das Bildungswesen zuständig (vgl. z. B. Menze 1975). Die Reformen sollten Preußen wieder auf die Beine bringen, sie waren also ein nationales, kein kosmopolitisches Projekt. In seinen Berichten an König Friedrich Wilhelm III. formuliert Humboldt dementsprechend immer wieder auch das Ziel, die Nation zu stärken. Ein genauerer Blick auf seine Pläne offenbart jedoch bemerkenswerte Erkenntnisse aus der Perspektive des Kosmopolitismus.

Humboldts Vorschläge zur Bildungsreform fußen auf der Unterscheidung zwischen „allgemeiner“ und „spezieller“ Bildung.[9] Er wollte die bestehende Schullandschaft überwinden, die die Kinder von vornherein für bestimmte Berufe und einen vordefinierten sozialen Status ausbildete. Stattdessen schlug er vor, dass alle Kinder dieselben Grundfertigkeiten erwerben sollten. In einem zweistufigen Bildungsweg sollten die Kinder daher zunächst eine allgemeine Bildung erhalten, die wiederum aus drei Teilstufen bestand: einem vierjährigen „Elementarunterricht“, einem achtjährigen „Schulunterricht“ und einem anschließenden, zeitlich nicht begrenzten „Universitätsunterricht“ (vgl. GS XIII, S. 260 ff.). Erst nach dem Erwerb der allgemeinen Bildung sollten die jungen Erwachsenen auf der zweiten Stufe des Bildungssystems eine gezielte Ausbildung im Sinne einer Berufsausbildung erhalten. Mit Blick auf den Kosmopolitismus ist Humboldts Konzept der allgemeinen Bildung besonders interessant.

Allgemeine Bildung sollte, im Einklang mit Humboldts Anthropologie, die Entfaltung aller Kräfte der Schüler ermöglichen. Er entwarf ein Schema von Fächern, das den Unterricht in umfassender Weise als „gymnastisch“, „ästhetisch“, „didaktisch“, „mathematisch“, „philosophisch“ und „historisch“ (ebd., S. 277) begreift. Allgemeine Bildung bedeutet zudem, dass kein Kind vom Unterricht ausgeschlossen werden soll. Diese Bildung soll dann die Grundlage dafür sein, dass jedes Individu-

9 Siehe hierzu auch die Ausführungen von Dietrich Benner in diesem Band.

um im System der beruflichen Bildung für einen Beruf ausgebildet werden kann, der seinen Interessen und Fähigkeiten entspricht. In einem Bericht an den König schreibt Humboldt über die bildungstheoretischen Grundsätze seiner Sektion:

> „Sie berechnet ihren allgemeinen Schulplan auf die ganze Masse der Nation und sucht diejenige Entwickelung der menschlichen Kräfte zu befördern, welche allen Ständen gleich nothwendig ist und an welche die zu jedem einzelnen Beruf nöthigen Fertigkeiten und Kenntnisse leicht angeknüpft werden können. Ihr Bemühen ist daher, den stufenartig verschiedenen Schulen eine solche Einrichtung zu geben, dass jeder Unterthan Ew. Königl. Majestät darin zum sittlichen Menschen und guten Bürger gebildet werden könne." (GS X, S. 205)

Das Ziel der Überwindung sozialer Unterschiede steht im Gegensatz zu anderen Reformplänen der Zeit, die vor allem auf Elitebildung setzen (vgl. Tenorth 2009). Wenn Humboldt zudem sagt, dass es um eine „vollständige menschliche Bildung" (GS XIII, S. 266) gehe, wird deutlich, dass sein Konzept nicht eigentlich auf die Bildung von Nationalbürgern abzielt. Im Prinzip wäre eine Allgemeinbildung, wie er sie sich vorstellt, auf *jede* Nation anwendbar, da sie sich auf die Entwicklung der allen Menschen gemeinsamen Kräfte konzentriert. In diesem Sinne hat sein Begriff der allgemeinen Bildung eine kosmopolitische Orientierung.

Fragt man weiter nach kosmopolitischen Aspekten seiner Pläne für die Bildungsreform, fallen seine Ausführungen zum Fremdsprachenunterricht ins Auge, für den er für die zweite Stufe der allgemeinen Bildung, den „Schulunterricht", ein Konzept entwickelt. Während jeder Schüler im „Elementarunterricht" Deutsch lernen sollte, sollten im „Schulunterricht" mindestens Griechisch und Latein hinzukommen. Humboldt wollte dabei nicht die kommunikativen Fähigkeiten der Schüler fördern, sondern ihnen ein Gefühl für die Vielfalt menschlicher Denkweisen vermitteln. Eine Fremdsprache solle nicht nur erlernt werden, um sie zu gebrauchen, da ein solches Lernen nur „kursorisch" (ebd., S. 263) sei und dazu führe, dass die Schüler „viele Sprachen gewissermassen besitzen, und von keiner einen eigentlichen Begriff haben" (ebd.). Für ihn sind Griechisch und Latein gerade als tote Sprachen von höchstem Wert, weil sie es ermöglichen, „dass die Form einer Sprache, als Form, sichtbar" wird (ebd., S. 266). Darüber hinaus meint Humboldt, dass die Schüler auch Hebräisch lernen sollten, weil dessen „grammatischer und lexikalischer Bau auf den ersten Anblick sehr von dem des Griechischen abweicht, nah verwandt ist mit dem Bau der Sprachen wilder Völker, und daher den Begriff von der Sprachform überhaupt nach einer sonst fast unbekannt bleibenden Seite hin erweitert" (ebd., S. 267). Man kann den Eindruck gewinnen, dass Humboldt die Schüler im Sprachunterricht gleichsam vergleichende Anthropologie betreiben lassen wollte, so dass sie durch das Erlernen von Fremdsprachen die Menschheit so umfassend wie möglich studieren.

Um die Bedeutung der Bildung in fremden Sprachen auch in körperlicher Hinsicht zu untersuchen, sei hier ein Vorgriff auf die ausführlichen Sprachstudien gemacht, die Humboldt allerdings erst nach seiner Reformtätigkeit in Angriff nahm.[10] Seine grundlegende Theorie der menschlichen „Kräfte“ und die Frage nach der „Vereinigung“ von geistiger und körperlich-sinnlicher Tätigkeit verfolgt Humboldt auch noch in seinen Sprachforschungen. So führt er aus:

> „Die Sprache ist das bildende Organ des Gedanken. Die intellectuelle Thätigkeit, durchaus geistig, durchaus innerlich und gewissermassen spurlos vorübergehend, wird durch den Laut in der Rede äusserlich und wahrnehmbar für die Sinne. Sie und die Sprache sind daher Eins und unzertrennlich von einander. Sie ist aber auch in sich an die Nothwendigkeit geknüpft, eine Verbindung mit dem Sprachlaute einzugehen.“ (GS VII.I, S. 53)

Das gesprochene Wort drückt nicht nur eine intellektuelle Bedeutung aus, sondern auch eine sinnliche, also eine an den Klang des Wortes gebundene Bedeutung. Der Laut ruft sowohl bei den Sprechenden als auch bei den Hörenden spezifische Empfindungen hervor. Dieser sinnliche Sinn verschmilzt mit dem intellektuellen, so dass sprachliche Verständigung falsch verstanden ist, wenn sie auf einen ‚reinen‘ Informationstransfer im Sinne von Kodierung und Dekodierung reduziert wird. Die Sprache repräsentiert nicht einfach die Objekte, über die gesprochen wird. Vielmehr konstituiert sie diese Gegenstände auf eine Weise, die notwendigerweise „Subjektivität“ mit sich bringt:

> „Da aller objectiven Wahrnehmung unvermeidlich Subjectivität beigemischt ist, so kann man, schon unabhängig von der Sprache, jede menschliche Individualität als einen eignen Standpunkt der Weltansicht betrachten. Sie wird aber noch viel mehr dazu durch die Sprache, da das Wort sich der Seele gegenüber auch wieder […] mit einem Zusatz von Selbstbedeutung zum Object macht und eine neue Eigenthümlichkeit hinzubringt.“ (ebd., S. 60)

Insofern die unzähligen Wortlaute einer Sprache nach dem Prinzip der lautlichen „Analogie“ miteinander verbunden sind, weist jede Sprache einen charakteristischen Klang auf. Außerdem entwickelt jede Sprache eine charakteristische Art und Weise, Wörter zu kombinieren, d. h. eine eigene Grammatik. Daher drückt jede Sprache eine charakteristische „Weltansicht“ aus. Das heißt auch, dass Sprachen Grenzen ziehen: „jede zieht um das Volk, welchem sie angehört, einen Kreis, aus dem es nur insofern hinauszugehen möglich ist, als man zugleich in den Kreis einer andren hinübertritt“ (ebd.).

Dieses Hinübertreten über die Sprachgrenzen ist durch das Erlernen fremder Sprachen möglich. Das Individuum eignet sich durch solch ein Lernen andere

10 Siehe dazu den Beitrag von Jürgen Trabant in diesem Band.

Weltansichten als die durch Enkulturation erworbene an und erweitert seine Beziehungen zur Welt:

> „Die Erlernung einer fremden Sprache sollte daher die Gewinnung eines neuen Standpunkts in der bisherigen Weltansicht seyn und ist es in der That bis auf einen gewissen Grad, da jede Sprache das ganze Gewebe der Begriffe und die Vorstellungsweise eines Theils der Menschheit enthält. Nur weil man in eine fremde Sprache immer, mehr oder weniger, seine eigne Welt-, ja seine eigne Sprachansicht hinüberträgt, so wird dieser Erfolg nicht rein und vollständig empfunden." (ebd.)

Bildung in fremden Sprachen ist vor diesem Hintergrund auch eine körperlich-sinnliche Übung, denn es geht nicht nur um das Erlernen von Grammatik und Semantik, sondern um die Fähigkeit, fremde Laute artikulieren und verstehen zu können. Und weil dies meist nicht in Gänze gelingt und doch ein Akzent hörbar bleibt, wird der „Erfolg" eben „nicht rein und vollständig empfunden".

Mit seiner Sprachtheorie entfernt sich Humboldt deutlich von der vorherrschenden Auffassung, die Aristoteles der europäischen Denktradition vererbt hatte (vgl. Trabant 2012, S. 157–176). Nach Aristoteles besteht die Sprache aus willkürlichen Zeichen: Der Gedanke sei unabhängig von Worten und könne prinzipiell durch jedes andere Wort ausgedrückt werden. Die Übersetzung stelle keine großen Herausforderungen dar, da sie lediglich als ein Prozess betrachtet werde, bei dem einem gegebenen Inhalt andere Wörter zugeordnet werden.[11] Humboldt hingegen vertritt auf der Grundlage seiner umfassenden vergleichend-anthropologischen Forschungen die Auffassung, dass Wörter eine eigenständige semiotische Dimension haben und daher nicht als beliebige Zeichen betrachtet werden können.

Die aristotelische Tradition ist für kosmopolitische Theorien attraktiv, weil sie suggeriert, dass alle Menschen die gleichen Gedanken teilen und dass eine globale Kommunikation ohne Missverständnisse prinzipiell möglich sein sollte. Aber nach Humboldts Ansicht erfasst diese Tradition die Verbindung von Geist und Körper in der Sprache nicht angemessen. Humboldt kann uns daher dazu anregen, Kosmopolitismus im Sinne der Kultivierung der *Vielfalt des Denkens* zu verstehen, wobei „Denken" auch ein Körperdenken bedeutet.

Transkultureller Kosmopolitismus: Humboldts Theorie der Übersetzung

Humboldts Sprachtheorie ist nicht nur hinsichtlich des Fremdsprachenlernens bemerkenswert, sondern auch hinsichtlich des Übersetzens. Seine Übersetzungstheorie zeigt sich am deutlichsten in dem Vorwort für seine Übersetzung der grie-

11 Wie Trabant (2012, S. 184 ff.) anmerkt, vertritt auch Kant diese Ansicht.

chischen Tragödie *Agamemnon* aus dem Jahr 1816. Er bezieht darin eine klare Position zu einer der Hauptfragen der Übersetzungstheorie – ob sich der übersetzte Text so lesen sollte, als wäre er in der Zielsprache geschrieben, oder ob er dem Original so nah wie möglich sein sollte.

Humboldt zufolge soll die Übersetzung den „wahren Charakter" der Originalsprache erfassen und ihn in die Zielsprache hinübertragen. Daher solle „einfache Treue" das Prinzip der Übersetzung sein (GS VIII, S. 132). Das hat zur Konsequenz, dass die Zielsprache im übersetzten Text eine Veränderung erfährt: „Mit dieser Ansicht ist freilich nothwendig verbunden, dass die Uebersetzung eine gewisse Farbe der Fremdheit an sich trägt" (ebd.). Das Produkt des Übersetzens ist folglich ein Text, der gleichsam zwischen den Sprachen steht und der Zielsprache neue Möglichkeiten des Ausdrucks hinzufügt. Die Übersetzung soll also „der Sprache und dem Geist der Nation dasjenige aneignen, was sie nicht, oder was sie doch anders besitzt" (ebd.). Für ihn besteht eine der positiven Auswirkungen der Übersetzung darin, dass sie das Potenzial hat, eine größere Mannigfaltigkeit in die Zielsprache zu bringen und damit den „Sinn der Nation" zu „erweitern" (ebd., S. 131).

Zu Erinnerung: 1792 hatte Humboldt geschrieben, dass es mit Blick auf Bildung auf „Verbindungen" ankomme, bei der „einer den Reichthum des andren sich eigen" machen kann. 1816 hält er in seiner Theorie des Übersetzens noch immer an dieser Idee fest und bezieht sie auf den Bereich der Sprache: Jede Nation hat einen „Reichthum", der in ihrer Sprache und Literatur verkörpert ist und den sie anderen zu geben hat. Eine Übersetzung im Sinne Humboldts erweitert nicht nur den Literaturbestand einer Nation, sondern auch deren Sprache selbst. Damit lässt Humboldt den starren Kulturbegriff seiner Zeit hinter sich und entwickelt die Idee transkultureller Dynamik durch Kulturkontakt (zum Begriff der Transkulturalität vgl. z. B. Welsch 2017). Und er geht weit über das hinaus, was aktuell hinsichtlich des Zusammenhangs von Kosmopolitismus und Übersetzung diskutiert wird (vgl. Bielsa 2020).

Ausblick: Bildung in kosmopolitischen Begegnungen

Eingangs wurde erstens festgestellt, dass die Globalisierung der letzten Jahrzehnte an Grenzen gekommen ist und zweitens, dass die philosophische Tradition des Kosmopolitismus dem menschlichen Körper zu wenig Aufmerksamkeit und Wertschätzung entgegengebracht hat. Ich meine, dass Humboldts vergleichende Anthropologie in diesem Zusammenhang wichtige Denkanstöße geben kann.

Grundsätzlich sehe ich Humboldts kosmopolitische Ideen nicht in einem Widerspruch zu kosmopolitischen Ansätzen Kant'scher Prägung. So betonen beide die Freiheit. Und auch Humboldt setzt, wie Kant, auf die Vernunft. Allerdings eröffnet Humboldts Denken dem Kosmopolitismus doch wichtige neue Perspektiven, gerade durch die positive Sicht auf den menschlichen Körper und die „ursprünglichen Leidenschaften". Bei Humboldt ist nicht nur der menschliche „Geist" bildsam, sondern auch der „Körper" und das „Herz", was auf die Forderung nach der Bildung des „ganzen" Menschen hinausläuft. Hier ist besonders Humboldts Ethik der Begegnung zu betonen, bei der ‚Eigenes' und ‚Fremdes' in ein Verhältnis der bildenden Wechselwirkung gebracht werden sollen. Diese Wechselwirkung ist durch ein Bemühen um die Balance gekennzeichnet, einerseits sich selbst im ‚Fremden' nicht zu verlieren und andererseits das ‚Fremde' nicht zu überwältigen und zu vereinnahmen. Freiheit im Humboldt'schen Sinne lässt sich nur in dieser – natürlich immer prekären – Balance praktisch realisieren. Aus Sicht des Kosmopolitismus gilt es dementsprechend, kosmopolitische Begegnungen anzuregen und dabei eben nicht nur das Geistige, sondern auch das Körperliche und Emotionale des Menschen integrativ zu berücksichtigen. Thesenartig seien vor diesem Hintergrund einige Punkte genannt, die mit Humboldt in den kosmopolitischen Blick kommen:

- Bildung in kosmopolitischen Begegnungen bedeutet die „Verfeinerung" der „ursprünglichen Leidenschaften" – schon allein um Krieg zu sublimieren, vor allem aber auch, um eine größere Mannigfaltigkeit des Humanen hervorzubringen. Diese Verfeinerung kann z. B. in Form von Spiel, Sport, Fest, Ritual oder Austausch realisiert werden (vgl. z. B. Wulf 2006, S. 83 ff.).
- Bildung in kosmopolitischen Begegnungen bedeutet, sich mit fremden Kulturen auseinanderzusetzen, wie Humboldt vor allem mit Bezug auf das Fremdsprachenlernen gezeigt hat. Während in den letzten Jahrzehnten das globale Englisch in der internationalen Kommunikation einen hegemonialen Status eingenommen hat, sollte mit Humboldt die Vielfalt der Sprachen stärkere Wertschätzung erfahren (vgl. z. B. Trabant 2014). Erfahrungen der Alterität erhalten hier besondere Aufmerksamkeit (vgl. z. B. Wulf 2016).
- Bildung in kosmopolitischen Begegnungen bedeutet, wie bei Humboldt im Fall des Übersetzens, transkulturelle Dynamiken in Gang zu setzen. In der Transkulturalität können neue kulturelle Orientierungen und neue kulturelle Hervorbringungen – Literatur, Kunst, Formen sozialer Praxis – entstehen, die aus Prozessen der Amalgamierung verschiedener traditioneller Kulturen hervorgehen (vgl. Welsch 2017).
- Bildung in kosmopolitischen Begegnungen bedeutet, wie Humboldt in seiner Baskenstudie betont, dass *alle* Personen an den Ergebnissen dieser Begegnungen teilhaben, auch wenn sie – aus welchen Gründen auch immer – nicht unmittelbar an ihnen beteiligt sind. Bildung ist in diesem Sinne darauf gerichtet, soziale „Klüfte" zu schließen.
- Bildung hat bei Humboldt immer auch mit der Geschichte, oder, wie er es sagt, mit der „Weltgeschichte" zu tun. Bildung in kosmopolitischen Begegnungen bedeutet dementsprechend, die gemeinsame, oft konfliktreiche und schmerzhafte Vergangenheit zu reflektieren und dabei auch die vielen noch offenen

Wunden der Geschichte (z. B. Kolonialismus) zu bearbeiten, um neue Freiheiten für die Zukunft zu gewinnen (vgl. z. B. Wintersteiner 2022).

- Mit Humboldt ist letztlich aber auch darauf zu verweisen, dass wir noch zu wenig über Bildung in kosmopolitischen Begegnungen wissen. Dementsprechend sind weitere Forschungen wichtig, die Wissen über Möglichkeiten und Grenzen dieser Bildung hervorbringen. Im Anschluss an Humboldt ist hier vor allem an Forschungen der pädagogischen Anthropologie zu denken (z. B. Wulf 2020).

Humboldts Ideen implizieren, dass die Globalisierung nicht in der bisherigen Form und Geschwindigkeit weitergeführt werden kann. Sein Kosmopolitismus ist mühsam (z. B. Fremdsprachenlernen), verlangt hohe Sensibilität (z. B. im Umgang mit Gefühlen anderer und fremden „Weltansichten") und verspricht keine schnellen ökonomischen Gewinne – lässt aber auf eine größere soziale und kulturelle Nachhaltigkeit hoffen als die Globalisierung der letzten Jahrzehnte. Mit einem Wort: Humboldt regt an, die Globalisierung nicht vor allem als ein ökonomisches, sondern als ein Bildungsprojekt begreifen.

Literatur

Benner, Dietrich (1990): Wilhelm von Humboldts Bildungstheorie. Eine problemgeschichtliche Studie zum Begründungszusammenhang neuzeitlicher Bildungsreform. Weinheim und München: Juventa.

Bielsa, Esperança (2020): Cosmopolitanism and translation. In: Delanty, Gerard (Hrsg.): Routledge International Handbook of Cosmopolitanism Studies. Second Edition. London und New Nork: Routledge, 167–176.

Bratranek, Francis Th. (Hrsg.) (1876): Goethe's Briefwechsel mit den Gebrüdern von Humboldt: 1795–1832. Leipzig: Brockhaus.

Carey, Daniel (2003): Anthropology's inheritance: renaissance travel, romanticism and the discourse of identity. In: History and Anthropology 14.2, S. 107–126.

Cavallar, Georg (2015): Kant's Embedded Cosmopolitanism: History, Philosophy and Education for World Citizens. Berlin und Boston: Walter de Gruyter.

Cohen, Alix (2017): Kant on the Moral Cultivation of Feelings. In: Cohen, Alix; Stern, Robert (Hrsg.) Thinking about the Emotions: A Philosophical History. Oxford: Oxford University Press. Oxford Scholarship Online. DOI: 10.1093/oso/9780198766858.003.0009.

Delanty, Gerard (Hrsg.) (2020): Routledge International Handbook of Cosmopolitanism Studies. Second Edition. London und New Nork: Routledge.

Forster, Michael N. (2013): Humboldts Bildungsideal und sein Modell der Universität. In: Dreyer, Michael; Forster, Michael; Hoffmann, Kai-Uwe; Vieweg, Klaus (Hrsg.) Die Bildung der Moderne. Tübingen: Francke, S. 11–37.

Gall, Lothar (2011): Wilhelm von Humboldt. Ein Preuße von Welt. Berlin: Propyläen.

Humboldt, Wilhelm von (1903–36): Gesammelte Schriften. 17 Bde. Hrsg. von Albert Leitzmann u. a. Berlin: Behr.

Kant, Immanuel (2018): Schriften zur Anthropologie, Geschichtsphilosophie, Politik und Pädagogik 2. Werkausgabe Band XII, herausgegeben von Wilhelm Weischedel. 17. Auflage, Frankfurt am Main: Suhrkamp.

Kant, Immanuel (2019): Schriften zur Anthropologie, Geschichtsphilosophie, Politik und Pädagogik 1. Werkausgabe Band XI, herausgegeben von Wilhelm Weischedel. 19. Auflage, Frankfurt am Main: Suhrkamp.

Kleingeld, Pauline (1999): Six Varieties of Cosmopolitanism in Late Eighteenth-Century Germany. In: Journal of the History of Ideas 60.3, S. 505–24.

Kleingeld, Pauline; Brown, Eric (2019): Cosmopolitanism. In: Zalta, Edward N. (Hrsg.): The Stanford Encyclopedia of Philosophy (Winter 2019 Edition). https://plato.stanford.edu/archives/win2019/entries/cosmopolitanism/ (Abfrage: 22.11.2022).

Long, Anthony A. (2008): The Concept of the Cosmopolitan in Greek & Roman Thought. In: Daedalus 137.3: 50–58.

Mattig, Ruprecht (2019): Wilhelm von Humboldt als Ethnograph. Bildungsforschung im Zeitalter der Aufklärung. Weinheim und Basel: Beltz Juventa.

Mattig, Ruprecht (2021): Reisen für die Bildung der Menschheit. Zur ethnographischen Methode Wilhelm von Humboldts. In: Bildungsforschung 2021/2, S. 1–14. https://bildungsforschung.org/ojs/index.php/bildungsforschung/article/view/415/818.

Mattig, Ruprecht (2022) Bildung zum Kosmopolitismus. Reisen als anthropologische Methode bei Rousseau, Kant und Wilhelm von Humboldt. In: Knobloch, Phillip D. Th.; Drerup, Johannes; Dipcin, Dilek (Hrsg.) On the Beaten Track. Zur Theorie der Bildungsreise im Zeitalter des Massentourismus. Berlin: J. B. Metzler, S. 43–56.

Mattig, Ruprecht (2023): Begeisterung als kollektive Efferveszenz. Überlegungen zum Zusammenhang von Bildung und Ritual mit Bezug auf Durkheim, Turner und Humboldt. In: Peskoller, Helga; Zirfas, Jörg (Hrsg.): Die Kunst der Begeisterung. Anthropologische Erkenntnisse und pädagogische Praktiken. Weinheim und Basel: Beltz Juventa, S. 95–109.

Mattson, Philip (Hrsg.) (2015): Wilhelm von Humboldt: Briefe. Historisch-kritische Ausgabe. 1: 1781–Juni 1791. Berlin: DeGruyter.

Mattson, Philip (Hrsg.) (2017): Wilhelm von Humboldt: Briefe. Historisch-kritische Ausgabe. 3: Juli 1795–1797. Berlin; Boston: DeGruyter.

Maurer, Michael (2016): Wilhelm von Humboldt: Ein Leben als Werk. Köln, Weimar und Wien: Böhlau.

Menze, Clemens (1975): Die Bildungsreform Wilhelm von Humboldts. Hannover, Dortmund, Darmstadt, Berlin: Hermann Schroedel Verlag.

Niezen, Ronald (2009): The Aufklärung's human discipline. Comparative anthropology according to Kant, Herder and Wilhelm von Humboldt. In: Intellectual History Review 19.2, S. 177–195.

Nussbaum, Martha C. (2019): The Cosmopolitan Tradition. A Noble but Flawed Ideal. Cambridge und Massachusetts: The Belknap Press of Harvard University Press.

Rosenblatt, Helena (2008): Rousseau, the Anticosmopolitan? In: Daedalus 137.3, S. 59–67.

Schmied-Kowarzik, Wolfdietrich (1997): Reflexionen zu Wilhelm von Humboldts Phänomenologie der Geschlechter. In: Wicke, Erhard; Neuser, Wolfgang; Schmied-Kowarzik, Wolfdietrich (Hrsg.): Menschheit und Individualität. Zur Bildungstheorie und Philosophie Wilhelm von Humboldts. Weinheim: Deutscher Studien Verlag, S. 181–198.

Strand, Torill (2016): Alain Badiou on Political Education. In: Papastephanou, Marianna (Hrsg.): Cosmopolitanism: Educational, Philosophical and Historical Perspectives. Springer International Publishing Imprint: Springer, S. 165–173.

Stråth, Bo (2020): World history and cosmopolitanism. In: Delanty, Gerard (Hrsg.) Routledge International Handbook of Cosmopolitanism Studies. Second Edition. London und New Nork: Routledge, S. 56–68.

Tenorth, Heinz-Elmar (2009): Allgemeines Normativ von 1808. Niethammer als Schulreformer. In: Wenz, Gunther (Hrsg.): Friedrich Immanuel Niethammer (1766–1848). Beiträge zu Biographie und Werkgeschichte. München: Verlag der Bayerischen Akademie der Wissenschaften, S. 65–81.

Trabant, Jürgen (2012): Weltansichten. Wilhelm von Humboldts Sprachprojekt. München: Beck.

Trabant, Jürgen (2014): Globalesisch oder was? Ein Plädoyer für Europas Sprachen. München: Beck.
Trabant, Jürgen (2021): Wilhelm von Humboldt *(1767–1835): Menschen – Sprachen – Politik*. Würzburg: Königshausen und Neumann.
Welsch, Wolfgang (2017): Transkulturalität. Realität – Geschichte – Aufgabe. Wien: New Academic Press.
Wigger, Lothar (2019): Kosmopolitismus – Anmerkungen zu einem Ideal historisch-politischer Bildung. In: Vierteljahrsschrift für wissenschaftliche Pädagogik 95, S. 247–271.
Wintersteiner, Werner (2022): Kritisch-dialogischer Kosmopolitismus: Fundament einer postkolonial orientierten Global Citizenship Education. In: Knobloch, Phillip; Drerup, Johannes (Hrsg.) Bildung in postkolonialen Konstellationen. Bielefeld: transcript, S. 23–45.
Wulf, Christoph (2009): Anthropologie. Geschichte – Kultur – Philosophie. Aktualisierte Neuausgabe. Köln: Anaconda.
Wulf, Christoph (2020): Bildung als Wissen vom Menschen im Anthropozän. Weinheim und Basel: Beltz Juventa.
Wulf, Christoph (Hrsg.) (2016): Exploring Alterity in a Globalized World. London und New York: Routledge.
Zabaleta-Gorrotxategi, Iñaki (2013): Wilhelm von Humboldt and the Basques. In: Wilhelm von Humboldt, Selected Basque Writings. The Basques and Announcement of a Publication. Translated by Andreas Corcoran. Reno: University of Nevada, S. IX–XLIII.

„Ich habe jetzt ziemliche Muße."

Humboldts Sprachstudium in Wien 1811/12

Jürgen Trabant

In memoriam Manfred Ringmacher

Wir haben alle die schönen Formulierungen im Kopf von der Sprache als dem bildenden Organ des Gedanken, von der Arbeit des Geistes, den artikulierten Laut zum Ausdruck des Gedanken fähig zu machen, von der Sprache als Energeia und nicht Ergon, von den Sprachen als Weltansichten. Dies sind zumeist Formeln aus den philosophischen Texten Humboldts aus den späten Tegeler Jahren, also aus jener Zeit nach 1820, als er sich aus der Politik nach Tegel zum Sprachstudium zurückgezogen hatte. Ich möchte in meinem Beitrag die erste Zeit intensiver Sprachforschung behandeln, die Wiener Zeit, in der Humboldt schon einmal angekommen war in dem, was er eigentlich machen wollte. Und dabei möchte ich zeigen, dass das Große, Theoretische, die schönen großen Worte aufs engste verbunden sind mit empirischer Forschung, ja dass das große Theoretische hervorgeht aus der konkreten Beschäftigung mit den Sprachen.

Bevor ich von Wien spreche, sei kurz an die wichtigsten Etappen der geistigen Entwicklung Humboldts erinnert, die dieser Ankunft in der Sprache vorhergehen (vgl. Trabant 2021). Nach dem Studium in Frankfurt und Göttingen lebt Wilhelm mit seiner Frau Caroline in Erfurt und Jena, im Umfeld Schillers und Goethes. Schiller und Humboldt lesen Kant zusammen. Wilhelm sucht, was sein Aktionsfeld sein könnte, er probiert sich aus in Philosophie, in politischer Theorie, in der Übersetzung griechischer Dichtung. Er schreibt über den Staat, entwirft für Wolf ein Programm für das Studium des Altertums. Er entwickelt eine ziemlich revolutionäre Geschlechtertheorie. Aber Kant protestiert, also lässt er davon ab. Er findet schließlich das, wozu er fähig zu sein glaubt, die Anthropologie, also die Erforschung und Beschreibung konkreter menschlicher Kulturformen. Den Plan, den er hierfür aufstellt, würden wir heute als ein Panorama der Kulturwissenschaften ansehen. Die verschiedenen Formen menschlicher Erscheinungsweisen und Schöpfungen sind die Gegenstände der Anthropologie, Besonderes, nicht Philosophisch-Universelles. Die Erfassung des „Charakters" der konkreten Manifestationen des Menschen ist das Forschungsziel.

Das Forschungsformat der Anthropologie ist die Reise. Humboldt macht sich auf – nach Paris, ins Zentrum der modernen Welt. Anthropologie ist für ihn nämlich nicht die Erforschung der Frühwelt in außereuropäischen Kulturen wie für die Pariser „Observateurs de l'homme", sondern die Erforschung dessen, wozu der Mensch in der Entwicklung seiner Kultur fähig ist. Daher Paris, wo gerade eine neue, fortschrittliche Welt entsteht. Die Beobachtungen, die Humboldt in Paris macht und notiert, stellen, soweit sie erhalten sind, das beste Tableau der Kultur und Gesellschaft Frankreichs in jenen Jahren dar. Madame de Staël, die ebenfalls über die Charakteristik der Nationen und der Geschlechter arbeitet, wird seine Freundin.

In Paris begegnet ihm auch, was dann sein geistiges Schicksal besiegeln wird, eine Sprache, die ihn elektrisiert, das Baskische. Und damit wird die Sprache zum Zentrum seiner Anthropologie. Er reist zweimal ins Baskenland, beobachtet das Land, nähert sich der merkwürdigen Sprache und fasst den Plan, dieser ein großes Werk zu widmen. Er arbeitet eine Weile am Basken-Werk, zieht dann aber nach Rom. Er reist damit auch in eine andere Zeit, in die Antike, der sowieso seine eigentliche Liebe gehört. Zur Weiterarbeit am Baskischen kommt er nach eigener Aussage nicht in Rom. Die römischen Arbeiten betreffen das alte Rom und Griechenland. Die griechische Sprache soll im Zentrum dieser Untersuchung stehen (zu der es dann aber nicht kommt), denn Sprache ist „der Odem, die Seele der Nation selbst" (GS III, S. 166).[1]

Humboldt ist in Rom in der Heimat. Dann ruft das besiegte Vaterland, und Humboldt kehrt nach Preußen zurück, wo er sein großes politisches Werk vollbringt, die Reform des ganzen Erziehungswesens eines großen Landes. „Cultus und Unterricht" heißt sein Ressort. Er will Minister werden, der König schickt ihn aber nach Wien, im Rang eines Ministers. Wilhelm von Humboldt kommt am 23. September 1810 in Wien an. Caroline ist noch in Rom, reist dort am 24. September ab und kommt am 21. Oktober in Wien an. Damit endet die zweijährige Trennung des Paares, aber leider auch der briefliche Austausch zwischen den beiden, dem wir die entscheidenden Einsichten in Humboldts Leben verdanken und der erst im Juni 1812 wieder einsetzt, wenn Wilhelm sich auf die Reise nach Berlin begibt und also wieder schreiben muss.

In den zwei Jahren vor Wien hatte Wilhelm von Humboldt zwar eines seiner beiden großen Werke geschaffen, ein neues preußisches Bildungswesen. Das hat ihn aber abgehalten von dem, was er selbst inzwischen als seine eigentliche Vokation betrachtet, vom Studium der Sprachen und von seinem zweiten großen Werk, der Erschaffung einer philosophisch begründeten Sprachwissenschaft. Hierfür hat er in Wien endlich Zeit. Das Wiener Sprachstudium hat drei Kapitel: ein baskisches, ein amerikanisches und ein europäisches.

1 Ich zitiere Humboldt nach den *Gesammelten Schriften* (GS): Humboldt 1903–1936.

1. Baskisch: Deskriptive Linguistik und die systematische Enzyklopädie aller Sprachen

Humboldt hatte das unterbrochene Sprachstudium natürlich auch in den beiden preußischen Jahren nicht eigentlich aufgegeben. So hat er zum Beispiel, wie wir aus einem Brief erfahren, in Königsberg Lettisch gelernt. Aber an seinem linguistischen Werk, das heißt an seinem Basken-Projekt, hat er offensichtlich nicht weiterarbeiten können. Da das Basken-Projekt eine so zentrale Rolle in Humboldts Entwicklung spielt, kann ich es nicht übergehen und muss einiges dazu sagen, auch wenn es sich mit den Ausführungen von Ruprecht Mattig und Iñaki Zabaleta-Gorrotxategi in diesem Band teilweise überschneidet. Aber ich betrachte es weder unter dem erziehungswissenschaftlichen Blickwinkel einer Anthropologie des Fremden noch als Philosoph und Baskologe. Mich interessiert also nicht das Baskische am Baskischen, sondern die methodologische und theoretische Bedeutung dieses Projekts für die Entfaltung der Humboldt'schen Sprachwissenschaft und Sprachphilosophie.

1.1.

In Wien setzt sich Humboldt also wieder ganz entschieden an sein Basken-Werk. Anfang 1808, noch in Rom, hatte er gegenüber Vater darüber geklagt, „dass diese ganze [baskische] Arbeit seit Jahren liegt“ (Brief vom 26.03.1808. In: Humboldt 2021a). Das Jahr 1811 wird nun genutzt, die liegende Arbeit wieder aufzunehmen. Bis dahin hat Humboldt wenig publiziert. Die letzte Publikation vor Wien liegt schon acht Jahre zurück, nämlich der 1803 publizierte Aufsatz „Der Montserrat, bey Barcelona“, in: *Allgemeine geographische Ephemeriden*, Eilfter Band, Drittes Stück, März, S. 265–313. Und überhaupt lagen relevante Druckwerke weit in der Vergangenheit: Humboldts erstes Buch, das Buch über Goethe, ist 1799 gedruckt worden. Und die beiden Aufsätze über den Geschlechtsunterschied waren 1795 in den *Horen* erschienen. Nun, 1811, bringt Humboldt drei Arbeiten zum Baskischen zum Druck, sie erscheinen 1812 bzw. zur großen Unzufriedenheit Wilhelm von Humboldts sogar erst 1817: 1812, die „Ankündigung einer Schrift über die Vaskische Sprache und Nation, nebst Angabe des Gesichtspunctes und Inhalts derselben“, in: *Deutsches Museum* 2, S. 485–502, und die „Proben Vaskischer Schreibart und Dichtung“, in: *Königsberger Archiv für Philosophie, Theologie, Sprachkunde und Geschichte* 1, 3. Stück (Beilage), S. 277–291. Erst 1817 erscheinen die „Berichtigungen und Zusätze zum ersten Abschnitte des zweyten Bandes des Mithridates über die Cantabrische oder Baskische Sprache“, in: Johann Christoph Adelung / Johann Severin Vater, *Mithridates oder allgemeine Sprachkunde mit dem Vater Unser als Sprachprobe in bey nahe fünf hundert Sprachen und Mundarten*, Vierter

Theil, Berlin: Vossische Buchhandlung, S. 275–360 (zugleich als Separatdruck 1817).

Der erste je gedruckte linguistische Aufsatz Humboldts ist die „Ankündigung". Sie enthält in großer Kürze und Frische eine Skizze des gesamten Humboldt'schen Sprachprojekts. Es geht dabei um nichts weniger als die Menschheit. Diese ist ein Stamm, der sich wie eine ungeheure Pflanze in verschiedene Nationen verzweigt. In den Sprachen manifestiert sich ihre große Vielfalt am deutlichsten. Um die Menschheit wissenschaftlich zu erfassen, muss man die Sprachen so vollständig wie möglich und systematisch beschreiben: „genau, ausführlich und treu" (GS III, S. 290). Diese Beschreibung – die „Monographie jeder Nation" – hat drei Teile: die Sitten, die Sprache und die Geschichte, die Humboldt dann am Beispiel der Basken skizziert. Während Teil 1 und 3, die Darstellung der Sitten der Nation und die Untersuchung der Geschichte einer Nation, eigentlich gängige Deskriptionstypen sind, ist der Teil über die Sprache ganz neu in seinen Grundzügen. Humboldt entwirft hier nämlich nichts weniger als die Prinzipien einer strukturellen Beschreibung einer Sprache. Er nennt diese nicht zufällig „Zergliederung". Diese Zergliederung hat zwei Teile, einen grammatischen und einen lexikalischen. Auch das Lexikon ist also Teil des Systems. Hier finden sich Grundzüge der modernen synchronischen Sprachwissenschaft, die die Geschichte der Linguistik erst mit dem 20. Jahrhundert beginnen lässt.

Um die jeweilige Besonderheit einer Sprache zu erfassen, ist Sprachvergleich nötig. Hierzu braucht man die Kenntnis so vieler Sprachstrukturen wie möglich. Ziel des deskriptiven Zugriffs auf die Sprache ist daher eine große Enzyklopädie, die Humboldt schon seit 1801 als das letzte Ziel der Sprachbeschreibung vor Augen hat. Von Anfang an, d. h. mit der Begegnung mit dem Baskischen, entsteht zugleich der Plan einer systematischen Enzyklopädie aller Sprachen:

> „Ich werde dabei auch immer so viele andere Sprachen, als möglich, vor Augen haben, um der gewählten Methode zugleich allgemeinere Anwendbarkeit zu geben, und auf diese Weise einen Versuch anzustellen, wie man nach und nach ähnliche Zergliederungen aller Sprachen zu allgemeiner Vergleichung anfertigen, und in einer grossen allgemeinen Sprachencyklopädie zusammenfassen könnte." (GS III, S. 294 f.)

Während Humboldt die Enzyklopädie aller Sprachen noch plant, setzen Adelung und Vater das Projekt einer Sprachenzyklopädie schon in die Tat um. 1806 erscheint der erste Band des *Mithridates*, der bis 1817 auf vier Teile anwachsen wird (vgl. Adelung/Vater 1806–17). Humboldt wird den *Mithridates* immer loben, er wird sogar am *Mithridates* mitarbeiten.[2] Aber sicher ist der *Mithridates* nicht das, was Humboldt vorschwebt. Die geographisch angeordneten Sprach-Skizzen die-

2 Vgl. den schon erwähnten Brief Wilhelm von Humboldts an Johann Severin Vater vom 26.03.1808. In: Humboldt 2021a.

ses Werks bringen – wie der Titel sagt – das Vaterunser in 500 Sprachen, wie der erste *Mithridates* von Gesner 1555 oder wie der *Catalogo delle lingue* von Hervás 1785. Aber der *Mithridates* ist nicht systematisch. Die einzelnen Artikel enthalten Wissenswertes über die Sprachen, Historisches, Grammatisches, Literarisches, aber sie sind keine strukturellen Skizzen der einzelnen Sprachen. Und genau das ist es, was Humboldt vorhat: strukturelle „Zergliederungen", die eine Vergleichung ermöglichen.

Humboldt kündigt seine dreiteilige Monographie über das Baskische ganz optimistisch an, als ob ihre Fertigstellung unmittelbar bevorstünde. In der Tat hatte er 1811 den ersten Teil auch schon geschrieben, nämlich das Buch über die „Sitten" der Basken. Veröffentlicht wurde dieses Buch, *Die Vasken,* sein schönstes Buch, allerdings erst 1920. Und auch den linguistisch-deskriptiven Teil hatte er genauestens vor Augen und in einer Kurzform ja auch schon fertiggestellt. Den dritten Teil, den historischen Teil, wird er erst zehn Jahr später unter einer reduzierten, spezifischen Fragestellung in Angriff nehmen in der *Prüfung der Untersuchungen über die Urbewohner Hispaniens vermittelst der Vaskischen Sprache* (1821).

Humboldt hat sein Basken-Werk nicht wirklich vollendet. Bernhard Hurch hat aber dieses Jahr in den *Schriften zur Sprachwissenschaft* den dritten Band der baskischen Studien Humboldts vorgelegt. Damit liegt Humboldts Basken-Werk nun als Rekonstruktion in seinen drei Teilen vor: *Die baskischen Schriften.* 3 Bde., Paderborn: Schöningh 2010, 2012 und 2022.

Die „Ankündigung", acht kurze Seiten, 1812 gedruckt als Humboldts erste linguistische Publikation, ist nichts weniger als das Manifest einer modernen synchronen vergleichenden Linguistik, publiziert vor den wirkmächtigen Gründungstexten der historisch-komparativen Linguistik, welche die nächsten 150 Jahre der Sprachwissenschaft bestimmen wird, also vor Grimm und Bopp. Dieses Manifest war allerdings gut versteckt in Friedrich Schlegels gerade gegründetem *Deutschen Museum* und unter einem Titel, der sich auf die „baskische Sprache" bezog. Das konnte im Gegensatz zu den Büchern von Grimm und Bopp keine Wirkung entfalten.

1.2.

Der Hinweis auf den deskriptiven linguistischen Teil des Basken-Werks bezog sich auf die „Berichtigungen und Zusätze" zum *Mithridates,* die 1811 fertiggestellt waren, die Vater aber erst sechs Jahre später im vierten Teil des *Mithridates* publizieren sollte. Humboldt ist Anfang 1812 noch optimistisch, dass der Artikel in Jahresfrist erscheint, ab Mitte 1812 allerdings beklagt er sich (bei Körner) über die Verspätung der Publikation des Artikels (vgl. Brief an Körner vom 01.07.1812. In: Humboldt 2021c). Auch bei den „Berichtigungen und Zusätzen" verbirgt der Titel, welche Art von Arbeit dies ist. Die „Berichtigungen und Zusätze" sind keine unsystematischen Anmerkungen oder Fußnoten zur Darstellung des Baskischen im zweiten Band des *Mithridates*. Der Artikel ist eher ein kleines Buch von immerhin 93 Seiten im Separatdruck. Er ist eine synchronische strukturelle Skizze des Baskischen, wie Humboldt sie in der „Ankündigung" beschreibt. Der erste Teil ist dem Wortschatz gewidmet, der zweite Teil, ab § 16, betrifft die Grammatik, es folgt ein Überblick über bisher existierende Grammatiken und Wörterbücher und endet mit Sprachproben, die 1812 auch getrennt erschienen sind, gleichsam als vorweggenommenes Absprengsel von den „Berichtigungen und Zusätzen".

Die baskischen Arbeiten von 1811 machen deutlich, wie Humboldt vorgeht und wie das Gesamtprojekt Humboldts aussieht: Es geht um Sprachbeschreibungen aller Sprachen der Welt oder, wie er sagt, um „Monographien aller Sprachen der Welt", die zusammengenommen die systematische Enzyklopädie aller Sprachen bilden, einen neuen *Mithridates*. Es ist die Vorahnung der modernen deskriptiv-synchronischen Linguistik, hundert Jahre vor Saussure oder Bloomfield. Bei Humboldt wären die strukturellen Beschreibungen allerdings auch noch umgeben gewesen von Beschreibungen der Sitten der Nation und von historischen Darstellungen. Es ist ein gigantisches empirisches Unternehmen. Von Sprachphilosophie, vom bildenden Organ des Gedanken, der Arbeit des Geistes, den Weltansichten, von Ich und Du ist hier aber noch nicht die Rede. Humboldt ist vor allem ein Empiriker, der an und mit den einzelnen Sprachen arbeitet.

2. Amerikanisch: Von den Sprachen Amerikas zur Sprachphilosophie

2.1.

Das wird auch an dem nächsten Block linguistischer Arbeiten deutlich, an den Arbeiten zu den amerikanischen Sprachen. Ja man kann das hier noch deutlicher zeigen, sofern wir hier dem empirisch arbeitenden Linguisten Humboldt gleichsam über die Schultern schauen können. Es handelt sich um linguistische Forschungen, die Humboldt nicht publiziert hat, die auch in den *Gesammelten Schriften* nicht publiziert worden sind (mit Ausnahme des *Essai sur les langues du nouveau Continent*) und die wir erst in unserer Edition der *Schriften zur Sprachwissenschaft* in den letzten 30 Jahren ediert haben. Die *Schriften zur Sprachwissenschaft* bringen eine Rekonstruktion des geplanten Amerika-Werks in sechs Bänden, so wie sie auch das Basken-Werk rekonstruiert haben. Vor allem Manfred Ringmacher, aber dann auch Ute Tintemann haben sich mit vielen anderen Amerikanisten hier ein großes Verdienst erworben (vgl. Ringmacher / Tintemann 1994–2017). Aber aus der Arbeit an den amerikanischen Sprachen geht dann in aller Deutlichkeit die Philosophie der Sprache hervor. Das haben Bettina Lindorfer und ich in einem von uns herausgegebenen Band der *Schriften zur Sprachwissenschaft* gezeigt (vgl. Lindorfer/Trabant 2017).

Zunächst aber in die linguistische Werkstatt: Im Oktober/November 1811 besucht Alexander von Humboldt seinen Bruder in Wien. Er bringt ihm die in Amerika gesammelten Wörterbücher und Grammatiken amerikanischer Sprachen mit nach Wien mit dem Wunsch, dass Wilhelm ihm ein Kapitel oder ein Buch über die Sprachen zu seinem großen amerikanischen Reisewerk schreiben möge, das er nach und nach auf Französisch publiziert: *Voyage aux régions équinoxiales du Nouveau Continent*. Hier die Liste dieser Bücher aus der *Relation historique* des Reisewerks (vgl. Alexander von Humboldt 1814, S. 504):

- Bernardo de Lugo, *gramatica de la lengua general del Nuevo Reyno de Granada o de la lengua de los Muyzcas o Mozcas*. Madrid, 1619.
- Diego Gonzalez Holguin, *Vocabulario de la lengua general de todo el Peru, llamada lengua Qquichua o del Inca, conforme a la propriedad cortesana del Cuzco*. Ciudad de los Reyes, 1608.
- *Gramatica de la lengua del Inca*. Lima, 1753.
- Al. de Molina, *Vocabulario de la lengua Mexicana*. Mexico, 1571.
- Augustin de Vetancurt, *Arte de la lengua Mexicana*, Mexico, 1673.
- Ant. Vasquez Gastelu y Raym. de Figueroa, *arte de lengua Mexicana*. Puebla de los Angeles, 1693.
- L. de Neve y Molina, *Reglas de ortografia, Diccionario y arte del idioma Othomi*. Mexico, 1767.
- Carlos de Tapia Zenteno, *Noticia de la lengua Huasteca, con doctrina christiana*. Mexico, 1767.
- Fr. Antonio de los Reyes, *Gramatica de la lengua Mixteca. Mexico*, 1593.
- Jose Zambrano Bonilla, cura de San Andres de Hucitlapan, *arte de la lengua Totonaca, con una doctrina de la lengua de Naolingo, con algunas voces de la lengua de aquella sierra y de esta por aca, por Franc. Dominguez, cura de Xalpan*. Puebla de los Angeles, 1752.
- Jose de Ortega, *Vocabulario della lengua Castellana y Cora*. Mexico, 1732.
- Fern. Ximenez, *Gramatica de la lengua Caribe*. (Manuscrit.)

Alexander hatte diese Materialien seinem Bruder schon einmal zur Bearbeitung angeboten, als er ihn 1805 in Rom besuchte. Er hatte sie damals aber wieder nach Paris mitgenommen, offensichtlich hatte Wilhelm keine Zeit zur linguistischen Arbeit. Die amerikanischen Bücher Alexanders wurden erst einmal von Vater für den *Mithridates* genutzt, und dann – und das ist das Wichtigste – von Friedrich Schlegel für *Über die Sprache und Weisheit der Indier* (1808). Friedrich Schlegel findet aufgrund der Lektüre dieser amerikanischen Bücher das grundlegende Prinzip der modernen Sprachvergleichung: den Blick auf die „Struktur", auf die Grammatik. Hier entfalten Alexanders amerikanische Sprachmaterialien ihre revolutionäre Kraft für die Sprachwissenschaft. Jetzt, in Wien, hat Wilhelm Zeit für die

Bücher seines Bruders. Im Februar 1812, nach Alexanders Besuch, schreibt er an Schweighäuser: „Ich habe jetzt ziemliche Muße“ (Brief vom 26.02.1812. In: Humboldt 2021b). Die Bücher sind spanische Werke zum Inca, Mozca, Mexikanischen (Nahuatl), Otomì, Huasteca, Mixteca, Totonaca, Cora und Caribe. Wilhelm von Humboldt macht sich sofort ans Werk. Seine linguistische empirische Arbeit besteht in einer analytischen Durcharbeitung dieser Bücher. Es gibt keinen anderen Zugang zu diesen Sprachen einer fernen Welt als über Bücher. Beim Baskischen hatte er nicht nur Bücher, sondern auch noch die Auto-Akusie, das Selberhören, für die er ja ins Baskenland gefahren war. Hier nun macht er zunächst Exzerpte der spanisch geschriebenen Grammatiken auf Deutsch. Das Mexikanische, also Nahuatl, zuerst. Da er für seinen Bruder ja Französisch schreiben muss, schreibt er dann die Grammatik auf Französisch noch einmal. Das spanische Wörterbuch des Mexikanischen geht er Wort für Wort durch und notiert die Bedeutungen gleich auf Französisch. Wir haben eine Handschrift aus Wien, in der man den Arbeitsprozess gut nachverfolgen kann. Es sind 186 große Seiten, auf die typisch Humboldt'sche Weise beschrieben: in einer Spalte mit einem breiten Rand für Verweise und Resümees. Nach dem Nahuatl, beschäftigt er sich mit dem Otomì, dem Totonakischen, dem Huasteca, am Ende auch mit dem Böhmischen, also dem Tschechischen, das er in diesem Jahr fleißig lernt.

Die Seiten über das Nahuatl zeigen eine alphabetische Liste, in der Humboldt den aztekischen Wortschatz durcharbeitet, zum Beispiel (Handschrift Berol. Coll. Ling. Fol. 16 in der Jagiellonischen Bibliothek Krakau, S. 76):

> 166. tequi – couper.
> 167. tequiotl – travail; tribut qui est dit aussi tequitl; servitude. [...]
> 170. te-teca – ourdir une toile; ajuster le lit; coucher avec une femme.

Über die Wortliste schreibt er an seinen Freund Schweighäuser, dass er das mexikanische Wörterbuch Wort für Wort durchgegangen sei:

> „Ich bin jetzt eben am Ende mit einem Mexicanischen Wörterbuch, das ich Wort für Wort durchgegangen bin, u. woraus ich einen Auszug gemacht habe. Da dies in America gedruckte Wörterbuch bloß in seinem Mexic. Span. Theil fast 200. fol. Seiten hat, so war dies die mühsamste u. am meisten Zeit kostende Arbeit.“ (Brief vom 26.02.1812. In: Humboldt 2021b)

Er bezieht sich auf das *Vocabulario* von Molina von 1571.

2.2.

Aber Humboldt wäre eben nicht Humboldt, wenn er es bei der Bearbeitung von Wortlisten und Grammatiken beließe. Denn im Anschluss an diese empirischen Forschungen oder parallel dazu verläuft eine theoretische Reflexion, die 1812 einen ersten Höhepunkt erreicht. Gleichzeitig mit den Arbeiten an dem konkreten Sprachmaterial formuliert Humboldt nämlich die Einleitung zu seinem amerikanischen Buch, den sogenannten „Essai sur les langues du nouveau Continent".

An Goethe schreibt er im September 1812:

> „Ich beschäftige mich aber auch jetzt, meine allgemeinen Ideen aufzuzeichnen u. wenn ich damit weiter vorrücken sollte, so erlauben Sie mir gewiß, Ihnen nach u. nach das Gemachte mitzutheilen. Ich bin fest überzeugt, daß dies ganze Studium erst auf seine rechte Stelle gerückt werden muß, und wenn ich dazu im Stande wäre, würde ich meine Wirksamkeit dabei für beendigt u. geglückt ansehen." (Brief vom 07.09.1812. In: Geiger 1909, S. 225)

Das bezieht sich auf die Arbeit am *Essai* und heißt nichts anderes, als dass hier eine Theorie der Sprache entsteht, die überhaupt erst rechtfertigt, warum man sich die mühsame empirische Arbeit der linguistischen Deskription antut. Die „allgemeinen Ideen" sollen das Studium auf eine feste Stelle rücken. Der *Essai* ist, wie so viele Arbeiten Humboldts, ein Fragment. Er enthält aber die entscheidenden Punkte seiner Sprachphilosophie. Nachdem er kurz den Gegenstand seines Buches aufgerissen hat, die Sprachen Amerikas, stellt er die Frage, warum man denn diese Sprachen und dann die Sprachen überhaupt studieren müsse. Die einleitenden Bemerkungen zu den amerikanischen Sprachen sind im Übrigen auch politisch interessant, sofern sie eine scharfe Kritik an der kolonialen Präsenz der Europäer in Amerika enthalten, es schreibt ja der Bruder des schärfsten Kritikers des Kolonialismus. Sogar die wohlwollenden Sprachbeschreibungen der Missionare „zerstören daher teilweise den Gegenstand, den man gern von ihnen untersucht, entfaltet und dargestellt gesehen hätte" (GS III, S. 304).[3] Nun, die Rechtfertigung für die Beschäftigung mit den amerikanischen und allen anderen Sprachen ist, dass deren Studium „unsere Ideen über die Sprachen im allgemeinen erweitern" (ebd., S. 306). Linguistik hat vor allem ein philosophisches Ziel.

Es gibt eine allgemeine Sprachfähigkeit, Menschen sind universell gleich ausgestattet, Fühlen und Körper sind gleich, sie haben universelle Kategorien des Denkens (Kant). Und Sprache hat überall dieselbe Aufgabe. Diese Aufgabe realisiert sich aber nicht in einer universellen Sprache, sondern in der Besonderheit der vielen Sprachen, die alle „Fragmente eines größeren Ganzen sind" (ebd., S. 309). Ziel der Sprachuntersuchung ist „die Erkenntnis der Ausdehnung und

3 Die Übersetzung der zitierten Passagen des französischen „Essai" stammt von mir.

der Entwicklungen des menschlichen Geistes" (ebd., S. 312). Sprache ist nämlich Denken. Und: „Jede Sprache stellt den menschlichen Geist insgesamt dar; aber da sie immer einen besonderen Charakter hat, stellt sie ihn nur von einer Seite dar" (ebd., S. 314). Jede Sprache ist eine verschiedene Sichtweise der Nation: „les différentes manières de voir des nations" (ebd., S. 315). Dies ist eine Formulierung für das, was Humboldt später „Weltansichten" nennt.

Humboldt entwickelt – genauer noch als in der „Ankündigung" – für die Erforschung des menschlichen Geistes in seinen Sprachen Grundsätze einer strukturellen Beschreibung – der Terminus „Struktur" erscheint hier programmatisch mit einer genauen Vorstellung über die „Verbindungen" und die „strukturellen Analogien", die es zu fassen gelte:

> „Man kann es als ein sicheres und unveränderliches Prinzip betrachten, dass in einer Sprache alles ausnahmslos auf einer offensichtlichen oder geheimen Analogie beruht und dass ihre Struktur bis in die feinsten Teile hinein eine organische Struktur ist. Alle Ideen sind aufs innigste miteinander verbunden, sie hängen alle miteinander zusammen […]. Andererseits zeigen die artikulierten Laute, welche die Sprachen bilden, konstant zusammenhängende Teile […]. Es besteht außerdem eine Verbindung zwischen diesen Tönen und den Gegenständen durch die analogen Empfindungen, welche die einen und die anderen erzeugen." (ebd., S. 321 f., H.v.m.)

Strukturalistischer hat nicht einmal der *Cours* von Saussure gedacht, wenn er die *langue* als System fasst. Wohin diese Analysen führen sollen, wissen wir schon. Zu einer „encylopédie complette et universelle des langues connues" (ebd., S. 327).

Im zweiten Teil seines „Essai" gelangt Humboldt ins philosophische Zentrum. Was ist die Funktion von Sprache? Humboldt kommt dabei zum wichtigsten kritischen Punkt seiner Sprachphilosophie, nämlich zur Zurückweisung der jahrtausendealten aristotelischen Tradition, Sprache als Zeichen zu betrachten, d. h. als Mittel zur Mitteilung des Gedachten. Das ist der sprachphilosophische Gegner, gegen den Humboldt von Anfang an kämpft. Schon in Rom 1806 hatte er diese Auffassung als tödlich zurückgewiesen: „Sie tödtet allen Geist" (ebd., S. 167). Hier formuliert er das dann so:

> „Die Wörter sind sozusagen wirkliche Gegenstände, Sachen, keine Zeichen; der Zweck der Sprache ist das Denken [de penser et de raisonner] des Menschen, und wäre er auch zu absoluter Einsamkeit verdammt: und die Sprachen sind weder seine Entdeckung noch seine Erfindung, sondern ein Geschenk der Gottheit." (ebd., S. 330)[4]

4 Hier diese zentrale Stelle im französischen Wortlaut: „Les mots, pourroit on dire, sont de véritables objèts, des choses et non pas des signes; le but du langage est de penser et de raisonner, l'homme fût-il aussi condamné à une solitude absolue; et les langues ne sont ni sa découverte, ni son invention, mais un don de la divinité."

Die Wörter sind Denksachen. Hier sind wir nun bei den großen Gedanken des späten Werks angelangt: Sprache ist das bildende Organ des Gedanken. Humboldt skizziert diese Bildung des Gedanken folgendermaßen. Denken heißt sich „als denkendes Wesen von seinem Gegenstand zu trennen". Diese Trennung erfolgt, indem sich die Sprache „auf ihre Weise" zwischen die Welt und den Menschen stellt. Sie tut das aber nicht wie ein Zeichen, welches „das bezeichnete Objekt völlig klar und präzise von sich abtrennt". Beim Wort ist diese Trennung gerade nicht „sauber und präzise", sondern geht einher mit einer dreifachen Synthese von: „1. der vagen und verworrenen Idee, die wir von den Dingen von den Sinnen und der Einbildungskraft bekommen, die allein den Eindrücken der Dinge folgt, 2. dem Wesen unserer seelischen und geistigen Kräfte und 3. dem Wesen der Sprache selbst" (ebd., S. 332). Im Wort gibt es also eine Verschmelzung von lautlicher Materialität und „vager und verworrener" Vorstellung (das ist Leibnizens *cognitio clara confusa*). Darin ist die Sprache der Kunst vergleichbar. „Die Spracherfinder [...] können mit den Dichtern und Künstlern verglichen werden" (ebd.). In diesem Sinn eines Kunst-Werks ist die Sprache eine „Sache" (objet, chose).

Der Künstler dieses Werks ist die Nation. Das Werk ist ein Individuum, und es ist schwer, dieses Individuum zu fassen, auch mittels der strukturellen Analyse. Letztlich ist daher auch die Linguistik eine künstlerische Tätigkeit, die den Charakter der Nation und der Sprache kreativ erfasst.

Der *Essai* ist Humboldts erste große sprachtheoretische Schrift, in der die bisher hier und da aufleuchtenden Hauptgedanken seiner Sprachphilosophie systematisch entwickelt werden. Es fehlen nur wenige Momente seiner reifen Theorie (z. B. Ich und Du, *energeia*). Der Hauptgedanke ist aber da: Sprache ist Denken, Denken in Verschiedenheit, aufruhend auf einer universellen menschlichen Ausstattung zur Erfüllung einer universellen Aufgabe, eben der Bildung des Gedanken.

Bei der Präsentation des *Essai* kam es mir darauf an, die Nähe dieser philosophischen Reflexion zur empirischen Arbeit zu zeigen und wie beide aufeinander angewiesen sind: Die linguistische Arbeit dient dazu, die Verschiedenheit des Denkens der Menschen genau zu erfassen, Sprachwissenschaft ist also im emphatischen Sinne Geistes-Wissenschaft, die Verschiedenheit der Sprachen ist aufgehoben in einer Theorie des menschlichen Geistes. Die philosophische Reflexion legitimiert die wissenschaftliche Beschäftigung mit der Sprache. Die sogenannte Humboldt'sche Sprachphilosophie erwächst aus der empirischen Sprachanalyse.

Darüber hinaus ist es für den Kontext der Überlegungen zur Bildungsthematik interessant, dass der *Essai* im Ensemble der Humboldt'schen Schriften zur Sprachwissenschaft einer der wenigen ist, in dem Humboldt auf die Bedeutung des Sprachstudiums für die Erziehung eingeht. Aus den Texten zur Erziehung wissen wir, dass das Linguistische in der Erziehung eine große Rolle spielt. Heinz-Elmar Tenorth weist in diesem Band darauf hin. Hinweise auf den erzieherischen Wert von Linguistik und Sprachtheorie gibt es in den sprachthematisierenden

Texten aber wenige. Hier, 1812, ist Humboldt offensichtlich doch noch nahe an seiner Arbeit zu „Cultus und Unterricht“, so dass er schreibt, dass das Sprachstudium in alle Arten von Unterricht aller Klassen der Nation eingehen muss. Denn es sei wichtig, „in einer Nation gesunde und lichtvolle Ideen über die Sprache zu verbreiten“ (ebd., S. 341).

3. Die Karte der Sprachen Europas: Enzyklopädisches und der Raum der Sprachen

Schließlich gilt es, bei der Betrachtung der Arbeiten aus dem Jahr 1812 etwas nachzutragen, das bis vor kurzem einfach noch nicht in seiner Bedeutung erfasst worden ist. Eine scheinbar kleine philologische Entdeckung rückt nun aber einen zentralen Humboldt'schen Gedanken ins Licht und präzisiert damit das ganze Humboldt'sche Projekt des „vergleichenden Sprachstudiums“, wie es später heißen wird. Im Jahre 2014 überraschte die Pariser Humboldt-Ausstellung mit einer Sprachenkarte Europas „d'après les instructions de Wilhelm von Humboldt“ (Savoy / Blankenstein 2014, S. 126 f.). Jean Cavero hatte auf Anregung des Ausstellungskurators David Blankenstein einen kaum beachteten Text Humboldts, die „Anleitung zu Entwerfung einer allgemeinen Sprach Karte“ aus dem Jahr 1812, in diese Sprachenkarte überführt. Die Humboldtforschung hatte die „Anleitung“ bis dahin wenig interessant gefunden und offensichtlich als eine Nebenarbeit betrachtet, die nicht in die *Gesammelten Schriften* aufgenommen worden war. Die Herausgeber der *Schriften zur Sprachwissenschaft* hatten zwar die Absicht, den Artikel im ersten Band dieser Edition zu drucken. Aber die Arbeiten an diesem Band sind noch nicht abgeschlossen, so dass die „Anleitung“ (eine Abschrift mit handschriftlichen Einfügungen Humboldts) ungedruckt im Goethe- und Schiller-Archiv in Weimar in Riemers Nachlass der Veröffentlichung harrte. Aber 2020 haben dann unsere französischen Freunde um David Blankenstein ein kleines Buch herausgegeben, das ein Facsimile der Handschrift und eine französische Übersetzung der „Anleitung“ enthielt und in dessen Zentrum eine revidierte Fassung der Sprachenkarte stand (Blankenstein et al. 2020). Die Karte war außerdem von einer Reihe von klugen Aufsätzen zu Humboldt und Goethe und zur Kartographie umgeben. Die französischen Kollegen nahmen den Humboldt'schen Aufsatz so ernst, dass sie ein ganzes Buch daraus machten. Immerhin hatte ja Goethe die „Anleitung“ angeregt. Das musste nun endlich auch dem Herausgeber des geplanten Bandes der *Schriften zur Sprachwissenschaft* zu denken geben: Was hat es denn eigentlich mit diesem seit mehr als zweihundert Jahren in Weimar liegenden Manuskript auf sich? Welche Bedeutung hat dieser

Text für Humboldts Sprachwissenschaft? Die Ergebnisse dieses Nachdenkens stelle ich hier als dritten Aspekt der Wiener Arbeiten vor.[5]

Humboldt reist im Juni 1812 von Wien nach Berlin. Unterwegs trifft er seinen Freund Goethe in Karlsbad, am 14. und 15. Juni. Die beiden haben über die Sprachstudien gesprochen, die Humboldt, wie wir gesehen haben, gerade in seinen beiden ersten Wiener Jahren 1811/12 sehr aktiv betrieb. Goethe ist ganz offensichtlich elektrisiert von dem Gespräch mit Humboldt, in dem dieser ihm eine „schöne Darstellung, wie die Sprachen über die Welt verbreitet wären", gegeben hat. Da er aber nicht gleich aufgezeichnet hat, was Humboldt über die geographische Verteilung der Sprachen gesagt hat, bittet Goethe Humboldt in dem Brief vom 31. August 1812:

> „Wollten Sie mir etwas recht Freundliches erzeigen, so schrieben Sie mir eine solche Uebersicht gefällig auf und ich würde mir eine Hemisphärenkarte darnach illuminiren und sie zu dem Atlas des Lesage hinzufügen." (in: Geiger 1909, S. 221)

Ganz offensichtlich ist es Goethe, der eine Sprachkarte imaginiert, und zwar eine Welt-Karte der Sprachen. Am 7. September kündigt Humboldt an, dass er eine „Tabelle" entwerfen und sie „Weltteil nach Weltteil schicken" werde, beginnend mit Europa (in: ebd., S. 225). Und am 15. November schickt er dann den „Aufsatz" in einer Abschrift an Goethe, der am 8. Februar 1813 für den „schönen Entwurf" dankt und sich vornimmt, die Sprachen auf eine „bräunliche" Europakarte einzutragen, die Bertuch ihm geliefert hat, der seinerseits „nicht übel Lust [hätte], alsdann eine solche Karte stechen zu lassen". Der begeisterte Goethe behält dabei das ursprüngliche Projekt im Auge, die Karte der Sprachen der Welt, und er bittet Humboldt um die versprochene Fortsetzung „Weltteil nach Weltteil". Denn: „Eine Karte der beiden Hemisphären liegt auch schon da und erwartet auf gleiche Weise bespracht zu werden" (in: ebd., S. 230). Humboldt schickt keine weiteren Sprachlisten. Es gibt auch keine Spur von einer illuminierten Sprachkarte Europas, die Bertuch gestochen hätte. Die Humboldt-Goethe-Bertuch-Karte ist daher erst 2014, zweihundert Jahre nach Goethes Brief, von Julien Cavero realisiert worden.

Wir kennen zwar keine Details der Unterhaltung zwischen Goethe und Humboldt am 15. Juni 1812. Wir wissen aber aus Goethes Tagebuch, dass „über sein [Humboldts] Sprachstudium in Beziehung auf mehrere Nationen" gesprochen wurde (Eintrag vom 15.06.1812. In: Goethe o. J.), und aus Goethes Brief vom August, dass Humboldt die Verbreitung der Sprachen über die Welt dargestellt hat. Ganz offensichtlich hat Humboldt also nicht so sehr Details der Grammatik des Baskischen oder amerikanischer Sprachen mit Goethe besprochen, sondern sein großes Projekt der „encyclopédie complette et universelle des langues connues", also von allen Sprachen in der weiten Welt. Deswegen spricht Goethe in seinen

5 Das hier Folgende entspricht weitgehend Trabant 2020, S. 152–154.

beiden Briefen auch von einer Hemisphären-Karte, einer Welt-Karte, in die er die Sprachen eintragen will (vgl. Geiger 1909, S. 221; 230). Es ist das Enzyklopädische des Humboldt'schen Sprachprojekts, das Goethe fasziniert, das Weltweite, das seine kartographische Imagination in Gang setzt, und das Umfassende, das – wie er sagt – seinen „kompendiarischen" Appetit anregt.

Das Kompendiarische und Exhaustive der Tabelle der Sprachen Europas, die Humboldt erstellt, ist ein Spiegel des Enzyklopädischen der Humboldt'schen Sprachwissenschaft. Es geht ja um „toutes les langues" (GS III, S. 308). Und das von Goethe in das Projekt eingebrachte Kartographische verdeutlicht – mehr vielleicht als das Humboldt bewusst war – die räumliche Dimension seiner Enzyklopädie und damit die Neuheit des Humboldt'schen vergleichenden Sprachstudiums. Europäische Sprachstudien waren zur damaligen Zeit generell eher historisch, also zeitlich ausgerichtet. Europa wollte den Ursprung der Sprachen erforschen und wissen, wie es zu den jetzigen Sprachen gekommen ist. Selbst der *Mithridates* war, trotz des Durchgangs durch alle Erdteile des Globus, noch diachronisch angelegt: vom einsilbigen Ursprung der Sprache (in China) zu den entwickelten (mehrsilbigen) Sprachen. Gegenüber der gleichzeitig entstehenden *historisch*-vergleichenden Linguistik (Grimm, Bopp) inauguriert Humboldt aber eine *synchronisch*-deskriptive Linguistik mit globaler Perspektive – „toutes les langues". Die „Anleitung" ist also kein positivistisches Nebenprodukt der Forschungen des Jahres 1812, sondern ein Zeugnis für das Umfassende der „encyclopédie complette et universelle" und eine extrem wichtige Präzisierung des Gegenstandsbereichs der Enzyklopädie: Sie bewegt sich im Raum, nicht, wie die triumphale Sprachwissenschaft des 19. Jahrhunderts, in der Zeit. Daher war es an der Zeit, die „Anleitung" jetzt endlich zu drucken.

Lassen Sie mich abschließend noch einen Blick auf die zwei Listen werfen, aus denen die „Anleitung" besteht. Die erste Liste, „Sprachgebiethe" überschrieben, folgt – in der Reihenfolge der Sprachen – weitgehend dem *Mithridates*. Humboldt ist aber besonders stolz auf den Abschnitt über die slawischen Sprachen: „Der Artikel über die slawischen Sprachen namentlich ist gewiss vollständiger und richtiger, als dieser Gegenstand in irgendeinem andern Buche abgehandelt ist" (Brief vom 15.11.1812. In: Geiger 1909, S. 228). Dies hat damit zu tun, dass er, außer dass er in der Wiener Zeit „eifrig böhmisch" lernt, „an der Vergleichung der Grammatik aller slavischen Sprachen, erst untereinander und dann mit der Lettischen, die ich in Königsberg schon getrieben habe", arbeitet, wozu er einen „sehr braven Gehülfen" gefunden habe (ebd., S. 229). Er meint Bartholomäus Kopitar, den damaligen Wiener Bibliothekar und großen slowenischen Slavisten (vgl. Mattson 1975).

Die zweite Liste zählt die Sprachen nach „Ländern" auf, beziehungsweise, wie Humboldt in einer eigenhändigen Fußnote in die Abschrift hinzufügt: „Die einzelnen Länder Europens sind hier ihrer ehemaligen politischen Eintheilung nach genommen". Er weist damit auf die radikalen politischen Veränderungen durch die napoleonischen Kriege hin, die 1812 noch nicht abgeschlossen sind.

Die „Anleitung“ bietet also Anlass zu einer europäischen Sprachengeschichte der vergangenen zweihundert Jahre, die Konstanz und Veränderungen der Sprachräume und Sprachnamen, neue Einsichten über Sprachverwandtschaften, Verschwinden, Veränderungen und Neuentstehen von „Ländern“ behandeln müsste.

4. Schluss

Ab Frühjahr 1813 (bis Ende 1819) wird Humboldt nur noch wenig Zeit für linguistische Arbeiten haben. Sein politischer Beruf lässt ihm keine Zeit mehr. Er muss Napoleon besiegen und dann Preußen reformieren. Das erste gelingt, das zweite bekanntlich nicht. Kontinuierlich arbeitet er mitten in der politischen Aktivität noch an der Übersetzung des *Agamemnon* von Aischylos. Nach einer Besichtigung des Schlachtfelds der Völkerschlacht berät er sich in Leipzig noch altphilologisch mit Gottfried Hermann (Briefe an Caroline vom 20.10.1813 und 22.10.1813. In: Sydow 1910, S. 149–150 und 152–153). Aber als das preußische Reform-Projekt scheitert, zieht er sich nach Tegel zurück und macht genau dort weiter, wo er in Wien aufgehört hat: mit dem Baskischen, den amerikanischen Sprachen und der philosophischen Begründung des vergleichenden Sprachstudiums.

Literatur

Adelung, Johann Christoph / Vater, Johann Severin (1806–17): Mithridates oder allgemeine Sprachenkunde mit dem Vater Unser als Sprachprobe in bey nahe fünfhundert Sprachen und Mundarten. 4 Teile. Berlin: Vossische Buchhandlung.

Blankenstein, David / Cavero, Jean / Covindassamy, Mandana / Maufroy, Sandrine (Hrsg.) (2020): Wilhelm von Humboldt, d'après une idée de Johann Wolfgang von Goethe: Instructions pour la réalisation d'une carte générale des langues. Paris: Éditions Rue d'Ulm.

Geiger, Ludwig (Hrsg.) (1909): Goethes Briefwechsel mit Wilhelm und Alexander v. Humboldt. Berlin: Bondy.

Gessner, Conrad (1555): Mithridates. De differentiis linguarum. Zürich: Froschauer.

Goethe, Johann Wolfgang von (o. J.): Tagebücher vom Juni 1812. In: www.zeno.org / Literatur / M / Goethe,+Johann+Wolfgang / Tagebücher/1812 / Juni (Abfrage: 02.12.2022).

Hervás, Lorenzo (1785): Catalogo delle lingue conosciute e notizia della loro affinità, e diversità. Cesena: Biasini.

Humboldt, Alexander von (1814–25): Relation historique du voyage aux régions équinoxiales du Nouveau Continent. 3 Bde. Paris: Dufour.

Humboldt, Wilhelm von (1903–36): Gesammelte Schriften. 17 Bde. Hrsg. von Albert Leitzmann u. a. Berlin: Behr. (GS)

Humboldt, Wilhelm von (1994–2022): Schriften zur Sprachwissenschaft. Hrsg. von Tilman Borsche, Bernhard Hurch, Kurt Mueller-Vollmer, Jürgen Trabant, Gordon Whittaker. Paderborn: Schöningh.

Humboldt, Wilhelm von (2021a): Wilhelm von Humboldt an Johann Severin Vater, 26.03.1808. In: Wilhelm von Humboldt: Online-Edition der Sprachwissenschaftlichen Korrespondenz. Berlin. Version vom 18.10.2021. URL: https://wvh-briefe.bbaw.de/602 (Abfrage: 17.11.2022).

Humboldt, Wilhelm von (2021b): Wilhelm von Humboldt an Johann Gottfried Schweighäuser, 26.02.1812. In: Wilhelm von Humboldt: Online-Edition der Sprachwissenschaftlichen Korrespondenz. Berlin. Version vom 18.10.2021. URL: https://wvh-briefe.bbaw.de/644 (Abfrage: 17.11.2022).

Humboldt, Wilhelm von (2021c): Wilhelm von Humboldt an Christian Gottfried Körner, 01.07.1812. In: Wilhelm von Humboldt: Online-Edition der Sprachwissenschaftlichen Korrespondenz. Berlin. Version vom 18.10.2021. URL: https://wvh-briefe.bbaw.de/1161 (Abfrage: 17.11.2022).

Hurch, Bernhard (Hrsg.) (2010, 2012, 2022): Wilhelm von Humboldt: Die baskischen Schriften (= Schriften zur Sprachwissenschaft. Bde. II, 1–3). Paderborn: Schöningh.

Lindorfer, Bettina/Trabant, Jürgen (Hrsg.) (2017): Wilhelm von Humboldt: Von den Sprachen Amerikas zum allgemeinen Typus der Sprache (= Schriften zur Sprachwissenschaft. Bd. IV, 1). Paderborn: Schöningh.

Mattson, Philip (1975): Wilhelm von Humboldt und die Anfänge der Slavistik. In: Zeitschrift für slavische Philologie 38, S. 303–323.

Ringmacher, Manfred/Tintemann, Ute (Hrsg.) (1994–2009): Wilhelm von Humboldt: Amerikanische Sprachen (= Schriften zur Sprachwissenschaft. Bde. III, 1–6). Paderborn: Schöningh.

Savoy, Bénédicte/Blankenstein, David (Hrsg.) (2014): Les frères Humboldt, l'Europe de l'Esprit. Paris: Monza.

Schlegel, Friedrich (1808): Über die Sprache und Weisheit der Indier. Ein Beitrag zur Begründung der Alterthumskunde. Heidelberg: Mohr und Zimmer.

Sydow, Anna von (1910): Wilhelm und Caroline von Humboldt in ihren Briefen. Vierter Band: Federn und Schwerter in den Freiheitskriegen. Briefe von 1812–1815. Berlin: Ernst Siegfried Mittler und Sohn.

Trabant, Jürgen (2020): Wilhelm von Humboldts „Anleitung zu Entwerfung einer allgemeinen Sprach Karte" von 1812. In: Goethe-Jahrbuch 137, S. 149–167.

Trabant, Jürgen (2021): Wilhelm von Humboldt (1767–1835). Menschen Sprachen Politik. Würzburg: Königshausen & Neumann.

Wilhelm von Humboldt und die *Vasken*: Nation und Sprache

Iñaki Zabaleta-Gorrotxategi

1. Einführende Bemerkungen

Es ist sicher nicht nötig, eine lange Vorstellung von Wilhelm von Humboldt (1767–1835) zu machen: Man weiß, er ist ein humanistischer Denker und Philosoph, ein Theoretiker und Praktiker der Politik und ein Fachmann der Sprache und der Sprachen. Weniger bekannt ist, dass sein Werk eine Fülle von Texten beinhaltet, die sich mit der Nation und der Sprache der Basken befassen – oder *Vasken*, wie er schreibt –, welche aber zum größten Teil einen fragmentarischen und unvollendeten Charakter haben. Dies war das Thema meiner Doktorarbeit – *Wilhelm von Humboldts Forschungen über die baskische Nation und Sprache und ihre Bedeutung für seine Anthropologie* (vgl. Zabaleta-Gorrotxategi 2006; 2017) –, die ich 1998 in Köln bei Prof. Dr. Clemens Menze durchführte, dem ich noch sehr dankbar bin. Erfreulicherweise wurden Humboldts baskische Schriften – mit Bernhard Hurch als Herausgeber – kürzlich in einer neuen und vollständigen Edition in drei Bänden veröffentlicht: *Schriften zur Anthropologie der Basken* (2010), *Baskische Wortstudien und Grammatik* (2012) und *Schriften zur Geschichte und Frühgeschichte der Basken und des Baskischen* (2022) (siehe auch Hurch 2002).

Die Basken interessieren sich heute einerseits für Humboldt, weil dieser sich damals für sie interessierte – man kann von Gegenliebe sprechen –, aber andererseits auch, weil es uns Basken dabei um etwas Anderes und Tieferes geht. Dabei muss man von Anfang an gestehen, dass wir Basken in diesem Fall nicht ganz neutral sein können – obwohl die Objektivität als Ideal unverzichtbar ist –, denn Humboldt spricht hier nicht über uns fremde Menschen, sondern über unsere Vorfahren. Ohne Zweifel ist es auch für die Basken merkwürdig und anziehend, dass jemand wie Humboldt um 1800 zu uns kommt, sogar zwei Mal, und dass er während und nach seinen Reisen so viel und so freundlich über ihre Nation und ihre Sprache schreibt. Dies erklärt vielleicht den Anfang unseres Interesses für Humboldt, aber es gibt wie gesagt noch mehr, denn sein Denken kann uns heute helfen, für uns wichtige Fragen zu beantworten: Bilden die Basken eine Nation? Immer noch? In welchem Sinne? Ob man will oder nicht, wir Basken haben ein Problem, das wir in Angriff nehmen müssen. Auch aus dieser Sicht denkt man hier an Humboldt. Er ist kein Retter, aber wir können von ihm viel lernen.

Der Titel dieses Aufsatzes lautet *Wilhelm von Humboldt und die* Vasken: *Nation und Sprache*, wobei es meine Absicht ist, nicht nur in der Vergangenheit der Basken zu bleiben, sondern davon ausgehend auch ihre Gegenwart besser zu verstehen. Im ersten Teil, *Bedeutung der damaligen ‚Vasken' für Humboldt*, werde ich die baskischen Forschungen Humboldts betrachten, welche er über zwei Jahrzehnte durchführte, insofern diese ein von ihm und auch von anderen erkanntes Schlüsselerlebnis bilden. Nach einem Sprung in der Zeit werde ich im zweiten Teil, *Humboldts Bedeutung für die heutigen ‚Vasken'*, eine Annäherung an das aktuelle baskische Problem versuchen, in der Überzeugung, dass die genannten Überlegungen Humboldts keine vergangenen Anekdoten sind. Es bleibt mir nur zu wünschen, dass diese „lokalen" Bemerkungen auch ein „globales" Interesse haben – die Basken sind ebenfalls Teil der Menschheit –, denn Humboldt erinnert uns, dass Universalität und Eigentümlichkeit im Menschen immer zusammengesehen werden müssen.

2. Bedeutung der damaligen *Vasken* für Humboldt

2.1. Die vergleichende Anthropologie als Ausgangspunkt

Humboldts Interesse für die Basken und das Baskische ist nur in Verbindung u. a. mit seinem *Plan einer vergleichenden Anthropologie* (vgl. GS I, S. 377–410)[1] von 1797 zu begreifen, der den Menschen gleichzeitig empirisch und philosophisch zu betrachten beabsichtigt. Im Grunde geht er von der Anerkennung der Geschichtlichkeit des Menschen aus – der Mensch ist an sich weder eine Abstraktion noch eine Entelechie –, und in diesem Sinne ist er sich der individuellen und vielfältigen Realität desselben völlig bewusst. Deswegen entkommt Humboldt einer allzu theoretischen Betrachtungsweise und nähert sich dem konkreten Menschen: „Gerade also zu dem, was als ein alltägliches Bedürfniss immer wiederkehrt, bedürfen wir am meisten einer individualisirenden Menschenkenntniss" (ebd., S. 383). Sein anthropologisches Projekt ist vom Anfang bis zum Ende ein humanistisches Projekt, dessen wichtigstes und unverzichtbares Merkmal ist, dass es keine Menschenkenntnis konzipiert, die nicht in direkter Verbindung mit der Menschenbildung steht. Der Mensch ist nicht etwas Statisches, sondern jemand Werdendes und deswegen wendet sich Humboldt vor allem zur Bildung desselben, d. h., zu einer Bildung, die er als Wechselspiel zwischen dem, was der Mensch ist, und dem, was der Mensch werden kann, versteht. Die Interdisziplinarität ist also hier eine Forderung:

1 Wenn nicht anders angegeben, wird Wilhelm von Humboldt nach den *Gesammelten Schriften* (GS) zitiert: Humboldt 1903–1936.

„Um zugleich den Menschen mit Genauigkeit zu kennen, wie er ist, und mit Freiheit zu beurtheilen, wozu er sich entwickeln kann, müssen der praktische Beobachtungssinn und der philosophirende Geist gemeinschaftlich thätig seyn." (ebd., S. 378)

In diesem Kontext unterstreicht Humboldt die Unentbehrlichkeit des Vergleiches als Methode der anthropologischen Forschung, denn er weiß, dass es bezüglich des Seins und des Werdens des Menschen keinen absoluten Maßstab gibt. Nur dank des Vergleiches ist es möglich, den Menschen sowohl in seinem individuellen Charakter oder in seinem Unterschied zu den anderen zu begreifen, als auch in seiner gegenwärtigen Wirklichkeit und in seiner künftigen Möglichkeit zu verstehen. Humboldt versucht also eine Anthropologie zu begründen, welche „einen empirischen Stoff auf eine speculative Weise, einen historischen Gegenstand philosophisch, die wirkliche Beschaffenheit des Menschen mit Hinsicht auf seine mögliche Entwicklung behandelt" (ebd., S. 390).

Im Rahmen dieses anthropologischen Projektes interessiert sich Humboldt besonders für die Nationen: Der geschichtliche Mensch ist auch ein geselliges Wesen und deswegen kann er nur im Zusammenhang mit seinen Mitmenschen erfasst werden. Im Grunde verliert er nicht aus den Augen, dass der Mensch keine isolierte Insel ist und kein hermetisches Wesen hat; anders gesagt, er ist davon überzeugt, dass die historische und soziale Umwelt eine bedeutende Rolle bei der Beschaffenheit des Menschen spielt. Deswegen sagt Humboldt:

„Wir müssen vorgestellt werden als ein lebendiges Glied einer zusammenhängenden Reihe gemeinschaftlich wirkender Ursachen, zugleich als das Product von Kräften, die vor uns thätig waren, und als eine Quelle andrer neuer, die es nach uns seyn werden." (GS II, S. 1)

Wenn man sich aber in die gemeinschaftliche Umwelt des Menschen vertieft, stößt man in erster Linie auf die Nationen, d. h., auf „natürliche" Gruppen von Menschen, die prinzipiell eine gemeinsame Abstammung, Sprache, Geschichte und Weltanschauung teilen. Humboldt spricht so nicht nur vom Charakter der Individuen, sondern auch vom Charakter der Nationen – diese besitzen auch irgendwie eine handelnde Kraft –, und es ist in diesem Kontext, dass er nach dem Wesen und der Wirkung dieser Menschengruppen fragt. Wie er einige Jahre später schreibt:

„Der Einzelne ist in Verhältniss zu seiner Nation nur in der Art ein Individuum, wie ein Blatt im Verhältniss zum Baum. [...] Die Nation ist also auch ein Individuum, und der Einzelne ein Individuum vom Individuum." (GS III, S. 352, 355)

Die Nationen werden ein bedeutendes Objekt der Anthropologie Humboldts – so an Wolf: „mein Zweck ist Menschen und Nationen kennen zu lernen" (Brief vom 20.12.1799. In: Mattson 1990, S. 200) –, wobei er das Reisen als nötiges Hilfsmittel für seine vergleichenden Forschungen betrachtet. Bücher zu lesen ist vielleicht genug, um technische und punktuelle Informationen über verschiedene Länder zu sammeln, aber der lebendige Anblick der Menschen und der Nationen ist unerlässlich, um sie als Einheit und Ganzheit in einem Bild darzustellen. So schreibt Humboldt zum Beispiel an Schiller: „Um eine Nation in ihren Schriftstellern, in ihren Sitten, in ihren Werken genau zu verstehen, muß man, glaube ich, eine Zeitlang mit ihr umgegangen seyn, und auf das genaueste Verstehen kommt doch am Ende bei ihrer Kenntniß alles an" (Brief vom 26.04.1799. In: Seidel 1962, S. 181 f.).

Humboldts Frage nach den Nationen ist im Grunde eine Frage nach den kollektiven Identitäten – er sucht nach Eigenschaften, die auf diese Gruppen hinweisen –, und es ist im Rahmen dieser Problematik, dass er sich besonders für die Basken interessiert. An sich sind diese nicht wichtiger als andere Völker, aber innerhalb einer Anthropologie, die sich mit der menschlichen Verschiedenheit auseinandersetzt, besitzen die Basken wegen ihrer angeblichen Besonderheit einen hohen vergleichenden Wert. Humboldts Ziel ist so die Erforschung des baskischen Volkes in seiner Eigentümlichkeit und in seiner Ursprünglichkeit, d. h., die Charakterisierung der Basken als Nation, und zwar ungeachtet ihrer politischen Trennung zwischen den Staaten Frankreich und Spanien. Es gibt aber ein großes Problem:

> „Man geräth in Verlegenheit, wenn man den ganzen Stamm der Biscayischen Nation mit Einem Namen benennen will, und man sucht vergebens nach einem, der einstimmig von Spaniern, Franzosen und Deutschen angenommen wäre." (GS XIII, S. 5)

Die Basken selbst bezeichnen sich allgemein als „Euscaldunac" (GS III, S. 224 und GS IV, S. 107), aber diese Benennung ist für Ausländer fremd oder unbekannt. Die Franzosen benutzen die Namen „Biscayens" und „Basques" (GS XIII, S. 5), von denen der erste nur die spanischen Basken bezeichnet, und der zweite nur die französischen. Die Spanier ihrerseits sprechen nur von „provincias Vascongadas" (ebd.), womit aber ausschließlich die spanischen Basken außer denen aus Navarra gemeint sind. Humboldt ist darüber verwirrt: „So hat dieser unglückliche Völkerstamm selbst bis auf die Einheit seines Namens verloren" (ebd.). Seine Absicht ist aber, die Basken anthropologisch zu betrachten und als Totalität zu begreifen – unabhängig von späteren Teilungen und künstlichen Abgrenzungen –, und deswegen schreibt er „Vasken" mit „V" und nicht mit „B", d. h., mit einer damals wie heute auf Deutsch ungewohnten Orthographie. Es ist aber wichtig zu unterstreichen, dass diese Schreibweise – die auch Schlözer (1771, S. 338) und Herder (1791, S. 6.) verwendet haben – mehr als eine stilistische Angelegenheit ist, insofern Humboldt damit sein eigentliches Forschungsobjekt welthistorisch festlegt. Er benutzt konkret drei verschiedene Namen:

> „Wenn von dem ganzen durch das Basquenland, Biscaya und Navarra verbreiteten Stamm die Rede ist: Vasken; wenn ich von dem Spanischen Antheil des Landes rede:

> Biscaya; wenn ich von den der Französischen Republik unterworfenen Vasken spreche: Basques." (GS XIII, S. 5)

2.2. Über die baskischen Forschungen Humboldts

Der Ausgangspunkt von Humboldts baskischen Forschungen liegt in zwei Reisen ins Baskenland, die er während seines Aufenthaltes in Paris macht, und in diesem Sinne scheint es sinvoll, mit einigen allgemeinen Informationen über diese Reisen anzufangen. Erstmals besucht er die Basken während einer sieben Monate dauernden spanischen Reise – denken wir an sein *Tagebuch der Reise nach Spanien* (vgl. GS XV, S. 47–355) von 1799–1800 –, die er mit seiner Familie unternimmt: Konkret durchfährt er das Baskenland vom 10. bis 18. Oktober 1799. Es handelt sich um einen kurzen Aufenthalt, der aber Humboldts Interesse für die Basken verstärkt: „Wer, was freilich schwer genug sein muß, geläufig ihre Sprache redete", schreibt er an Goethe aus Madrid, „müßte mit Vergnügen und Interesse eine Zeit lang unter ihnen leben, und schon mir that es sehr leid, sie so schnell verlassen zu müssen" (Brief vom 28.11.1799. In: Geiger 1909, S. 108).

Außerdem wird dadurch sein Interesse für das allgemeine Sprachstudium geweckt: „Ich fühle, daß ich mich künftig noch ausschließender dem Sprachstudium widmen werde", schreibt er an Wolf wiederum aus Madrid, „und daß eine gründlich und philosophisch angestellte Vergleichung mehrerer derselben, eine Arbeit ist, der meine Schultern nach einigen Jahren ernstlichen Studiums vielleicht gewachsen seyn können" (Brief vom 20.12.1799. In: Mattson 1990, S. 201). Zum zweiten Mal besucht Humboldt die Basken während einer exklusiven Reise in das Baskenland – erinnern wir uns an sein *Tagebuch der baskischen Reise* (vgl. GS XV, S. 356–450) von 1801 –, die er zum Teil mit einem Freund namens Bockelmann unternimmt: Er ist da vom 27. April bis 3. Juni 1801. Nach der Rückkehr von seiner ersten Reise an seinen damaligen Wohnort Paris hatte er die baskische Sprache intensiv studiert, Informationen über die Basken in Reisebüchern gesammelt und Kontakt mit spanischen und französischen Basken aufgenommen. Als Resultat davon schreibt Humboldt: „Durch dies alles zusammengenommen stieg meine Begierde, das Land selbst genau zu durchreisen, aufs höchste" (GS XIII, S. 15). Sein genannter Freund, der geschäftlich nach Cádiz fahren musste, lädt ihn ein Jahr später ein, eine Strecke der Reise zusammen zu unternehmen. Humboldt hat keinen Zweifel:

> „Da ich gerade hinlängliche Vorkenntnisse gesammelt hatte, die Reise mit Nutzen anzustellen, auch meine Bekanntschaften in Paris mir den Weg zu den interessantesten Männern in dem Lande selbst öfneten, so fasste ich schnell den Entschluss, den Vorschlag anzunehmen." (ebd.)

Bei diesen Reisen geht es ihm aber nicht um Tourismus, sondern um die Charakterisierung der baskischen Nation als solche – Humboldt versucht, so Mattig (2019, S. 211), „das Baskenland im Ganzen zu beschreiben" – und deswegen interessiert er sich u. a. für die Physiognomie, die Arbeit, die Sitten, die Politik und die Geschichte der Basken.

Es gibt aber keinen Zweifel, dass sich Humboldt vor allem für die Sprache der Basken interessiert. So schreibt er zum Beispiel bezüglich seines zweiten Aufenthaltes im Baskenland: „Mein Hauptaugenmerk bei dieser Reise war die Sprache" (GS XIII, S. 15). In diesem Sinne ist es bedeutend, dass sich Humboldt schon vor seiner ersten Reise – bei der Vorbereitung derselben in Paris – von der Eigentümlichkeit ihrer Grammatik beeindruckt zeigt. An Kunth schreibt er:

> „Ich habe eben zwei Tage mit einer Biscayischen Grammatik zugebracht. Eine solche Sprache giebt es nicht mehr. Schlechterdings keiner anderen ähnlich; was in andern Sprachen vorn steht, steht da hinten, aber sie ist voll von Dingen, die einen Fingerzeige auf den Ursprung der sonst unerklärlichsten Dinge geben können." (Brief vom 04.03.1799. In: Leitzmann 1940, S. 8 f.)

Ähnlich schreibt er an Schiller:

> „Es ist wenigstens das einzige europäische Land, das eine eigentliche Ursprache, älter als alle übrigen neuern und die mit keiner andern auch nur entfernte Ähnlichkeit besitzt, erhalten hat. Besonders ist die Grammatik dieser Sprache im höchsten Grade merkwürdig und führt zu interessanten Betrachtungen über die Bildung der Sprachen überhaupt." (Brief vom 26.04.1799. In: Seidel 1962, S. 181)

Auf dem Land richtet sich Humboldt aber vor allem auf den Gebrauch der baskischen Sprache, wobei dies ein Kriterium bildet, um im Baskenland selbst sein Forschungsobjekt genauer zu bestimmen. So schreibt er z. B. bezüglich seiner zweiten Reise:

> „Die Provinz Alava [...] war diejenige, welche ich am wenigsten zum Gegenstand meiner Untersuchungen machte. Als Gränzprovinz gegen Castilien zu [...] hat sie am wenigsten Vaskische Eigenthümlichkeit erhalten. In vielen ihrer Districte, namentlich in Vitoria, spricht man nicht einmal mehr Vaskisch." (GS XIII, S. 92)

An einer anderen Stelle lesen wir auch folgendes:

> „[Bilbao] ist [...] in Absicht meines Endzwecks gerade die unmerkwürdigste von allen [Städten Biscayas]. Denn der beständige Verkehr mit Fremden hat die vaterländischen Sitten verdrängt, die man nur auf dem Lande und im Gebirge aufsuchen darf, und selbst die Sprache ist in hohem Grade unrein, und mit Castilianischem vermischt." (ebd., S. 139)

Wir können also sagen, dass das Interesse Humboldts diesbezüglich sowohl linguistisch als auch anthropologisch ist, d. h, er interessiert sich sowohl für die Sprache, die den Basken eigen ist, als auch für die Menschen, die das Baskische sprechen.

So kommt Humboldt zur Idee, eine Monographie über die Basken anzufertigen, und einen Monat nach seiner Rückkehr schreibt er an José María Murga de la Barrera aus Paris: „J'ai preparé en un mot autant que j'ai pu le petit travail que je compte faire cet hiver sur la langue et la nation Basques"[2] (Brief vom 20.07.1801. In: Humboldt 1934b, S. 440).

Vom ersten Moment an erkennt er die potentielle Bedeutung der Basken für seine vergleichenden Forschungen und denkt mehr und mehr an eine spezifische Arbeit über dieselben. „Mit meiner Spanischen Reisebeschreibung", schreibt Humboldt ein Jahr später an Campe aus Tegel, „habe ich jetzt auch einen Definitiv-Entschluß gefaßt. Ich werde mich bloß darauf beschränken eine Reise durch Biscaya zu schreiben". In diesem Brief konkretisiert er seinen Plan zum ersten Mal so:

> „[Ich] gebe nun 1., ein Tagebuch meiner Reise, das eine Schilderung des Landes, und der Sitten der Nation enthält, 2., eine Uebersicht der Vaskischen sehr sonderbaren Grammatik, 3., eine Abhandlung über den Ursprung der Vaskischen Nation und Sprache, und 4., eine gewisse Anzahl von Wörtern in derselben, wozu ich nur wenige, höchstens 6 Bogen bestimme." (Brief vom 28.06.1802. In: Leitzmann 1949, S. 20).

Nach mehreren Unterbrechungen nimmt Humboldt das Projekt in seiner Vollständigkeit zehn Jahre später wieder auf, wobei er die *Ankündigung einer Schrift über die Vaskische Sprache und Nation* (1812) (vgl. GS III, S. 288–299) nicht nur schreibt, sondern auch veröffentlicht. Darin lesen wir:

> „Ich versuche nun, eine einzelne, aber vollständige Beschreibung, eine wahre Monographie des Vaskischen Volksstammes zu liefern [...] Ich werde mich bemühen, die Vasken nach ihren Sitten, ihrer Sprache und ihrer Geschichte [...] hinlänglich zu schildern." (GS III, S. 291)

Humboldt hat seine baskische Monographie als solche nie vollendet, aber mehr oder weniger hat er die drei geplanten Hauptteile erarbeitet: eine Schilderung des Landes in *Die Vasken* (1804) (vgl. GS XIII, S. 1–196), eine Analyse der Sprache in *Berichtigungen und Zusätze* (1811) (vgl. GS III, S. 222–287) zu Adelungs Mithridates-Beitrag über das Baskische und eine historische bzw. prähistorische Forschung in *Prüfung über die Urbewohner Hispaniens vermittelst der Vaskischen Sprache* (1821) (vgl.

2 „Ich habe in einem Wort die kleine Arbeit, die ich diesen Winter über die baskische Sprache und Nation zu schreiben gedenke, so gut ich konnte vorbereitet."

GS IV, S. 57–232). Es ist wichtig zu unterstreichen, dass Humboldt die Gesamtheit der Basken als natürlichen Teil des Menschengeschlechts betrachtet, infolgedessen er seine Forschungen darüber „an eine gewisse und höchst nothwendige Bearbeitung der Weltgeschichte" (GS III, S. 288) anknüpft.

2.3. Das anthropologische Sprachstudium als Horizont

Die Erfahrung im Baskenland bildet außerdem einen Wendepunkt in Humboldts Denken, denn dadurch versteht er immer deutlicher, dass seine vergleichende Anthropologie als ein vergleichendes Sprachstudium entwickelt werden muss. Der Kontakt mit den Basken zeigt ihm konkret, dass die Charakterisierung der Nationen nicht von der Erforschung ihrer Sprachen zu trennen ist. Schon zwischen beiden baskischen Reisen schreibt Humboldt an Goethe: „Ich habe seit längerer Zeit eine Abhandlung über Nationalcharakter und Sprechverschiedenheit und ihren Einfluß im Sinn" (Brief vom 06.12.1800. In: Geiger 1909, S. 140). Und nur vier Tage nach dem zweiten Aufenthalt im Baskenland schreibt er an Madame de Staël aus Bordeaux:

> „La seule chose dont il s'agira, c'est de trouver des méthodes faciles et sûres de se procurer la connaissance de beaucoup de nations et de leurs langues et de leurs litératures, sans perdre un temps précieux à une étude machinale et de mots et de regles."[3] (Brief vom 07.06.1801. In: Leitzmann 1916, S. 279)

Es handelt sich um einen Forschungsplan, der sich auf eine konkrete Erfahrung Humboldts im Baskenland stützt:

> „Die Identität eines Stamms lässt sich indess mit Gewissheit nie über die Identität seiner Sprache hinaus beweisen, und das Einzige, was sich dem Augenschein und der Untersuchung als unbezweifelt und unbestreitbar aufdringt, ist, dass alle Vasken Eine Nation ausmachen." (GS XIII, S. 181)

Außerdem ist es wichtig zu bemerken, dass sein Kontakt mit der „Vaskischen Sprache" etwas Besonderes ist, d. h., ein Kontakt mit einer „Volkssprache" (ebd., S. 11). Humboldt entdeckt im Baskenland eine „nur" gesprochene Sprache, wodurch er etwas Grundlegendes erkennt: Eine literarisch (noch) nicht gebildete oder eine schriftlich (noch) nicht kultivierte Sprache ist an sich keine Halbsprache. In diesem Sinne ist es interessant zu bemerken, dass er später – in *Über das vergleichende Sprachstudium* (vgl. GS IV, S. 1–34) von 1820 – zwischen der „vollständigen Bildung

---

3 „Das Einzige, worum es geht, ist, einfache und sichere Methoden zu finden, um sich Wissen über viele Nationen und ihre Sprachen und Literaturen zu verschaffen, ohne wertvolle Zeit mit einem maschinellen Studium von Wörtern und Regeln zu verschwenden."

des organischen Baues“ einer Sprache und der „inneren und feineren Ausbildung“ derselben unterscheidet (ebd., S. 6). Keine Sprache ist an sich besser als eine andere – obwohl nicht alle gleich erarbeitet worden sind –, und dies bringt Humboldt zu einer eigenen Stellungnahme: „Ein Verdammungsurtheil über irgend eine Sprache, auch der rohesten Wilden, zu fällen, kann niemand entfernter sein, als ich“ (GS VII, S. 256; vgl. auch ebd., S. 172). Deswegen kann Trabant sagen:

> „Die Ankunft des Humboldtschen Denkens bei der Sprache ist also ganz deutlich eine Ankunft bei den ‚Sprachen‘ in ihrer Vielfalt und Verschiedenheit, und es ist die Ankunft im Kern der politischen, ‚anthropologischen‘ und ästhetischen Fragestellungen, die Humboldt bisher beschäftigt hatten.“ (Trabant 1990, S. 37)

Die Sprache gewinnt also für Humboldt an Bedeutung und wird zum Zentrum seiner Anthropologie – eigentlich zum Zentrum seines Denkens – und es ist klar, dass das Baskische dabei nicht nur eine gelegentliche, sondern eine entscheidende Rolle spielt. Dank desselben, so Borsche, wird er sich der sprachlichen Dimension des Menschen völlig bewusst:

> „Erst die beiden Reisen von Paris ins Baskenland in den Jahren 1799 und 1801 und das dadurch veranlaßte intensive Studium der baskischen Sprache lösen eine Neuorientierung aus.“ (Borsche 1990, S. 138)

Zwar hatte Humboldt schon vorher die Sprache im Blick – erinnern wir uns z. B. an *Über Denken und Sprechen* (vgl. GS VII, S. 582 f.) von 1795–1796 –, aber in seinem Projekt einer vergleichenden Anthropologie hatte dieser Gegenstand eine nur untergeordnete Bedeutung. Wie angedeutet, ist es anlässlich oder wenigstens inmitten seiner beginnenden Forschungen über das Baskische, dass er sich wirklich zur Sprache wendet, wobei in diesem Kontext ein Brief an Schiller vom September 1800 besonders zu erwähnen ist. Schon hier sagt Humboldt, dass die Sprache „zugleich Werk des Menschen und Ausdruck der Welt“ (in: Seidel 1962, S. 209) ist:

> „Die Sprache ist daher, wenn nicht überhaupt, doch wenigstens sinnlich das Mittel, durch welches der Mensch zugleich sich selbst und die Welt bildet oder vielmehr seiner dadurch bewußt wird, daß er eine Welt von sich abscheidet.“ (ebd., S. 207)

So fängt die Entfaltung seines Sprachdenkens an, in der wir nur pragmatisch zwei Phasen unterscheiden können: Die erste (1802–1819) fällt mit seiner politischen Tätigkeit zusammen und die zweite (1820–1835) ist exklusiv dem Sprachstudium gewidmet. Auch dabei ist Humboldt interdisziplinär: Er fragt als Sprachphilosoph nach der Verbindung zwischen dem Menschen und der Sprache, und als Sprachwissenschaftler nach der Verschiedenheit von Sprachen und Nationen. Deswegen kann Meschonnic bemerken: „Humboldt est sans doute le premier et peut-être encore le seul à avoir fait une théorie du langage qui soit une anthropologie"[4] (Meschonnic 1982, S. 47). Auf jeden Fall ist es wichtig zu bemerken, dass das Baskische nicht nur ein Anfang, sondern auch ein Begleiter seiner ganzen sprachwissenschaftlichen Entwicklung ist. Humboldt selbst bezeugt das in *Über die Verschiedenheiten des menschlichen Sprachbaues* (vgl. GS VI, S. 337–486) von 1827–1829:

> „Ich halte es daher immer für ein glückliches Ereigniss in der Reihefolge meiner eignen Sprachuntersuchungen, dass mich, als ich zuerst das Gebiet der Sprachen, von denen hier die Rede ist, betrat, der Zufall auf ein ganz genaues Studium einer einzelnen, der Vaskischen, führte. [...] Dieser ersten Erfahrung in diesem Theile der Sprachkunde folgte ich in dem übrigen." (GS VI, S. 137, 139)

Von seinem ganzen Sprachstudium lässt sich nun ein für uns wichtiger Aspekt unterstreichen: Es geht um die von ihm besonders im Baskenland erfahrene und gedachte Verbindung zwischen Nation und Sprache. Konkret bietet ihm die Trennlinie zwischen Spanien und Frankreich im Baskenland bzw. die Teilung zwischen spanischen und französischen Basken eine gute Gelegenheit, um über die Bildung der staatlichen Grenzen und über den Begriff der Nation nachzudenken. Dabei unterscheidet Humboldt drei Stufen: Auf der ersten kommen „Natur-Abtheilungen des Landes" durch Flüsse und Berge vor; die zweite Stufe beschreibt er so: „Im Zustande der Bildung [...] entsteht eine andre Art natürlicher Gränze zwischen verschiednen Nationen, die Verschiedenheit der Sprache und der Kultur"; und auf der dritten überspringen „der Zufall oder das Schicksal" die vorigen „natürlichen Scheidewände", wobei sich die „verschiedensten Völkerstämme" vermischen und „vorhandene Sprachen" untergehen (GS III, S. 118). Sprache und Kultur sind auch dem Menschen natürlich – oder gehören zur menschlichen Natur –, und deswegen spricht Humboldt bezüglich der spanischen *Biscayer* und der französischen *Basques* von „nur zufällig von einander abgerissenen Theilen der Vaskischen Nation" (GS XIII, S. 180; vgl. auch GS XIII, S. 37). Auf diese Weise stößt Humboldt im Baskenland mit einem seiner Lieblingsthemen bzw. mit einem Hauptthema seines allgemeinen Sprachstudiums zusammen, d. h., mit dem „Nationalcharakter der Sprachen" oder dem „Sprachcharakter der Nationen" (GS IV, S. 420, 11). Die Sprache existiert nur im Plural, wobei jede zugleich nach innen verbindet und nach außen trennt – so Maurer: „Identität bildet sich erst durch Gegenidentität" (Maurer 2016, S. 118) –, und deswegen macht sie nicht nur allgemein Gemeinschaft, sondern auch konkret Gemeinschaften. Der Zusammenhang zwischen beiden ist nach Humboldt so eng, dass der Verfall der Sprache den Untergang der Nation nicht nur verursacht, sondern auch bedeutet. So spricht er pessimistisch über die Zukunft der Basken:

4 „Humboldt ist ohne Zweifel der erste und vielleicht immer noch der einzige, der eine Sprachtheorie aufgestellt hat, die eine Anthropologie ist."

„Ihrer nationellen Eigenthümlichkeit bereiten desto sichrer die langsamen Einflüsse den Untergang, welche, bei der wechselseitigen Berührung fast aller Punkte Europens unter einander, jeden geringeren Haufen in unsern Tagen seinen ausschliessenden Charakter aufzugeben nöthigen. Sie verdrängen nach und nach ihre Sprache und mit dieser geht nothwendig zugleich auch jene verloren." (GS XIII, S. 9)

Humboldts Idee der „Verschmelzung" (vgl. GS V, S. 17 und GS IV, S. 424) von Nation und Sprache fasst Menze folgenderweise zusammen:

„Sprache ist also nicht nur konstitutiv für den einzelnen Menschen als Menschen, sondern kennzeichnet den Menschen auch in seiner nationellen Existenz, weil Volk und Nation, ohne die ihr je eigene Sprache undenkbar sind." (Menze 1965, S. 254)

3. Humboldts Bedeutung für die heutigen *Vasken*

3.1. Einblick in das gegenwärtige Baskenland

Wenn wir jetzt einen langen Schritt in der Zeit gehen, einen Schritt von mehr als zwei Jahrhunderten nach Humboldts baskischen Reisen, finden wir natürlich ein anderes Baskenland vor, welches aber ähnliche Probleme hat. Erinnern wir uns daran, dass er eine bedeutsame Schwierigkeit darin sah, einen gemeinsamen Namen für die Basken zu finden – „dieser unglückliche Völkerstamm" hat „die Einheit seines Namens verloren" (GS XIII, S. 5) –, und dass er deswegen primär von *Vasken* und nur sekundär von *Biscayer* und *Basques* sprach. Allerdings ist es wichtig zu bemerken, dass Humboldt diese Schwierigkeit nicht bei den Basken selbst fand – „die heutigen Vasken nennen sich [...] *Euscaldunac*, ihr Land *Euscalerria* [...] und ihre Sprache *Euscara*" (GS IV, S. 107) –, sondern bei ihren Nachbarn, wenn diese über die Basken sprachen. Die heutige Situation ist diesbezüglich ähnlich: So haben z. B. die baskischen Wörter, um „Baske" und „Baskenland" zu sagen, immer noch keine gleichbedeutende Übersetzung ins Spanische oder ins Französische. Auf Baskisch geht man vom Wort „euskara" aus, welches „baskische Sprache" bedeutet, und davon werden die anderen Wörter abgeleitet: für Baske „euskaldun" (wer die baskische Sprache hat) und für Baskenland „Euskal Herria" (das Land der baskischen Sprache). Die Übersetzungen dieser Wörter ins Spanische oder ins Französische verlieren aber, vor allem im Gebrauch, ihre ursprüngliche Referenz zur baskischen Sprache, infolgedessen jemand „vasco" oder „basque" sein kann, ohne ein Wort Baskisch zu sprechen. Zusammengefasst haben wir folgendes: Auf Spanisch „vasco" bedeutet „natural del País Vasco" oder „relativo al País Vasco" und „País Vasco" bezeichnet nur eine bestimmte Autonome Gemeinschaft in Spanien (vgl. Real Academia Española); und auf Französisch „basque" bedeutet „originaire du Pays basque" oder „relatif au Pays basque", und „Pays basque" bezeichnet nur einen Teil vom Département Pyrénées-Atlantiques in Frankreich (vgl. Académie Française). Als Kontrast ist es zumindest interessant, und für uns Basken tröstend, was z. B. in der deutschsprachigen Wikipedia vorkommt: „Die Basken sind die insbesondere durch die baskische Sprache und Kultur charakterisierte Bevölkerung in erster Linie des Baskenlandes der spanisch-französischen Grenzregion am Golf von Biskaya" (vgl. Wikipedia). Letztendlich liegt dieser ganzen Problematik eine komplizierte Frage zugrunde: „Was ist baskisch?" bzw. „Wer ist Baske?" Es handelt sich um eine unbequeme Frage, eine sicherlich politisch unkorrekte, aber für uns Basken ist sie eine lebenswichtige Frage.

Das Problem mit der Benennung der Basken ist aber nicht nur ein nominalistisches Problem – es geht nicht nur darum, das „richtige" Wort zu wählen – und in diesem Sinne ist es nötig, etwas über die heutige Realität des Baskischen im Baskenland zu sagen. Es gibt Basken, wie man weiß, an beiden Seiten der westlichen Pyrenäen: In Spanien in zwei Autonomen Gemeinschaften (Euskadi oder País Vasco und Nafarroa oder Navarra) und in Frankreich in einem Teil vom Département Pyrénées-Atlantiques (Pays basque). Alle diese Gebiete bilden grundsätzlich das Baskenland, welches insgesamt heute ca. 3.130.000 Einwohner hat: 2.170.000 in Euskadi, 650.000 in Nafarroa und 310.000 in Pays basque. Aber hier, im Land der Basken, sprechen nicht alle Baskisch. Dies zeigen einige Zahlen über die Kenntnis dieser Sprache im Baskenland nach der 2019 veröffentlichten soziolinguistischen Umfrage mit Daten von 2016: 28,4 % der gesamten Bevölkerung der baskischen Gebiete sprechen Baskisch, 16,4 % verstehen Baskisch und 55,2 % können weder Baskisch sprechen noch verstehen (vgl. Gobierno Vasco – Eusko Jaurlaritza 2019, S. 15). Nach den drei Hauptgebieten des Baskenlandes sind die Zahlen dieser Kenntnis des Baskischen folgende: In Euskadi: 33,9 %, 19,1 % und 47,0 % ; in Nafarroa: 12,9 %, 10,3 % und 76,7 %; und in Pays basque: 20,5 %, 9,3 % und 70,1 % (vgl. ebd., S. 16). Dieselbe soziolinguistische Umfrage gibt außerdem Information über den Gebrauch des Baskischen im Baskenland: 16,5 % sprechen Baskisch häufig oder viel, 14,4 % sprechen Baskisch nicht häufig oder selten und 69,0 % sprechen Baskisch nie oder fast nie (vgl. ebd., S. 48). Die Zahlen dieses Gebrauches des Baskischen nach den Hauptgebieten des Baskenlandes lauten wie folgt: In Euskadi: 20,5 %, 16,2 % und 63,3 %; in Nafarroa: 6,6 %, 8,1 % und 85,3 %; und in Pays basque: 8,1 %, 14,7 % und 77,2 % (vgl. ebd., S. 49). Dies alles würde natürlich mehrere Erklärungen brauchen – sowohl synchronisch als auch diachronisch –, aber unsere Absicht ist jetzt nur zu zeigen, dass der Begriff „Baske" nicht univok ist, d. h., dass man ihn, mit mehr oder weniger Sinn, sowohl für Baskisch sprechende als auch für nicht Baskisch sprechende Menschen im Baskenland verwendet. Also: die Situation des Baskischen im Baskenland ist kompliziert, und deswegen kann auch die Bestimmung des Begriffes „Basken" nicht einfach sein. Erinnern wir uns noch einmal an Humboldt: „Die Sprache [ist] zugleich Abbild und Zeichen" (GS IV, S. 29).

So kann man sagen, dass wir Basken nicht nur ein Problem, sondern ein großes Problem haben – es geht um das Überleben unserer Sprachgemeinschaft – und in diesem Sinne ist es nötig, den springenden Punkt dieses Problems noch mehr zu erläutern. Viele sprechen bei uns vom sogenannten „baskischen Problem", und zwar häufig, aber in der Tat verstehen nicht alle darunter dasselbe. Es ist kein Geheimnis: Die Definition dieses Problems bildet auch ein Problem oder ist Teil des baskischen Problems selbst. Wie alle anderen auf der Welt haben wir auch allerlei Probleme z. B. mit der Arbeitslosigkeit oder mit dem Gesundheitssystem, aber das baskische Problem ist weder ein solches soziales Problem noch die Summe aller dieser Probleme. Es handelt sich um ein den Basken nicht exklusives aber doch spezifisches Problem, welches ihre Situation in ihrer Eigentümlichkeit charakterisiert, und so erinnern wir uns an Humboldt, der mit dem Vergleich das Wesentliche vom Zufälligen trennt. Das baskische Problem beginnt oder endet auch nicht mit *Euskadi ta Askatasuna*, d. h., mit der bewaffneten Untergrundorganisation ETA, die sich 1959 inmitten der Franco-Ära formierte und zum Glück 2011 stillgelegt und 2018 aufgelöst wurde. Es geht uns hier nicht darum, diese Angelegenheit zu vertiefen – sicherlich komplizierter als man häufig denkt –, aber eine Sache scheint klar zu sein: Der daraus entstandene Konflikt hat auch dazu beigetragen, das eigentliche Problem zu verdecken. Man spricht auch bei uns oft von der Herausforderung des Zusammenlebens in der Vielfalt und konkret im vielseitigen Baskenland – ohne Zweifel mit Recht – aber man kann auch nicht vergessen, dass das Zusammenleben immer und überall kompliziert ist. Deswegen ist es nötig, ohne Komplexe in die Spezifität des baskischen Problems einzugehen – sie zu leugnen oder zu verwässern bringt nichts – denn nur aus dem vollen Bewusstsein desselben wird es möglich sein, an machbare Vorschläge zu denken. Das baskische Problem ist grundsätzlich ein nationales Problem, d. h., ein Problem der baskischen Nation als solche. So lässt sich fragen: Welchen Platz kann die baskische Kulturnation in der Mitte von zwei großen Staatsnationen wie Spanien und Frankreich haben?

3.2. Humboldts erste Rezeption im Baskenland

Nach diesen Bemerkungen über die heutige Situation der Basken kommen wir zu Humboldt zurück, wobei wir einiges über die Rezeption seines Werkes sagen werden, insbesondere über die erste Annahme seiner Forschungen im Baskenland selbst. Allerdings handelt es sich wieder um eine nicht eindeutige Angelegenheit: Genauso wie wir vorher im allgemeinen gefragt haben, „was baskisch ist" – ohne Dogmatismus, aber mit Ehrlichkeit –, können wir auch jetzt fragen, „was baskische Rezeption ist". Diesbezüglich scheint es nicht so schwierig, das Objekt dieser Rezeption zu bestimmen, d. h., alles was Humboldt über die Basken und das Baskische geschrieben hat, aber es ist nicht so einfach, das Subjekt dieser Rezeption zu bestimmen: Basken? Welche Basken? Es ist nicht unwichtig, dass nur wenige Basken Deutsch lesen konnten, dass das Baskenland keine lange Universitätstradition gehabt hat, und dass das Baskische bis sehr spät keine akademische Sprache gewesen ist. Also: Rezeption? Welche Rezeption? Ungeachtet dieser Fragen ist aber noch zu bemerken, dass das allgemeine Werk Humboldts keinen geschlossenen Korpus bildet, weshalb die Veröffentlichung seiner *Gesammelten Schriften* zwischen 1903 und 1936 auch für die Basken wichtig gewesen ist. Aber selbst in dieser vielbändigen Edition finden sich seine baskischen Forschungen aufgeteilt oder zerstreut – und in der Tat nicht alle –, und in diesem Kontext war es nicht einfach, den inneren Zusammenhang bzw. den gesamten Sinn derselben zu erkennen. Außerdem erinnern wir uns daran, dass Humboldts längste und vollendetste Schrift über die Basken, der 1804 beendete Reisebericht *Die Vasken*, hundert Jahre später immer noch verschwunden war. Leitzmann schreibt 1908: „Die eigentliche Reiseschilderung, deren Verlust besonders zu beklagen ist, zitiert Humboldt noch in der letzten Zeit seines Lebens in der Einleitung zum Kawiwerk" (In: GS VII, S. 603. In der genannten Kawi-Einleitung – vgl. Leitzmanns Anmerkung in ebd., S. 207 – schreibt Humboldt über „meine ungedruckte Reise durch Biscaya"). Fünf Jahre danach, 1913, stößt er auf diese Schrift und veröffentlicht sie zum ersten Mal 1920: „Durch den glücklichsten Zufall hat sich Humboldts Manuskript der baskischen Reisebeschreibung, dessen rätselhafter Verlust noch Band 7, 603 beklagt wurde, wiedergefunden" (In: GS XIII, S. 196). Diese Tatsache bildet natürlich einen Wendepunkt für die Rezeption Humboldts im Baskenland.

Wenn wir uns jetzt dem Inhalt der ersten Rezeption von Humboldts baskologischen Forschungen zuwenden, sehen wir, dass es sich vor allem um eine intensive Übersetzungsarbeit und entsprechende Veröffentlichungstätigkeit handelt. In diesem Sinne muss man zuerst seine *Prüfung über die Urbewohner* erwähnen: Dieser Text, der schon früh die Neugierde vieler weckte, wurde 1866 von Augustin Marrast ins Französische (vgl. Humboldt 1866) und 1879 von Ramón Ortega y Frías ins Spanische (vgl. Humboldt 1879) übersetzt und veröffentlicht. Miguel de Unamuno ist eigentlich der erste Baske, der 1889 einen Text Humboldts ins Spanische übersetzt (vgl. Humboldt 1889): Es handelt sich um *Reiseskizzen aus Biscaya*, welcher erstmals 1843 von seinem Bruder Alexander veröffentlicht wurde und später, 1904, auch von Leitzmann mit dem Titel *Cantabrica* (vgl. Humboldt 1841–1852; siehe auch GS III, S. 114–135). Allerdings beginnt die systematische Rezeption erst einige Jahre später, und zwar mit der Unterstützung von zwei wichtigen Förderern: Resurrección María de Azkue, der sich 1905 in der Berliner Staatsbibliothek für Humboldt interessiert – er wird 1919 *Euskaltzaindia*, d. h., die Akademie der Baskischen Sprache begründen und bis 1951 leiten –; und Julio de Urquijo, der 1907 die *RIEV–Revista Internacional de los Estudios Vascos* begründen und bis 1936 leiten wird, wo viele Übersetzungen von Humboldt und einige Arbeiten über ihn veröffentlicht werden. Die ersten Beispiele davon sind die Beiträge von Carmelo de Echegaray, der 1911 eine französische Anmerkung Humboldts zu den Basken und dem Baskischen ins Spanische übersetzt (vgl. Humboldt 1911) und von Arturo Farinelli, der 1922 den Aufsatz *Guillermo de Humboldt y el País Vasco* schreibt (vgl. Farinelli 1922). Ab diesem Moment treten zwei Namen in den Vordergrund, die mit vielen spanischen Übersetzungen von Humboldts baskischen Texten verbunden sind. Der erste, Telesforo Aranzadi, folgende: a) 1922–1923 das *Tagebuch der baskischen Reise*; b) 1923 einen kleinen Teil vom *Tagebuch der Reise nach Spanien*; und c) 1923–1924 den Reisebericht *Die Vasken* (vgl. Humboldt 1922; 1923a, b, c; 1924; siehe auch Humboldt 1932). Und der zweite, Justo Gárate, diese: a) 1931 einen Teil von der *Ankündigung einer Schrift*; b) 1933–1934 die *Berichtigungen und Zusätze*; und c) 1935 ein Exzerpt des ‚Plan de lenguas' von Pablo Pedro Astarloa (vgl. Humboldt 1931; 1933; 1934a; 1935; siehe auch Gárate 1933, S. 115–129). Gárate selbst veröffentlicht 1933 *Guillermo de Humboldt. Estudio de sus trabajos sobre Vasconia* mit unter anderen drei Manuskripten – zwei Grammatikfragmente und eine bibliographische Anmerkung –, welche bislang im Deutschen nicht publiziert wurden (vgl. Gárate 1933).

Es ist wichtig zu verstehen, dass im Hintergrund dieser Übersetzungstätigkeit ein inneres Gefühl besteht, d. h., das Gefühl, endlich in der eigenen Eigentümlichkeit verstanden zu sein, weswegen Humboldt im Baskenland als Freund angesehen wird. Es ist aber gerecht und notwendig, auf etwas anderes aufmerksam zu machen, denn wir können nicht auf dieser emotionalen Ebene des Anfangs bleiben: Seine Bedeutung für die Basken hat in der Tat, kurze Zeit später, eine andere und vielleicht wichtigere Seite gehabt. Es geht darum, dass Humboldt eine indirekte aber wichtige Rolle bei der Wiederbelebung des Baskischen in den 1950er und 1960er Jahren hat, insofern seine Ideen über das Wesen der Sprache als etwas Lebendiges und Belebendes eine Inspirationsquelle werden. Die allgemeine Situation des Baskischen ist damals chaotisch – man hat den Eindruck, dass es am Ende ist –, und dieser Alarmzustand erweckt das Gefühl der Notwendigkeit einer vereinigten baskischen Sprache, welche man in der Tat 1968 schaffen wird. Es handelt sich um eine Zusammenarbeit, aber Txillardegi – Jose Luis Alvarez-Enparantza – ist hier besonders zu erwähnen: Dieser unermüdliche Aktivist, der Linguistik in Paris studiert, setzt sich stark für eine brauchbare baskische Sprache ein und wendet sich gegen eine korrekte aber tote Museumssprache. In diesem Kontext ist es bedeutend, was er schon 1956 in einem offenen Brief an die zu dieser Zeit gelähmte *Euskaltzaindia* schreibt: „Euskera garbia etzaigu ajolik, bizia baizi", d. h., „uns interessiert nicht das reine, sondern das lebendige Baskische" (Txillardegi 2019a, S. 34). Txillardegi kennt das Sprachdenken Humboldts – vor allem durch Georges Mounin –, und erwähnt und zitiert diesen mehrmals, um immer eine Grundidee zu unterstützen: Ohne baskische Sprache gibt es keine baskische Nation. So schreibt er z. B. 1966: „Hizkuntza da herri baten sorkaririk funtsezkoena, bere nazio-jakintzaren oiñarria. Hitz batez: *hizkuntza da herri baten arima*. Humboldt'ek egia zuen", d. h., „die Sprache ist das wesentlichste Geschöpf eines Volkes, das Fundament seines nationalen Wissens. Mit einem Wort: *Die Sprache ist die Seele eines Volkes*. Humboldt sagte die Wahrheit" (Txillardegi 2019b, S. 58). Es ist also nicht erstaunlich, dass jener berühmte Gast immer noch im Baskenland präsent ist. An einem 1999 in Gernika errichteten Denkmal für Humboldt lesen wir: „Euskaldunen adiskidea. Freund des baskischen Volkes. Amigo de los vascos".

3.3. Die Lehren Humboldts aus heutiger Sicht

Aber die heutigen Basken haben immer noch vieles von Humboldt zu lernen – seine baskische Erfahrung ist weder der Anfang noch das Ende seines Denkens –, und aus dieser Sicht werden wir zuerst etwas über sein offenes Bild vom Menschen sagen. Es handelt sich um ein Bild, welches die Mannigfaltigkeit als Ausgangs- und Endpunkt der Menschenbildung versteht: Der wirkliche Mensch ist immer aus Fleisch und Blut und seine Bildung kann nicht ein Abstraktionsprozess sein. Deswegen schreibt er ausdrücklich:

> „Je mehr subjective Originalität er aber, dem objectiven Werthe des Werks unbeschadet, zeigen kann, desto besser. [...] Je mehr Stoff er in Form, je mehr Mannigfaltigkeit in Einheit verwandelt, desto reicher, lebendiger, kraftvoller, fruchtbarer ist er." (GS I, S. 385)

Humboldt behauptet sogar, dass die Auseinandersetzung mit der menschlichen Vielfalt dazu beiträgt, diese Vielfalt als solche zu erweitern: „Das Studium der Charaktere in ihrer Individualität vermehrt also diese letztere selbst" (ebd., S. 388). Diese Mannigfaltigkeit betrifft aber auch die verschiedenen Nationen – welche sich oft im selben Staat befinden –, und deswegen weist er hier auf ein politisches Dilemma von großer Bedeutung hin. Es geht konkret darum, zwischen der Beseitigung und der Förderung der Unterschiede zu wählen, wobei Humboldt mit Bedauern feststellt, dass sich der Gesetzgeber meistens für das Erste entscheidet: „Aber ist diess ohne Verlust an Eigenthümlichkeit, und folglich zugleich an Selbstthätigkeit und Energie möglich?" (ebd., S. 382). Ähnlich äußert er sich später bezüglich der Basken:

> „Man muss aber frei gestehen, dass man bisher wohl immer mehr daran gedacht hat, nur die Schwierigkeiten hinwegzuräumen, welche die Verschiedenheit entgegensetzt, als das Gute zu benutzen, das die Eigenthümlichkeit mit sich führt." (GS XIII, S. 14)

Humboldt respektiert die Einzelnen und die Nationen in ihrer Besonderheit – so seine Anerkennung der menschlichen Geschichtlichkeit –, weshalb sein Bild vom Menschen auch das Bild der aktuellen und potenziellen Vielfältigkeit vom selben ist. Anders gesagt: Sein Menschenbild begründet weder ein starres Schema – das Ende ist nicht geschrieben –, noch ein einheitliches Modell – das Andere ist nicht überflüssig –; und in diesem offenen Bild haben auch die Basken immer noch als Basken einen Platz.

Für ein quantitativ kleines Volk wie das Baskische bildet Humboldts konzeptuelle Bestimmung der Nation als Sprachgemeinschaft eine befreiende Erfahrung, insofern viele unserer heutigen Diskussionen mit dieser Angelegenheit zu tun haben. Ein Problem verschwindet nicht, weil man die Augen vor ihm verschließt, und in diesem Sinne kann seine Unterscheidung zwischen Nation (als natürliche Erscheinung) und Staat (als erschaffenes Produkt) die wichtige Funktion einer regulativen Idee spielen. Ein einfaches Beispiel kann uns hilfreich und klärend sein. Was auf Deutsch „Personalausweis" und „Staatsangehörigkeit" sind, wird jeweils auf Spanisch als „Documento Nacional de Identidad" und „Nacionalidad" und auf Französisch als „Carte Nationale d'Identité" und „Nationalité" wiedergegeben. Schon ein oberflächlicher Blick zeigt, dass die deutschen Ausdrücke das Wort „Nation" nicht beinhalten, aber dass die entsprechenden spanischen und französischen Ausdrücke gerade aus diesem Wort „Nation" aufgebaut werden. Dies ist aber keine Zufälligkeit, denn „Nation" und „Staat" werden, anders als im deutschen Sprachgebiet, in Spanien und Frankreich normalerweise synonym verwendet, so dass selbst die Idee eines Staates mit mehreren Nationen hier eine problematische Idee ist. Zugespitzt kann man sagen: Gerade weil die Staaten Spanien und Frankreich auch Nationen sein wollen – mit der dazu nötigen Homogenisierung –, denkt auch die baskische Nation über die Möglichkeit nach, Staat zu sein – eigentlich als Mittel zum eigenen Überleben.

Das Problem ist also wieder nicht nur nominalistisch – ein Wort kann nicht das Sein bestimmen –, sondern politisch – man bewegt sich zwischen Real- und Idealpolitik – und vor allem anthropologisch – es gibt wirklich verschiedene Menschengruppen. Folglich können wir uns noch einmal an Humboldt erinnern, der ausdrücklich auf die wesentliche Verbindung zwischen Nation und Sprache hinweist: „Die Vertheilung des Menschengeschlechts nach Nationen ist nur seine Vertheilung nach Sprachen" (GS VI, S. 126). Heute ist alles konfuser, vielleicht, aber eines ist klar: Wir werden nicht das Komplizierte erledigen können ohne das Einfache zu verstehen, und das Einfache ist, wie gesagt, dass Sprachen Gemeinschaften machen.

Die Basken haben auch vieles von Humboldts Beschäftigung mit der Politik zu lernen – nicht umsonst hat er sich immer darum gekümmert –, wobei er sein politisches Denken und Handeln immer anthropologisch begründet und pragmatisch durchführt. Erinnern wir uns zuerst an seine Reflexionen anlässlich der Französischen Revolution, wo er schon verteidigt, dass Politik nicht ein Zweck an sich, sondern ein Mittel im Dienste der Bildung des Menschen ist. Sie muss ihm helfen, seinen „wahren Zweck" zu erreichen, d. h., „die höchste und proportionirlichste Bildung seiner Kräfte zu einem Ganzen" zu entwickeln (GS I, S. 106). Aus dieser Sicht kritisiert Humboldt sowohl die rationelle Einseitigkeit des neuen Verfassungsplanes in Frankreich – „die Vernunft hat wohl Fähigkeit, vorhandnen Stoff zu bilden, aber nicht Kraft, neuen zu erzeugen" (ebd., S. 80) – als auch die Revolution als Methode, um Reformen durchzusetzen – „was im Menschen gedeihen soll, muss aus seinem Innren entspringen, nicht ihm von aussen gegeben werden" (ebd., S. 79 f.). Deswegen unterscheidet er zwischen „Nationalanstalt" und „Staatseinrichtung" (ebd., S. 131), wobei er der Nation die Hauptrolle und dem Staat eine Hilfsfunktion zuschreibt.

Einen Kommentar verdient auch, was Humboldt im Wiener Kongress macht, denn er hat dort nicht nur den Preußischen Staat, sondern auch die Deutsche Nation vor Augen, weshalb er sich große Mühe gibt, den Deutschen Bund voranzutreiben. In diesem Sinne ist es interessant, was er an seine Frau über (oder gegen) Metternich schreibt:

> „Daß es wirklich im intellektuellen und moralischen Sinn ein Deutschland gibt, das nicht Preußen und Österreich ist, wenn es auch gleich Teile von beiden enthält, und dass man diesem Deutschland politisch zu Hilfe kommen muß, begreift und fühlt er nicht." (Brief vom 02.10.1813. In: Sydow 1910, S. 129)

Es handelt sich um eine anregende Bemerkung, welche uns Basken fast automatisch zu einer eigenen Version derselben bringt: Es gibt „wirklich im intellektuellen und moralischen Sinn" ein Baskenland, geteilt zwischen Spanien und Frankreich, und es scheint sinnvoll, diesem Baskenland „politisch zu Hilfe zu kommen". Der Politiker Humboldt weiß aber, dass die Eile nicht gut ist, und dass es nicht um alles oder nichts geht, und deswegen gibt er einen Rat, der auch für uns Basken heute nützlich ist: „Allein man muß immer nur mit dem auftreten, was sich vollkommen durchführen läßt" (Brief an Dohna-Schlobitten vom 18.11.1819. In: GS XVII, S. 340).

4. Abschließende Bemerkungen

Das Ziel dieses Aufsatzes war doppelt: Im ersten Teil wurde das baskische Werk Humboldts im Rahmen seines allgemeinen Denkens vorgestellt; und im zweiten Teil wurde ein Blick auf das heutige Problem der Basken mithilfe Humboldts geworfen. Es ist wichtig zu unterstreichen, dass Humboldt für die Basken viel mehr als ein Freund ist, insofern er uns helfen kann, zeitlich und räumlich von unserem Problem Distanz zu nehmen, und dies ohne Ausreden als ein nationales Problem anzuerkennen. Wir stellen ohne Weiteres, d. h., ohne jegliche Bewertung folgendes fest: ein Deutscher (im Prinzip jemand völlig Neutrales) besucht das Baskenland (sowohl das französische als auch das spanische) um 1800 (als niemand hier z. B. über Unabhängigkeit spricht). Und dieser Besucher, Humboldt, betrachtet die Basken wie sie sind, wobei er ständig und ausdrücklich von der baskischen Nation und von der baskischen Nationalsprache spricht. Es ist ein Ausgangspunkt, noch mehr, es ist der Ausgangspunkt.

Die Basken bilden sicherlich ein Objekt der akademischen Forschung, in der besonders ihre Sprache und ihre Kultur betrachtet werden; aber dies ist für uns Basken nicht genug, denn wir wollen auch Subjekt unserer eigenen Geschichte werden. Es gibt Fragen und Fragen sowie Antworten und Antworten, d. h., es ist nicht egal wer wen fragt und wer wem antwortet, und deshalb ist es wichtig zu bemerken, dass unsere Frage bezüglich der Basken vor allem eine Frage von uns, über uns und an uns ist. Im Grunde handelt es sich um eine Frage nach unserem Gruppendasein oder Wir-Gefühl, welche nicht nur eine Frage nach unserer Vergangenheit, sondern vor allem eine Frage nach unserer Zukunft beinhaltet, wobei beide auch Dimensionen der Gegenwart sind. Erinnern wir uns damit an einen im Baskenland bekannten Sinnspruch, den der Anthropologe Joxe Miguel Barandiaran vor Jahren populär machte: „Izan zirelako gara, garelako izango dira", d. h., „weil sie waren, sind wir; weil wir sind, werden sie sein". Wir verstehen so das Denken Humboldts wie eine ständige Einladung zu unserer Bildung – „jeder Mensch trägt eigentlich einen noch besseren Menschen in sich, der sein viel eigentlicheres Selbst ausmacht" (Brief an Diede vom 02.12.1822. In: Bacheracht 1847, S. 37) –, welche nicht nur individuell, sondern auch kollektiv voranzutreiben ist.

Kommen wir jetzt zum Schluss. Um 1804 beendet Humboldt in Rom die Redaktion von *Die Vasken*, wo wir folgendes lesen: „In weniger als in einem Jahrhundert also wird vielleicht das Vaskische aus der Reihe der lebendigen Sprachen verschwunden seyn" (GS XIII, S. 9). In der Tat glaubt er, direkter Zeuge des Verschwindens einer Nation zu sein – er wird auch später, 1807, *Geschichte des Verfalls und Unterganges der griechischen Freistaaten* schreiben –, und auch das bildet für ihn einen Grund, seine Baskenmonographie zu planen. Das bedeutet aber keinesfalls, dass er sich über das mögliche Aussterben der Basken freut, im Gegenteil: „Der Untergang eines Völkerstamms" erregt „immer eine wehmüthige Empfindung und noch mehr der gänzliche Untergang einer Sprache" (ebd., S. 10). Humboldt hat sich geirrt: Die Basken sind immer noch da. Ich habe aber keinen Zweifel daran, dass er sich über den Irrtum seiner Vorhersage gefreut hätte. Nicht umsonst ist er ein freier Mensch, der die Andersheit akzeptiert und die Vielfalt feiert.

Literatur

Académie Française: Dictionnaire de l'Académie française. https://www.dictionnaire-academie.fr/article/A9B0543 (Abgerufen: 22.07.2022).

Bacheracht, Therese (Hrsg.) (1847): Briefe von Wilhelm von Humboldt an eine Freundin. Band 1. Leipzig: Brockhaus.

Borsche, Tilman (1990): Wilhelm von Humboldt. München: Beck.

Farinelli, Arturo (1922): Guillermo de Humboldt y el País Vasco. In: Riev 13(3), S. 257–272.

Gárate Arriola, Justo (1933): Guillermo de Humboldt. Estudio de sus trabajos sobre Vasconia. Bilbao: Imprenta Provincial de Vizcaya.

Geiger, Ludwig (Hrsg.) (1909): Goethes Briefwechsel mit Wilhelm und Alexander von Humboldt. Berlin: Bondy.
Gobierno Vasco – Eusko Jaurlaritza (2019): VI. Inkesta soziolinguistikoa 2016. Vitoria-Gasteiz: Servicio Central de Publicaciones-Argitalpen Zerbitzu Nagusia.
Herder, Johann Gottfried (1784–1791): Ideen zur Philosophie der Geschichte der Menschheit. 4 Bde. Leipzig: Hartknoch.
Humboldt, Wilhelm von (1866): Recherches sur les habitants primitifs de l'Espagne à l'aide de la langue basque. Traducteur: Augustin Marrast. Paris: Franck.
Humboldt, Wilhelm von (1879): Los primitivos habitantes de España: investigaciones con el auxilio de la lengua vasca. Traductor: Ramón Ortega y Frías. Madrid: Librería de José Anllo.
Humboldt, Wilhelm von (1889): Bocetos de un viaje a través del País Vasco. Traductor: Miguel de Unamuno. In: Euskal-Erria 20.1, S. 424–428, 456–459, 496–500, 521–526, 567–570.
Humboldt, Wilhelm von (1911): Una nota de Guillermo de Humboldt sobre la lengua vasca (1801). Traductor: Carmelo de Echegaray. Riev 5.1, S. 10–13.
Humboldt, Wilhelm von (1922): Diario del viaje vasco 1801 (primera parte). Traductor: Telesforo Aranzadi. Riev 13.4, S. 614–658
Humboldt, Wilhelm von (1923a): Diario del viaje vasco 1801 (segunda parte). Traductor: Telesforo Aranzadi. Riev 14.2, S. 205–250.
Humboldt, Wilhelm von (1923b): Diario del viaje a España 1799–1800 (fragmento de la parte vasca). Traductor: Telesforo Aranzadi. Riev 14.3, S. 373–375.
Humboldt, Wilhelm von (1923c): Los vascos o Apuntaciones sobre un viaje por el País Vasco en la primavera de 1801 (primera parte). Traductor: Telesforo Aranzadi. Riev 14.3, S. 376–400.
Humboldt, Wilhelm von (1924): Los vascos o Apuntaciones sobre un viaje por el País Vasco en la primavera de 1801 (segunda parte). Traductor: Telesforo Aranzadi. Riev 15.1, S. 83–137, 262–305, 391–445.
Humboldt, Wilhelm von (1931): Anuncio de una publicación sobre la lengua y nación vascas, con noticia del punto de vista y contenido de la misma (fragmento). Traductor: Justo Gárate. Riev 22.4, S. 631–638.
Humboldt, Wilhelm von (1932): Diario del viaje a España 1799–1800 (parte vasca completa). Traductor: Justo Gárate. Riev 23.1, S. 46–66.
Humboldt, Wilhelm von (1933): Correcciones y adiciones a la 1ª Sección del segundo volumen de la obra intitulada Mithridates sobre la lengua cantábrica o vasca (primera parte). Traductor: Justo Gárate. Riev 24.3, S. 460–487.
Humboldt, Wilhelm von (1934a): Correcciones y adiciones a la 1ª Sección del segundo volumen de la obra intitulada Mithridates sobre la lengua cantábrica o vasca (segunda parte). Traductor: Justo Gárate. Riev 25.1, S. 87–127.
Humboldt, Wilhelm von (1934b): Cinco cartas inéditas de Guillermo de Humboldt. Editor: Justo Gárate. Riev 25.3, S. 430–444, 622–639.
Humboldt, Wilhelm von (1935): Extracto del Plan de Lenguas de Astarloa por Guillermo de Humboldt. Traductor: Justo Gárate. Riev 26.1, S. 93–121.
Humboldt, Wilhelm von (2010): Schriften zur Anthropologie der Basken. Hrsg.: Bernhard Hurch. Paderborn: Schöningh.
Humboldt, Wilhelm von (2012): Baskische Wortstudien und Grammatik. Hrsg.: Bernhard Hurch. Paderborn: Schöningh.
Humboldt, Wilhelm von (2022): Schriften zur Geschichte und Frühgeschichte der Basken und des Baskischen. Hrsg.: Bernhard Hurch. Paderborn: Schöningh.
Humboldt; Wilhelm von (1841–1852): Gesammelte Werke (7 Bde). Hrsg.: Alexander von Humboldt. Berlin: Reimar.
Humboldt; Wilhelm von (1903–1936): Gesammelte Schriften (I–XVII). Hrsg.: Albert Leitzmann, Bruno Gebhardt und Wilhelm Richter. Berlin: Behr.

Hurch, Bernhard (Hrsg.) (2002): Die baskischen Materialien aus dem Nachlaß Wilhelm von Humboldts. Paderborn: Schöningh.
Leitzmann, Albert (1916) Wilhelm von Humboldt und Frau von Staël. In: Deutsche Rundschau 169, S. 95–112, 271–280, 431–442.
Leitzmann, Albert (1940): Wilhelm von Humboldt und sein Erzieher. Mit ungedruckten Briefen Humboldts. In: Abhandlungen der deutschen Akademie der Wissenschaften zu Berlin, philosophisch-historische Klasse 5. Berlin: Akademie Verlag, S. 1–39.
Leitzmann, Albert (1949): Briefe von Wilhelm von Humboldt. In: Abhandlungen der deutschen Akademie der Wissenschaften zu Berlin, Philosophisch-historische Klasse 3. Berlin: Akademie Verlag, S. 1–35.
Mattig, Ruprecht (2019): Wilhelm von Humboldt als Ethnograph: Bildungsforschung im Zeitalter der Aufklärung. Weinheim: Beltz Juventa.
Mattson, Philip (Hrsg.) (1990): Wilhelm von Humboldt. Briefe an Friedrich August Wolf. Berlin / New York: Walter de Gruyter.
Maurer, Michael (2016): Wilhelm von Humboldt: Ein Leben als Werk. Köln / Weimar / Wien: Böhlau.
Menze, Clemens (1965): Wilhelm von Humboldts Lehre und Bild vom Menschen. Ratingen bei Düsseldorf: Aloys Henn.
Meschonnic, Henri (1982): Critique du rythme. Lagrasse: Verdier.
Real Academia Española: Diccionario de la lengua española. https://dle.rae.es/vasco?m=form (Abgerufen: 22.07.2022)
Riev–Revista Internacional de los Estudios Vascos. https://www.eusko-ikaskuntza.eus/es/publicaciones/revista-internacional-de-los-estudios-vascos-riev/bi-128/ (Abgerufen: 14.12.2022)
Schlözer, August Ludwig von (1771): Allgemeine nordische Geschichte. Halle: Gebauer.
Seidel, Siegfried (Hrsg.) (1962): Der Briefwechsel zwischen Friedrich Schiller und Wilhelm von Humboldt. Band 2. Berlin: Aufbau.
Sydow, Anna von (Hrsg.) (1910): Wilhelm und Caroline von Humboldt in ihren Briefen. Band 4. Berlin: Ernst Sigfried Mittler und Sohn. (Neudruck: Osnabrück: Zeller 1968).
Trabant, Jürgen (1990): Traditionen Humboldts. Frankfurt am Main: Suhrkamp.
Txillardegi (Jose Luis Alvarez-Enparantza) (2019a): Testu hautatuak. 1, Euskara batua. Andoain: Jakin; Bilbao-Leioa: UPV-EHU.
Txillardegi (Jose Luis Alvarez-Enparantza) (2019b): Testu hautatuak. 3, Hizkuntzaren filosofia. Andoain: Jakin; Bilbao-Leioa: UPV-EHU.
Wikipedia. Die freie Enzyklopädie (o. J.). https://de.wikipedia.org/w/index.php?title=Basken&oldid=223971021 (Abgerufen: 22. 07. 2022)
Zabaleta-Gorrotxategi, Iñaki (2006): Wilhelm von Humboldts Forschungen über die baskische Nation und Sprache und ihre Bedeutung für seine Anthropologie (Doktorarbeit, Köln, 1998). Bilbao-Leioa: UPV-EHU.
Zabaleta-Gorrotxategi, Iñaki (2017): Wilhelm von Humboldt eta Euskal Herria. Bilbao-Leioa: UPV/EHU.

Wilhelm von Humboldt: ein zivilgesellschaftlicher Bildungstheoretiker und Grundlagenforscher, kein erziehungswissenschaftlicher Bildungsforscher

Dietrich Benner

Jürgen Schriewer zum 80. Geburtstag

In den vorausgegangenen Vorträgen war schon mehrfach von der von Wilhelm von Humboldt geschätzten und praktizierten Methode des Vergleichens die Rede. So hat Heinz-Elmar Tenorth (2021) im Eröffnungsvortrag der Reihe betont, es komme heute darauf an, die Vielheit bildungswissenschaftlicher Ansätze gegenüber einer empirischen Bildungsforschung zur Geltung zu bringen, die ihre Forschungsvorhaben ohne Bildungstheorie betreibt und nicht zwischen statistischen Korrelationen und Kausalitäten in Erziehungs- und Bildungsprozessen unterscheidet. Ruprecht Mattig (2021) sprach sich in seinem Vortrag für eine vergleichende kosmopolitische Ethnographie aus, die an der Vielheit der Sprachen und Kulturen interessiert ist und jede Art von Zentrismus vermeidet (siehe auch Mattig 2019). Jürgen Trabant (2022) stellte an Humboldt eine vergleichende Sprachforschung vor, die Übersetzungen nicht nach Regeln einer generativen Einheitsgrammatik vornimmt, sondern in Form von bildenden Wechselwirkungen zwischen verschiedenen Sprachen entwickelt (vgl. auch Trabant 1990; 2012). Zuletzt hat Iñaki Zabaleta-Gorrotxategi (2022) Humboldts Unterscheidung zwischen Nation und Staatlichkeit, die verschiedene Zuordnungen von Staat und Sprache bis hin zu einer polynational strukturierten Staatlichkeit kennt, für seine Darstellung des Kampfes der Basken um Anerkennung und die Ausbildung einer nationalen Identität herangezogen.

Zu Beginn möchte ich an Überlegungen erinnern, die Jürgen Schriewer, der in diesem Jahr sein 80. Lebensjahr vollendet und dem mein Text gewidmet ist, vor fast 30 Jahren an der Humboldt-Universität zu Berlin entwickelt hat. Im nur mündlich vorgetragenen Einleitungsteil seiner Antrittsvorlesung führte er 1992 aus, dass das Vergleichen die Arbeitsweise von Alexander und Wilhelm von Humboldt bestimmte und die von beiden betriebenen Wissenschaften über den späteren Hiatus zwischen Natur- und Geisteswissenschaften deutlich hinaushob. Zu Wilhelm von Humboldts „Plan einer vergleichenden Anthropologie" merkte er an, in diesem sei die „Differenz zwischen ‚naturhafter Gesetzmäßigkeit' und ‚notwendiger Freiheit' des Menschen" als eine Unterscheidung „zwischen allgemeinen Ursache-Wirkungszusammenhängen und entwicklungsoffener Geschichtlichkeit" interpretiert und bearbeitet worden (ebd., S. 9; siehe auch Schriewer 2006).

Die den späteren Ideologisierungen der Geisteswissenschaften zugrundeliegende und von Adorno in einer „Notiz über Geisteswissenschaft und Bildung" (1962) kritisierte Auffassung, Naturwissenschaften besäßen bloß eine technische, Geisteswissenschaften dagegen eine bildende Bedeutung, war Alexander und Wilhelm fremd. Sie suchten das Vergleichen in allen Wissenschaften zu etablieren und überall philosophische Erkenntnis mit empirischer Forschung zu verbinden. Und sie wussten, dass es beim Vergleichen nie nur darauf ankommt, dass verglichen, sondern immer auch, wie und was verglichen wird. Dies war auch ein zentraler Gesichtspunkt in Humboldts Reformprogramm für die Gründung der Berliner Universität, die das Nebeneinander von philosophierender Vernunftkritik im Sinne Kants und positiven Wissenschaften in der Tradition von Bacon dadurch zu überwinden suchte, dass Empirie theoretisch wird und die Wissenschaften selbst kritisch werden. Wegen dieser Verbindung von Wissenschaft und Kritik wird Alexander in Lateinamerika und anderswo heute als jemand verehrt, der sich den kolonialistischen und rassistischen Tendenzen seines Zeitalters widersetzte, und Wilhelm als ein Intellektueller geschätzt, der Jurisprudenz mit Gesellschaftstheorie und Politik verband, für die Gleichstellung der Juden eintrat (siehe W. von Humboldt 1809a) und in seiner „Ideenschrift" von 1792 an einer Begrenzung staatlicher Zuständigkeiten arbeitete, die neue Räume für ein zivilbürgerliches Denken und Handeln eröffnete.

Mein Vortrag gliedert sich in drei Abschnitte. Der erste stellt Wilhelm von Humboldt als einen Intellektuellen vor, der an einer zivilgesellschaftlichen Bildungstheorie gearbeitet und aus dieser Reformen in verschiedenen gesellschaftlichen Teilsystemen angeregt hat. Der zweite rekonstruiert Humboldts Verständnis einer in allgemeinen Elementar-, Schul- und Universitätsunterricht differenzierten Grundbildung, die auf Übergänge in spezielle Bildungsprozesse und eine allen Menschen offenstehende allgemeine Menschenbildung ausgerichtet ist. Der dritte zeigt, dass sich bei Wilhelm von Humboldt noch keine Hinweise auf eine Grundlagenforschung finden, die mit Erfordernissen erziehungswissenschaftlicher Forschung abgestimmt ist und erziehungstheoretische und operative Problemstellungen pädagogischen Wirkens bearbeitet.

1. Humboldt als Theoretiker der modernen Zivilgesellschaft

Der Begriff „Zivilgesellschaft" findet sich in den Texten Wilhelm von Humboldts nicht. Aber es scheint mir eine lohnende Aufgabe zu sein, nach der zivilgesellschaftlichen Relevanz seiner Arbeiten zu fragen (siehe die Hinweise in Tenorth 2018, S. 143–155) und dieser eine für seine Originalität und Aktualität zentrale Bedeutung zuzuerkennen. Humboldts Verständnis von Zivilgesellschaft kann man sich heute von Niklas Luhmann her nähern, in dessen Systemtheorie es kein Teilsystem für das gibt, was Humboldt als Aufgabe zivilgesellschaftlicher Diskurse und einer durch sie zu kultivierenden zivilgesellschaftlichen Praxis ausgewiesen hat. In ihrem Zentrum steht die Weiterentwicklung der Gewohnheiten, Bräuche und Sitten, insbesondere die Erfindung und Einübung neuer, nicht mehr standesspezifischer und herkunftsbedingter, sondern zugleich allgemeiner und individueller Einstellungen, Denkformen und Handlungsweisen. Die Weite, die Humboldt dem, was wir heute Zivilgesellschaft nennen, zuerkannt hat, macht einem erheblichen Abstimmungsbedarf sichtbar, der zwischen dem systemtheoretischen Verständnis ausdifferenzierter Teilsysteme und den von Humboldt der Zivilgesellschaft zugeordneten Fragen und Aufgaben besteht. Er kann systemtheoretisch allein nicht bearbeitet werden und verlangt nach einer Einbeziehung bildungstheoretischer Frage- und Aufgabenstellungen, durch die der Blick auf die funktionale Differenzierung moderner Gesellschaften vertieft und ergänzt wird. Erst dann kommt jene systemische und zivilgesellschaftliche Komplexität in den Blick, die Elmar Anhalt (2012) und Thomas Rucker (2014) als die für erziehungswissenschaftliche Forschung zentrale Thematik ausgewiesen haben.

Im Erziehungs- und Bildungssystem lassen sich systemtheoretische Codes und Programme nicht ungebrochen in zivilgesellschaftlich anschlussfähige professionelle Aufgaben und Praktiken überführen. Die Alternative „Luhmann oder Habermas" scheint mir in eine Sackgasse führen. Empirische Forschung lässt sich nicht anerkennungstheoretisch fokussieren und pädagogische Praxistheorie und -forschung sind etwas anderes als angewandte Systemtheorie. Aber die systemtheoretischen Codes und Programme so zu fassen, dass sie an zivilgesellschaftliche Fragestellungen und Aufgaben anschlussfähig werden, könnte ein lohnendes Unternehmen sein, dem sich der späte Luhmann (2002), zumindest was das Erziehungssystem betrifft, angenähert hat. Indem er die von ihm zunächst empfohlene strikte Trennung zwischen Code und Programm (vgl. Luhmann 1986) für Teilsysteme, die es mit Individuen zu tun haben, korrigierte und den für das Erziehungssystem ausgewiesenen Code der Unterscheidung zwischen besseren und schlechteren Schülerinnen und Schülern zum – freilich unverzichtbaren – Hilfscode herabstufte, wies er als neuen Code des Erziehungssystems die Unterscheidung zwischen Vermittelbarkeit und Nicht-Vermittelbarkeit aus. Sie aber ist, wenn man sie nicht wiederum zu einem bloßen Selektionsscharnier reduziert, genau jene, die die moderne Pädagogik für disziplinierende, didaktische und beratende Operationen ausgewiesen hat, durch die sich Erziehungs- und Bildungsprozesse mit Blick auf nicht mehr vorbestimmte, sondern offene Bildungsgänge fördern und unterstützen lassen. Wir begegnen ihr im zweiten

Teil meines Vortrags wieder, der Humboldts Ordnung für ein zivilgesellschaftlich ausgerichtetes Erziehungs- und Bildungssystem vorstellt, in dem eine grundlegende Bildung vermittelt wird, die nachwachsende Generationen auf Übergänge in zivilgesellschaftliche und spezielle Bildungsgänge vorbereitet.

In seinen „Ideen zu einem Versuch, die Gränzen der Wirksamkeit des Staats zu bestimmen", hat Humboldt Fragen einer Neuordnung des Erziehungs- und Bildungssystems noch ausgeklammert, aber Grundzüge zivilgesellschaftlicher Bildungsprozesse entworfen, die in alle Lebensbereiche hineinspielen und die überkommenen Unterscheidungen der Menschen nach Geburts- und Berufsständen verändern und korrigieren. Die moderne Zivilgesellschaft beschrieb er als einen Raum für freie Betätigungen von Menschen und Bürgern, den es durch eine neue Verfassung zu garantieren und vor staatlichen Eingriffen zu schützen gelte. Die rechtliche Verankerung zivilgesellschaftlicher Handlungs- und Lebensformen band er an eine Überführung der absoluten in eine konstitutionelle Monarchie sowie eine Begrenzung der Zuständigkeiten des modernen Staates zurück, die die Entstehung neuer Räume befördern sollte, in denen Bürger weder Standesbürger noch Untertanen, sondern frei kommunizierende und interagierende Individuen und Menschen sind bzw. werden können.

Anders als Fichte, der auf ein Überflüssigwerden des Staates setzte und dies damit begründete, in einer „vollkommenen" Gesellschaft werde es nichts mehr geben, das staatlich organisiert und regiert werden könnte (Fichte 1794a, S. 234), und anders als Hegel (1821/1833, §§ 257–360), der den Staat als Repräsentanten einer umfassenden Sittlichkeit legitimierte, untersuchte Humboldt in seiner Ideenschrift, welche Aufgaben auf Dauer staatlich verankert bleiben müssen und welche zivilgesellschaftlich geöffnet und neu geordnet werden können. Im Resultat unterschied er zwischen zwei Typen von untereinander vielfältig abzustimmenden Aufgaben: staatlichen und zivilgesellschaftlichen, die zwischen den von Hegel unterschiedenen Instanzen des modernen Staates und der modernen bürgerlicher Gesellschaft zu verorten sind.

Als nicht in gesellschaftliche Teilsysteme ausdifferenzierbar und auch nicht unmittelbar zivilgesellschaftlich organisierbar wies Humboldt die staatliche Gesetzgebung, Rechtsprechung und Exekutive sowie die Sorge für die innere und äußere Sicherheit der Menschen und Bürger und des Gemeinwesens insgesamt aus. Die Sorge hierfür schloss für ihn ausdrücklich einen staatlichen Schutz der Unmündigen vor ihren Vormündern ein. Die von ihm hierfür vorgeschlagene gesetzliche Verankerung findet sich schon zwei Jahre nach Abschluss der Arbeiten an der Ideenschrift im Allgemeinen Preußischen Landrecht von 1794. Es untersagt den Eltern, was ihnen in der alten Gesellschaft nicht nur erlaubt, sondern aufgetragen war, nämlich die Lebensformen und Berufe ihrer Kinder zu bestimmen und die Wahl ihrer Ehepartner zu entscheiden.

Staatlich nicht regierbar sind nach Humboldt die individuelle Lebensführung, soweit sie nicht gegen Gesetze verstößt (Abschnitt I), das „positive Wohl" der Menschen und seine Interpretationen, vor allem die ganze positive Sittlichkeit (Abschnitte II, III), aber auch die Verbesserung von Religion und Sitten (Abschnitte VII und VIII) sowie die Erziehung in Familien und Schulen (Abschnitt VI). Zu diesem Bereich gehört für ihn das ganze durch Befehle nicht zu steuernde Denken und staatlich nicht zu regierende Handeln (Abschnitt X). Von staatlichen Gesetzen sagt er mit Blick auf diese Angelegenheiten, sie könnten in diesen Feldern nichts gebieten, wohl aber in Form verbietender Gesetze bestimmte Handlungen untersagen (Abschnitt III).

In den Ausführungen zu den Grenzen staatlicher Wirksamkeit begegnen wir einem Verständnis von Zivilgesellschaft, das den Dual staatlich-privat vermeidet und gesellschaftlich offene Räume für die Entwicklung individueller Gemeinschaften vorsieht, die Menschen miteinander eingehen können. Wie später Dewey in seinem Begriff der „Demokratie als Lebensform" weist schon Humboldt gesellschaftliche Räume aus, in denen Menschen sich frei vergesellen und gleichzeitig mehreren Gemeinschaften angehören können, ohne dass es hierzu einer alles normierenden substanziellen Sitte und eines alles überwölbenden sittlichen Staates bedarf. Was hierunter zu verstehen ist, hat er so umschrieben:

> „Gerade die aus der Vereinigung Mehrerer entstehende Mannigfaltigkeit ist das höchste Gut, welches die Gesellschaft giebt, und diese Mannigfaltigkeit geht gewiss immer in dem Grade der Einmischung des Staats verloren. Es sind nicht mehr eigentlich die Mitglieder einer Nation, die mit sich in Gemeinschaft leben, sondern einzelne Unterthanen, welche mit dem Staat, d.h. dem Geiste, welcher in seiner Regierung herrscht, in [...] ein Verhältniss (kommen), in welchem [...] die überlegene Macht des Staats das freie Spiel der Kräfte hemmt. Gleichförmige Ursachen haben gleichförmige Wirkungen. Je mehr also der Staat mitwirkt, desto ähnlicher ist nicht bloß alles Wirkende, sondern auch alles Gewirkte. Auch ist dies gerade die Absicht der Staaten. Sie wollen Wohlstand und Ruhe. Beide aber erhält man immer in eben dem Grade leicht, in welchem das Einzelne weniger miteinander streitet. Allein was der Mensch beabsichtet und beabsichten muss, ist ganz etwas andres, es ist Mannigfaltigkeit und Thätigkeit. Nur dies giebt vielseitige und kraftvolle Charaktere." (Humboldt 1792, S. 71 f.)

Mit den zitierten Worten hat Humboldt genau jene Formen von Vergesellschaftung umschrieben, durch die sich heute Staaten mit zivilgesellschaftlichen Räumen von Staaten mit homogenen Gesellschaften unterscheiden, in denen jede Opposition ausgeschaltet wird, Regenten sich nicht mehr abwählen lassen, widerständige Bürger eingesperrt und ganze Volksgruppen „umerzogen" werden sowie das gesamte Leben überwacht, bestraft oder prämiert wird. Dieser Hinweis mag hier genügen, um die Aktualität und Bedeutung der von Humboldt behandelten Thematik zu unterstreichen, von deren Bearbeitung heute abhängt, ob wir freiheitliche Kulturen weiterentwickeln können oder in einen Wettstreit der Systeme eintreten, in dem Systeme mit zivilgesellschaftlichen Ordnungen untergehen und ausgelöscht werden. Als konstituierendes und durch nichts anderes zu ersetzendes Element zivilgesellschaftlicher Lebensformen und Kulturen weist Humboldt ein Verhältnis von Staat und Zivilgesellschaft aus, in dem Streit nicht nur möglich, sondern in gewissem Sinne sogar unverzichtbar ist:

> „Es ist unläugbar, dass gerade daraus sehr heilsame Folgen entspringen, dass der Mensch in der Gestalt, welche ihm seine Lage und die Umstände gegeben haben, im Staate selbstthätig wird, und nun durch den Streit [...] der ihm vom Staat angewiesenen Lage, und der von ihm selbst gewählten, zum Theil er selbst anders geformt wird, zum Theil er anders geformt wird, zum Theil die Verfassung des Staats selbst Aenderungen erleidet, wie denn dergleichen, obgleich auf einmal fast unbemerkbare Aenderungen, nach den Modifikationen des Nationalcharakters, bei allen Staaten unverkennbar sind." (ebd., S. 105–106)

Der Streit, von dem Humboldt hier spricht, wird nicht nur zwischen der Zivilgesellschaft und dem Staat ausgetragen, sondern findet auch in der Zivilgesellschaft statt, in der Menschen sich als Individuen entwickeln und über das Gemeinsame streiten und beraten. Die Zivilgesellschaft wird so zum Ort einer von den Individuen ausgehenden und zwischen unterschiedlichen Gruppierungen stattfindenden Meinungsbildung, die in den Praxisfeldern der Werktätigkeit, der Moral und Sitte, der Erziehung und Bildung, der Politik, Kunst und Religion stattfindet.

In zivilgesellschaftlichen Kontexten ist das Politische, ohne Aufgaben staatlicher Politik übernehmen zu können, nicht mit der Politik des Staates identisch. Die in den Grundrechten demokratischer Verfassungen gesicherten Freiheiten sind solche, welche die Einzelnen nicht nur im Staat, sondern vor allem in der Zivilgesellschaft wahrnehmen. Die zivilgesellschaftliche Praxis folgt dabei nicht den Abgrenzungen der gesellschaftlichen Teilsysteme, sondern greift in staatliche Politikfelder und andere Teilsysteme moderner Gesellschaften ein und reflektiert Folgen und Nebenwirkungen funktionaler Differenzierung. Zivilgesellschaftliche Diskurse und Aktivitäten können Einfluss auf eine staatliche Gesetzgebung nehmen, die dann in einzelnen Teilsystemen Korrekturen an der Reichweite von Codes und Programmen unter Gesichtspunkten individueller und sozialer Gerechtigkeit einleitet.

Für den Streit und das Zusammenspiel zwischen Staat und Zivilgesellschaft hat Humboldt die folgende, in der Ideenschrift noch nicht auf die Reform von Bildungseinrichtungen fokussierte Forderung aufgestellt, die Widerstreit und Meinungsbildung zivilgesellschaftlich zu verankern und „Missverhältnisse" zwischen Staat und Zivilgesellschaft zu bearbeiten aufgibt:

> „Daher müsste, meiner Meinung zufolge, die freieste, so wenig als möglich schon auf die bürgerlichen Verhältnisse gerichtete Bildung des Menschen überall vorausgehen. Der so gebildete Mensch müsste dann in den Staat treten, und die Verfassung des

> Staats sich gleichsam an ihm prüfen. Nur bei einem solchen Kampfe würde ich wahre Verbesserung der Verfassung durch die Nation mit Gewissheit hoffen, und nur bei einem solchen schädlichen Einfluss der bürgerlichen Einrichtung auf den Menschen nicht besorgen." (ebd., S. 106)

Der Kampf soll Verbesserungen der Verfasstheit der Einzelnen wie der Gesellschaft möglich machen, die freien, regen und mannigfaltigen Tätigkeiten der Menschen entspringen und auf eine nicht vorbestimmte, offene Zukunft ausgerichtet sind. Die Transformation standesbürgerlicher in zivilbürgerliche Praxis aber stellt alle daran Beteiligten vor neue Aufgaben und Herausforderungen. Die Eltern sollten lernen, ihre Kinder in Unkenntnis ihrer späteren Bestimmung zu erziehen, für sich selbst Lebensformen entwickeln, in denen sie nicht mehr vorrangig mit Menschen gleicher Herkunft kommunizieren, sondern selbst ein individuell und sozial offenes Leben führen. Die Entstehung entsprechender Lebensformen muss zweifach geschützt werden: vor den Interessen und Zugriffen eines Staates, der Menschen vorrangig als Untertanen zu seinen Zwecken gebraucht, und vor gesellschaftlichen Einrichtungen, die einen freien Verkehr zwischen den Menschen unterbinden.

Humboldts Forderung, die Verfassung des Staats an der Bildung der Menschen zu überprüfen, schließt Überprüfungen der Ordnungen des gesellschaftlichen Zusammenlebens ein. Erst durch sie kann die Bildung einer nicht durch homogene Stände, sondern aus Individuen und individuellen Vergemeinschaftungen bestehenden Nation voranschreiten und ist „Verbesserung (der staatlichen und gesellschaftlichen) Verfassung durch die Nation" möglich. Diese fokussiert er nicht auf Vollkommenheit, sondern auf eine fortscheitende Verbesserung, die neue Fragen und Antworten, aber auch neue Probleme bringen und mit sich führen wird. Staat und Zivilgesellschaft lassen sich nicht in einem Reich der Freien, Vollkommenen und Glücklichen zusammenführen. Das Agonale muss in beiden und zwischen ihnen verankert werden.

Vor einer Idealisierung des modernen Individuums und der Zivilgesellschaft muss darum ausdrücklich gewarnt werden. Auch zivilgesellschaftliche Aktivitäten können Irrtümern verfallen. Auch sie sind auf Institutionalisierungen angewiesen, die Verbindungen mit staatlichen Einrichtungen und gesellschaftlichen Teilsystemen eingehen. Man darf sich die Zivilgesellschaft nicht als eine Insel der Weisen vorstellen, in der sich Menschen und Bürger in herrschaftsfreien Diskursen üben und an ein und derselben Wahrheit arbeiten oder gar schon an dieser teilhaben (vgl. Gosewinkel et al. 2004). Vor allem aber sind Zivilgesellschaften, wie Roland Reichenbach (2001, S. 250–253) in seiner Studie zum „Demokratischen Selbst" gezeigt hat, auf eine Erziehung und Bildung angewiesen, die Heranwachsende „in das Ethos [eines] Kampfes" einführt, das für Demokratien mit zivilgesellschaftlichen Experimentierräumen unverzichtbar ist. Reichenbach beschreibt diesen Kampf, der nach Humboldt in und zwischen staatlicher Politik und Zivilgesellschaft ausgetragen werden muss, mit Verweisen auf Christoph Menkes Liberalismusstudien als einen Kampf zwischen den „Hypergütern" von individueller Freiheit und gesellschaftlicher Gerechtigkeit:

> „Demokratie muss den Kampf zwischen den Hypergütern anerkennen. Sie wird [...] dann fundamentalistisch, wenn sie ihr besonderes Wesen aufgibt, nämlich eine ‚gesittete Arena des Hypergüterkampfes' zu bieten. Dieses Wesen der Demokratie, ein bestimmtes Ethos des Kampfes zu sein und zu pflegen, muss sich auch in den Köpfen ihrer Mitglieder in mehr oder weniger ausgeprägtem Maße widerspiegeln. Demokratische Bildung [und ich ergänze: zivilgesellschaftliche Kultur, D. B.] heißt deshalb auch, den Hypergüterkampf im Selbst aushalten zu lernen, und demokratische Erziehung, in das Ethos dieses Kampfes einzuführen." (Reichenbach 2001, S. 253)

Humboldt hat die Zivilgesellschaft vor aller Erziehung als einen Raum gedacht, in dem Bedürfnisse gebildet, Rechtsordnungen transformiert und neu geschaffen und freie Kooperationen erfunden sowie eine nicht mehr auf den Gelehrtenstand begrenzte räsonierende Öffentlichkeit entsteht (vgl. Brüggen 2004) und vor allem Meinungsbildung in Formen praktiziert wird, die sich nicht der Idee einer mit sich identischen Menschheit unterordnen lassen. Lebte er heute, er würde zweifellos seine Frage nach den „Gränzen staatlicher Wirksamkeit" auch auf die Zivilgesellschaft zurückbeziehen und auch hier vor Zuständigkeitsillusionen warnen. Vielleicht ist das einer der Gründe, warum Wilhelm von Humboldt in zivilgesellschaftlichen Diskursen derzeit praktisch keine Rolle spielt (vgl. Strachwitz / Priller / Triebe 2020).

Die Bedeutung, die ihm für heutige Diskurse zukommt, scheint mir darin zu liegen, dass es Aufgaben und Zuständigkeiten gibt, die vom Staat auch dann nicht auf die Zivilgesellschaft übergehen können, wenn über sie zivilgesellschaftlich gestritten und beraten sowie zwischen Zivilgesellschafft und Staat gekämpft werden muss. Zu diesen Aufgaben gehört alles, was sich auf rechtliche Regelungen zur inneren und äußeren Sicherheit bezieht und generell in den Bereich staatlicher Gesetzgebung fällt. Die Aufgaben, für die Humboldt eine staatliche Zuständigkeit reklamierte, lassen sich nicht rein zivilgesellschaftlich organisieren und entscheiden. Das gilt insbesondere für das rechtlich zu begrenzende und zivilgesellschaftlich zu kontrollierende Gewaltmonopol des Staates, das nicht auf zivilgesellschaftliche Instanzen übertragen werden kann. Wo die Zivilgesellschaft als ganze oder zivilgesellschaftliche Gruppierungen Funktionen staatlicher Gewalt an sich ziehen, entsteht immer die Gefahr, dass zivilgesellschaftliche Praxis in Terror und Willkürherrschaft umschlägt.

2. Humboldts Unterscheidung zwischen grundlegender Bildung und allgemeiner Menschenbildung

In seiner Ideenschrift hat sich Wilhelm von Humboldt gegen jede „öffentliche Staatserziehung" ausgesprochen, ohne bereits Alternativen zu benennen. Der Abschnitt über Staatserziehung endet mit der Feststellung „Oeffentliche Erziehung scheint mir ganz ausserhalb der Schranken zu liegen, in welchen der Staat seine Wirksamkeit halten muss" (ebd., S. 109). Die Frage, wie künftig auch durch Erziehung verhindert werden kann, dass Menschen dem Staat als Untertanen und Bürger mit verschiedenen Geburts- und Berufsständen angehören und „der Bürger von seiner Kindheit an schon zum Bürger gebildet wird" (Humboldt 1792, S. 106), bleibt in der Ideenschrift ungeklärt. Sie behandelt Humboldt erst 17 Jahre später, als er als Chef der Sektion für Kultus und Unterricht die Preußische Bildungsreform einleitete, im Königsberger und Litauischen Schulplan.

In seiner Wirkungsgeschichte ist Humboldt weithin so verstanden worden, dass er die Allgemeinbildung von der Berufsbildung getrennt und den alten Sprachen eine herausragende Bedeutung für schulische Bildungsprozesse zugwiesen habe. Diese Deutungen halten einer Überprüfung an der Terminologie der Ideenschrift und der Schulpläne nicht stand und werden im Folgenden durch eine Lesart falsifiziert, die Humboldts Differenzierung des Schulunterrichts in Elementarunterricht, Schulunterricht und Universitätsunterricht als Konzeption einer durch allgemeinen Unterricht zu vermittelnden Grundbildung mit Übergängen in spezielle Bildungsprozesse und eine allen Menschen offenstehende Menschenbildung interpretiert.

Humboldt war kein Theoretiker einer von Berufsbildung abzugrenzenden Allgemeinbildung. In der Ideenschrift verwendet er den Begriff „Bildung" in zahlreichen Kombinationen, u. a. in Verbindung mit Kraft, Freiheit, Vollendung, Seele und Körper, nie aber in Verbindung mit Begriffen eines substanziell definierten „Allgemeinen". Gelegentlich spricht er vom „Grad der Bildung", von „Höherbildung", einmal von „wahrer Menschenbildung" (Humboldt 1792, Kapitel IX, S. 148), nie aber von „Allgemeinbildung". Das erlaubt die Annahme, dass für ihn Allgemeinheiten, gleich welcher Art, Bildung nicht als solche qualifizierten (vgl. hierzu insbesondere die Beiträge von Th. Ballauff, D. Benner, W. Fischer und E. Pleines in Pleines 1987). Vergleichbares gilt auch für den Gebrauch des Adjektivs „allgemein". Es wird in Verbindungen mit „Kommunikation", „Räsonnement", „Regel", „Formel", „Denkfreiheit", „Grundsätze", „Recht" u. a. m. verwendet, nie aber in Verbindung mit „Bildung". Es zeigt in den vorkommenden Verknüpfungen kein Allgemeines an, dem eine bildende Bedeutung zugewiesen werden könnte, sondern verweist auf Aufgaben und Tätigkeiten, die alle angehen und an denen alle partizipieren sollen. Auch die Humboldt zugeschriebene Gegenüberstellung von „Bildung" und „Ausbildung" findet sich in der Ideenschrift nicht. Die Begriffe werden vielmehr weitgehend gleichsinnig gebraucht. Wo sie Unterschiedliches markieren, bezieht sich „Bildung“ eher auf ein Resultat und „Ausbildung“, wie in „Ausbildung der Kultur“, „Ausbildung der Individuen“ oder „Ausbildung der Beurteilungskraft“, eher auf Prozesse. Auch die, die heute Bildung nur als Prozess verstehen und ihre Resultate ausblenden, können sich also nicht auf Humboldt berufen.

Weniger im Königsberger Schulplan, in dem Humboldt einmal von „allgemeiner Uebung der Hauptkräfte“ (Humboldt 1809b, S. 172) spricht, als vielmehr im Litauischen Schulplan finden sich dann Verbindungen, die das Adjektiv „allgemein“ im Zusammenhang mit „Bildung“ (ebd., S. 188), „Menschenbildung“ (ebd.) und „Schulunterricht“ (ebd.) und einmal in der Kombination einer „allgemeinen Bildung des Gemüths“ (ebd., S. 189) verwenden. Sie handeln von einem allgemeinen Unterricht und einer durch ihn geförderten Bildung, „deren sich nicht ein einzelner Stand, sondern die ganze Nation, oder der Staat für diese annimmt“. Sie unterscheiden die Einrichtungen des allgemeinen Unterrichts von speziellen Schulen, die vermitteln, was „das Bedürfniss des Lebens oder eines einzelnen seiner Gewerbe“ verlangt (ebd., S. 188). Die Abgrenzung betont die präordinierte Bedeutung eines „allgemeinen Unterrichts“, der sich in „Elementarunterricht“, „Schulunterricht“ und „Universitätsunterricht“ gliedert und „nur allgemeine Menschenbildung“ bezweckt (ebd. sowie S. 191), der allem Unterricht an „Specialschulen“ vorausgeht, der erst „nach vollendetem allgemeinen Unterricht“ (ebd., S. 188) und einer getroffenen Berufsentscheidung einsetzt. Als Begründung für dieses fachlich und zeitlich definierte Nachfolgeverhältnis führt Humboldt an: „Wird beides vermischt, so wird die Bildung unrein, und man erhält weder vollständige Menschen, noch vollständige Bürger einzelner Klassen“ (ebd.).

Um zu verstehen, was damit gemeint ist, ist der Hinweis hilfreich, dass Humboldt während seiner Zeit als Chef der Sektion für Unterricht und Kultus den von Süvern ausgearbeiteten Plan für eine Reform der Liegnitzer Ritterakademie ausdrücklich billigte. Die Akademie hatte bis dahin männlichen Zöglingen aus dem schlesischen Adel einen landwirtschaftlichen Berufsunterricht erteilt, der ihnen Kenntnisse zur Verwaltung von Gütern und zur Beaufsichtigung angestellter Gutsverwalter vermittelte (siehe Humboldt 1809c). Im Jahre 1811 wurde die Akademie auch für Nicht-Adelige geöffnet und der an ihr erteilte Unterricht in einen „allgemeinen Schulunterricht“ überführt, in dessen Zentrum nun die im Curriculum der Schulpläne aufgeführten allgemeinen Kenntnisse und Fertigkeiten standen.

Das Zitat von der Verfehlung „vollständiger Menschen“ und „vollständiger Bürger einzelner Klassen“ lässt sich so verstehen: Schulen, die spezielle Kenntnisse und Fertigkeiten für die Übernahme standesspezifischer Funktionen vermitteln, beschädigen nicht nur die Vollständigkeit menschlicher Grundbildung, sondern auch die Vollständigkeit der speziellen Bildung. Die neue auf Berufsstände bezogene Bildung soll durch Schulen nicht mehr grundständig, sondern erst in Spezialschulen vermittelt werden, die auf einem in den Formen des Elementarunterrichts, Schulunterrichts und Universitätsunterrichts schon durchlaufenen „allgemeinen Unterricht“ aufbauen. Erst sollen nachwachsende Generationen „für die ganze Nation“ gebildet werden und im Elementarunterricht die Techniken des Lesens, Schreibens und Rechnens erlernen, und dann eine im Schulunterricht vermittelte wissenschaftspropädeutische Grundbildung sowie eine an Universitäten vermittelte wissenschaftliche Grundbildung durchlaufen. Alle drei Stufen des allgemeinen Unterrichts sind so einzurichten, dass sie auf zwei verschiedene Übergänge vorbereiten: auf den Übergang in allgemeine und gemeinsame zivilgesellschaftliche Lebensformen und auf Übergänge in spezielle Bildungsgänge in frei zu wählenden Berufen.

Um die veränderte Funktion, die dem zivilgesellschaftlich ausgerichteten Erziehungssystem zukommt, überhaupt fassen zu können, entwarf Humboldt für die Schulpläne eine neue Begrifflichkeit, die ihm bei der Arbeit an der Ideenschrift noch nicht zur Verfügung stand. In den Schulplänen kommt der Begriff „Bildung“ nicht länger bloß im Singular, sondern auch im Plural vor. Unterschieden werden zwei „Bildungen“: die durch allgemeinen Unterricht zu vermittelnden Formen einer elementaren, wissenschaftspropädeutischen und wissenschaftlichen Bildung und die im Anschluss hieran an besonderen Schulen zu vermittelnden speziellen oder beruflichen Bildungen. Beide Übergänge sind für die Zivilgesellschaft konstitutiv. Der Übergang aus dem allgemeinen Unterricht wird als Übergang in zivilgesellschaftliche Tätigkeiten gedacht, die nicht beruflich ausgeübt werden, der in den speziellen Unterricht zielt auf die Ausübung von Berufen, die die Zivilgesellschaft mitkonstituieren, weil sie nicht mehr zunftmäßig ausgeübt und von den Eltern auf die Kinder vererbt werden, sondern unabhängig von der Herkunft erlernbar sind.

Diese Ordnung soll für alle drei Stufen des allgemeinen Unterrichts gelten und erklärt die Stimmigkeit der auf den ersten Blick merkwürdigen Stufenfolge, die mit dem Elementarunterricht beginnt und mit dem Universitätsunterricht endet. Von allen drei Stufen des „allgemeinen Unterrichts“ sagt Humboldt im Litauischen Schulplan, sie bezweckten „nur allgemeine Menschenbildung“ (Humboldt 1809b, S. 188), was nicht bedeutet, dass sie schon Orte allgemeiner Menschenbildung wären, wohl aber, dass diese ihr gemeinsamer Zweck ist.

Der „allgemeine Unterricht“ der Elementarschule bezweckt allgemeine Menschenbildung, indem er als ein Unterricht konzipiert wird, der nachwachsende Generationen nicht mehr in enger Verbindung mit Bibellektüre und Katechismuslehre in die Schriftsprache einführt, sondern Schülerinnen und Schüler allgemein alphabetisiert, so dass sie alles lesen und aufschreiben und über alles mit anderen schriftlich kommunizieren können.

Der „allgemeine Unterricht“ an Schulen bezweckt allgemeine Menschenbildung, indem er Schülerinnen und Schüler in mathematische, sprachliche, historische und philosophische Fächer einführt und auf den Eintritt in wissenschaftspropädeutischen Unterricht vorbereitet, der heute auf der Sekundarstufe II stattfindet, sowie Übergänge von diesen in wissenschaftliche Studien und zivilgesellschaftliche Diskurse und Lebensformen absichert, in denen Heranwachsende an einem nicht mehr nach Ständen und Berufen gegliederten gesellschaftlichen Zusammenleben teilnehmen und partizipieren.

Der allgemeine Universitätsunterricht schließlich bereitet die Absolventen des wissenschaftspropädeutischen Schulunterrichts auf die Aufnahme wissenschaftlicher Studien oder den Übergang in wissenschaftliche Spezialschulen sowie die Teilnahme an zivilgesellschaftlichen Diskursen vor, in denen die im Schulunterricht erschlossenen Wissensformen bei der Erörterung von Themen der Grundlagenforschung und Fragen der Weiterentwicklung der Zivilgesellschaft kombiniert werden (vgl. Benner 2020/2022).

Die Ausbildung von Lehrern für den allgemeinen Unterricht stellte sich Humboldt so vor, dass die Kombination von philosophischen und szientifischen Wissensformen ausreichen werde, um Studierende der Philosophischen Fakultät, die damals noch alle für den Unterricht an Schulen relevanten Fächern beherbergte, auf den Lehrerberuf vorzubereiten. Der allgemeine Universitätsunterricht schien ihm – ohne Übergang in einen speziellen Unterricht – eine ausreichende Basis zu sein, um Lehrende für den allgemeinen Schulunterricht auszubilden. Die am Schulunterricht und Universitätsunterricht zu beteiligenden Wissensformen gehen heute über die Wilhelm von Humboldt bekannten deutlich hinaus. Sie verlangen über die Berücksichtigung teleologischer, szientifischer und philosophischer Wissensformen hinaus nach einer Einbeziehung auch jener historisch-hermeneutischen, geistes- und kulturwissenschaftlichen sowie ideologiekritischen, phänomenologischen und pragmatischen Wissensformen, die erst nach Humboldt entstanden sind (vgl. Benner 2020/2022).

Daran, dass universitäre Studiengänge auf doppelt-qualifizierende Übergänge in lehrende und forschende Tätigkeiten sowie den Eintritt in zivilgesellschaftliche Praxis- und Partizipationsformen auszurichten sind, hat sich nichts Grundsätzliches geändert. Nicht nur in der Ausbildung von Lehrern, sondern in allen Studiengängen gilt es Grundlagenforschung unter Einbeziehung mehrerer Wissensformen zu betreiben und an doppeltqualifizierenden Übergängen in wissenschaftliche und zivilgesellschaftliche Aufgabenfelder auszurichten. Dies scheint mir auch heute noch ein relevantes Ausbildungskonzept zu sein, durch das sich Lehre und Forschung an Universitäten von Lehre und Forschung an Fachhochschulen unterscheiden. Dies sollte auch für die neu eingerichteten BA- und MA-Studiengänge gelten, die häufig gescholten, aber nur selten von Humboldt her konzipiert werden. Man muss sie nur als auf Grundlagenforschung bezogene Studiengänge mit doppelt qualifizierenden zivilbürgerlichen Übergängen konzipieren und BA-Studiengänge so einrichten, dass Studierende in ihnen zur Grundlagenforschung hingeführt werden, sowie MA-Studiengänge so organisieren, dass in ihnen auch tatsächlich Grundlagenforschung betrieben wird.[1]

An Universitäten und Fachhochschulen betriebene Lehre und Forschung lässt sich mit Humboldt dann so unterscheiden, dass erstere vornehmlich Grundlagenforschung und letztere immer auch spezielle Forschung betreiben, wobei beide Forschungsrichtungen miteinander kombiniert werden. Überhaupt sollte man sich davor hüten, Universitätsforschung und Fachhochschulforschung in ein Verhältnis von Fundierung und Anwendung zu bringen. Grundlagenforschung kann immer auch anwendungsbezogen, Anwendungsforschung immer auch grundlagenbezogen betrieben werden. Arroganz in den Beziehungen zueinander steht keiner der beiden Studien- und Ausbildungsformen zu.

Humboldts Schulpläne sahen vor, dass viele Schüler direkt vom Elementarunterricht in einen speziellen Bildungsgang sowie offene zivilbürgerliche Partizipationsfelder übergehen. Sie rechneten damit, dass alle drei Stufen des allgemeinen Unterrichts Beiträge zur Weiterentwicklung spezieller Bildungsgänge, öffentlicher Aufklärung und Stärkung zivilgesellschaftlicher Praxis und Umgangsformen erbringen. Dass einmal alle Heranwachsenden alle drei Stadien des allgemeinen Unterrichts durchlaufen, gehörte nicht zur Programmatik von Humboldts Schulplänen. Ihr gemeinsamer Rahmen war nicht „Abitur und Studium für alle", sondern richtete den „Hauptzweck der allgemeinen Bildung" daran aus, Menschen „so vorzubereiten, dass nur für wenige Gewerbe noch unverstandene, und also nie auf den Menschen (bildend) zurück wirkende Fertigkeit übrigbleibe" (Humboldt 1809b, S. 188).

Zum Abschluss des zweiten Teils möchte ich Humboldts Vorstellungen von Anfang und Ende des nach Stufen geordneten allgemeinen Unterrichts noch einmal an zwei Beispielen aus dem Königsberger Schulplan verdeutlichen, die den tieferen bildungstheoretischen Sinn, aber auch gewisse erziehungstheoretische Lücken und Grenzen seiner Konzeption sichtbar machen.

Das eine Beispiel findet sich in den Ausführungen zum Elementarunterricht, von dem Humboldt sagt, dieser solle die Schülerinnen und Schüler „bloss in Stand setzen, Gedanken zu vernehmen, auszusagen, zu fixieren, fixiert zu entziffern", habe es „eigentlich nur mit Sprach-, Zahl- und Mass-Verhältnissen zu thun" und bleibe, „da ihm die Art des Bezeichneten gleichgültig" sei, „bei der Muttersprache stehen" (Humboldt 1809b, S. 169).

---

1 Ähnliches ist nach 1991 im Fach Erziehungswissenschaften an der Humboldt-Universität versucht worden. An den Abteilungen für Allgemeine Erziehungswissenschaft, Historische Erziehungswissenschaft und Vergleichende Erziehungswissenschaft wurden von Heinz-Elmar Tenorth, Jürgen Schriewer und mir weder Frühpädagogen, noch Sozialpädagogen oder Schulpädagogen ausgebildet, wohl aber sowohl in lehrerausbildenden als auch in allgemeinen BA- und MA-Studiengängen eine doppelt qualifizierende Grundlagenforschung betrieben, die heute von anderen in anderen Formen fortgesetzt wird (für die Allgemeine Erziehungswissenschaft vgl. Benner 2014; Brinkmann/Kubac/Rödel 2015).

Das andere Beispiel bezieht sich auf den schulischen Unterricht, genauer den Sprachunterricht und hier auf den Unterricht in den alten Sprachen. Zu ihm stellt Humboldt fest, er sei „auf der Schule geschlossen, wenn (der Schüler) dahin gekommen ist, [...] mit eigner Anstrengung und [...] dem Gebrauche der vorhandenen Hülsmittel jeden Schriftsteller, inwieweit er wirklich verständlich ist, mit Sicherheit zu verstehen, und sich in jede gegebene Sprache, nach seiner allgemeinen Kenntnis vom Sprachbau überhaupt, leicht und schnell hinein zu studiren" (ebd., S. 170).

Beide Stellen heben auf die bildungstheoretische Funktion der Stufen des allgemeinen Unterrichts ab, reichen aber zur Begründung einer Didaktik des Anfangsunterrichts oder einer Didaktik des Unterrichts in den alten Sprachen nicht aus. Bestimmte Wendungen stehen sogar in der Gefahr, einem didaktischen Reduktionismus das Wort zu reden, der übersieht, dass ein Anfangsunterricht, der nur die Fähigkeit, Gedanken zu fixieren lehrt und nicht auch das Selber Denken und Schreiben stärkt und einübt, ebenso defizitär wäre wie ein Fremdsprachenunterricht, der nur dem Erlernen weiterer Sprachen dient und nicht in Zusammenhänge und Bedeutung jener Kultur einführt, deren Sprache er erschließt.

Humboldt war vor allem an der bildenden Bedeutung der Fächer und des Unterrichts gelegen. Wie Unterricht solche Bedeutung erlangt, interessierte ihn – auch in den beiden Beispielen – weniger. Er glich hierin manchen Bildungstheoretikern und Bildungsforschern unserer Tage, die sich für Bildung und Kompetenzen aller Art interessieren, ihre edukativen, immer auch unterrichtlichen Voraussetzungen aber ausblenden und nicht thematisieren. Das leitet zum dritten und letzten Teil über.

3. Zur Notwendigkeit einer über Humboldt hinausführenden, operativ ausgewiesenen pädagogischen Theorieentwicklung und erziehungswissenschaftlichen Forschung

In einem unveröffentlichten Manuskript zum „Streit in der Bildungserzählung" hat Jörg Ruhloff (2002) auf eine Leerstelle in der Bildungstheorie Humboldts hingewiesen, die sich daran zeigt, dass Humboldt weder über einen Begriff von Unterrichtsdidaktik noch über einen Begriff der Erziehung verfügte. In der Ideenschrift verwendet er den Terminus „Erziehung" insbesondere im Sinne der ihm abgelehnten „öffentlichen Staatserziehung" (vgl. Giesinger 2016) und in den Schulplänen kommt der Begriff „Erziehung" gar nicht vor. Einmal spricht er im Kapitel III der Ideenschrift von „Nationalerziehung", durch die sich Nationen bilden (Humboldt 1792, S. 74), nie aber von Erziehung im Sinne einer notwendigen und unverzichtbaren Unterstützung und Führung von Bildungsprozessen. Seine Schulpläne kommen gänzlich ohne Erläuterungen zur edukativen Unterstützung und Führung von Unterricht aus. Die Übergänge zwischen den Unterrichtsstufen und von diesen in spezielles und zivilgesellschaftliches Lernen hat er als solche zwischen Bildungsprozessen gedacht. Ihre erziehende und lehrende sowie beratende und führende Seite hat er dagegen nicht bedacht.

Von daher ist es nicht verwunderlich, dass er in Pädagogik und Erziehungswissenschaft als Bildungs-, nicht aber als Erziehungstheoretiker rezipiert worden ist. Wie reizvoll es aber sein kann, bildungstheoretische Aussagen von Humboldt zu erziehungstheoretischen Aussagen aus Gründungstexten der Pädagogik und Didaktik in Beziehung zu setzen, lässt sich an zwei Zitaten zur Bedeutung des Lallens des Kleinkindes zeigen, von denen sich das bildungstheoretische in Humboldts „Ankündigung einer Schrift über die Vaskische Sprache und Nation" und das erziehungstheoretische in den Schlusspassagen des Ersten Buchs von Rousseaus „Emile" findet.

In Humboldts „Ankündigung einer Abhandlung über die Vaskische Sprache und Nation" findet sich die folgende Aussage zur Sprache als einem historischen Apriori von Welterfahrung und Intersubjektivität:

> „Als ein wahres, unerklärliches Wunder bricht (die Sprache) aus dem Munde einer Nation, und als ein nicht minder staunenswerthes, wenngleich täglich unter uns wiederholtes, und mit Gleichgültigkeit übersehenes, aus dem Lallen jedes Kindes hervor, und ist [...] die leuchtendste Spur und der sicherste Beweis, dass der Mensch nicht eine an sich abgesonderte Individualität besitzt, dass Ich und Du nicht bloss sich wechselseitig fordernde, sondern [...] wahrhaft identische Begriffe sind, und dass es in diesem Sinn Kreise der Individualität giebt, von dem schwachen, hülsbedürftigen und hinfälligen Einzelnen hin bis zum uralten Stamme der Menschheit, weil sonst alles Verstehen bis in alle Ewigkeit hin unmöglich seyn würde." (Humboldt 1812, S. 123)

Humboldt spricht hier von der Präsenz des Sprachursprungs in jeder sprachlichen Kommunikation, davon, dass Sprache immer zwischen Ich und Du und zwischen Mensch und Welt vermittelt. Wo immer wir auf Sprache treffen, ist die ganze Bildsamkeit und Funktionalität der Sprache bereits vorhanden. Das soll auch für das Lallen des Kindes gelten.

Der tiefe bildungstheoretische Gedanke der Präsenz des Sprachursprungs im Sprechen und Hören besagt, dass das Sprechenlernen „kein Erzeugniss der Reflexion und der Uebereinkunft, oder überhaupt das Werk der Menschen [...] oder gar des Einzelnen" ist (ebd.). Auch Eltern und Kinder bringen die Sprache, die ein Kind erlernt, nicht als ein Erzeugnis oder Werk der Erziehung hervor. Es ist die Präsenz des Sprachursprungs in der Sprache selbst, die das Kind zum Sprechen bringt und die in jeden Gedanken, jeden Satz, den wir formulieren, hineinspielt. Für den Sprechenden wie für den Hörenden sind der Fortgang des Sprechens und Hörens nicht vorab bekannt, das Gemeinte wird sprechend und hörend so hervorgebracht, dass das noch nicht Gesagte und noch nicht Gehörte das zuvor Gesagte und Gehörte durch bildende Wechselwirkungen verändert, durchdringt und immer nur zu einem vorläufigen Abschluss bringt.

Humboldts bildungstheoretischer These von der Selbstwirksamkeit des uneinholbaren Sprachursprungs hat Rousseau die folgende nicht minder bedeutsame Reflexion zum Sprechenlernen zu Seite gestellt, die die bildungstheoretische Betrachtungsweise durch eine erziehungstheoretische ergänzt. Sie lautet:

> „Die Kinder hören von Geburt an reden. Man redet mit ihnen, nicht nur bevor sie das begreifen, was man ihnen sagt, sondern schon bevor sie die Laute wiedergeben können, die sie hören. Ihr noch ungeübtes Organ bequemt sich nach und nach zur Nachahmung der Klänge, die man ihnen vorsagt; und es ist nicht einmal gewiß, ob diese Klänge anfangs auch ebenso deutlich an ihre Ohren dringen wie in unsere. Ich mißbillige es nicht, daß die Amme das Kind durch Lieder und sehr muntere und mannigfaltige Laute belustigt; ich mißbillige es aber, daß sie es unaufhörlich durch einen Schwall unnützer Wörter betäubt, wovon es nichts begreift als den Ton, den sie hineinlegt. Ich wollte, dass die ersten Laute, die man es hören läßt, selten, leicht, deutlich wären und oft wiederholt würden, und daß die Wörter, die sie ausdrücken, sich nur auf sinnlich wahrnehmbare Gegenstände bezögen, welche man dem Kind anfangs zeigen könnte." (Rousseau 1762, S. 57 f.)

Man muss Rousseau nicht in allen Punkten zustimmen, aber man kann an seinen Ausführungen erkennen, dass er, anders als Humboldt, nicht auf die Präsenz des Sprachursprungs im Lallen des Kindes setzt, sondern auch erziehungstheoretische Vorkehrungen dafür trifft, dass Kinder zu sprechen beginnen. Zwei, von denen sich eine ausdrücklich auf das Lallen bezieht, seien abschließend erwähnt:

> „Man rede stets sprachrichtig in ihrer Gegenwart, man mache, daß es ihnen bei niemandem so gefällt wie bei uns, und man sei versichert, ihre Sprache wird sich unvermerkt nach der unsrigen läutern, ohne daß man sie jemals getadelt hat." (ebd., S. 59)

Und kurz darauf sagte er:

> „Wenn (das Kind) anfängt zu lallen, so quäle man sich nicht zu sehr, das zu erraten, was es sagt. Stets angehört werden wollen ist auch noch eine Art der Herrschaft; und das Kind soll gar keine ausüben. Man kann sich damit begnügen, sehr aufmerksam für das Notwendige zu sorgen; ihm kommt es zu, daß es sich bemüht, einem das zu verstehen zu geben, was nicht notwendig ist. Noch viel weniger darf man eilen und verlangen, daß es reden soll." (ebd., 61 f.)

Ein ähnliches Verhältnis zwischen erziehungs- und bildungstheoretischen Fragestellungen wird sichtbar, wenn man Fichte und Humboldt vergleicht. Humboldts Rede von einer auf Freiheit basierenden „höchsten und proportionirlichsten Bildung" der Kräfte des Menschen (Humboldt 1792, S. 64) sowie einer hierzu erforderlichen „allgemeinsten, regesten und freiesten Wechselwirkung" von Mensch und Welt (Humboldt 1794, S. 235–236) wurde weniger durch Leibniz, als vielmehr durch Fichtes Philosophie der Freiheit inspiriert (vgl. Fichte 1794a, 240–251). Dessen grundlagentheoretische Gegenüberstellung von „Ich" und „Nicht-Ich" (Fichte 1794b, S. 214) überführte Humboldt in den Begriff einer bildenden Wechselwirkung von „Ich" und „NichtMensch d. i. Welt" (Humboldt 1894, S. 235). Er stellte damit Fichtes „ursprünglicher Einsicht" (siehe Henrich 1967) in die prinzipielle Nicht-Ableitbarkeit des Ich die These von der Unhintergehbarkeit bildender Wechselwirkungen zwischen Mensch und Welt zur Seite. Letztere begründete er nicht erkenntnis- und wissenschaftstheoretisch, sondern bildungstheoretisch und sprachphilosophisch, wenn er von der Sprache sagte, sie vermittele stets zwischen Ich und Du sowie Mensch und Welt, wobei keine der beiden Vermittlungsbewegungen aus der anderen abgeleitet werden könne (vgl. Humboldt 1812, S. 296–297).

In der Transformation von Fichtes „Nicht-Ich" in Humboldts „Nicht-Mensch" liegt zweifellos ein bildungstheoretisches Surplus, das Humboldt gegenüber Fichtes Ableitungstranszendentalismus auszeichnet. Diesem steht ein erziehungstheoretisches Surplus auf Seiten Fichtes gegenüber. In seiner „Grundlage des Naturrechts nach Principien der Wissenschaftslehre" entwickelte Fichte einen Begriff der Erziehung, der pädagogische Einwirkungen auf Bildungsprozesse, von denen Humboldt keinen Begriff hatte, als „Aufforderung zur freien Selbsttätigkeit" (Fichte 1796, S. 43) definierte. Diejenigen, die diesen Begriff heute als eine bloße Aktivierung von Selbststätigkeit missverstehen, übersehen, dass zwischen Fichtes Begriff der Erziehung und Humboldts Begriff der Bildung ein Zusammenhang besteht, der die edukative Beziehung von Ich und Nicht-Ich mit der bildenden Beziehung von Mensch und Welt verbindet. Zur Unhintergehbarkeit des bildenden Mensch-Weltverhältnisses, das nicht durch ein Welt setzendes Ich eingeholt werden kann, gehört eine Unhintergehbarkeit edukativer Einwirkungen, die nicht unmittelbar von Weltinhalten, sondern Erziehern, Lehrern und Beratern ausgehen, welche Heranwachsende dazu auffordern, in bildende Weltverhältnisse einzutreten. Erziehung ist, richtig verstanden, mehr als eine bloße Aktivierung von Selbsttätigkeit, nämlich eine Aufforderung und edukative Unterstützung, welche vorgegebene Weltinhalte fragwürdig macht und durch zeigende Gesten bei Lernenden bildende Antworten hervorlockt, die durch bloße Wechselwirkungen mit der Welt nicht entstehen würden und daher auch nicht gefunden werden könnten (vgl. Prange 2005).

Angesichts dieser Zusammenhänge ist der Streit, ob der Erziehung ein Vorrang vor der Bildung oder dieser ein Primat vor jener eingeräumt werden soll, obsolet. Bildung als freie Wechselwirkung von „Mensch und Welt" im Sinne Humboldts setzt Erziehung als „Aufforderung zur freien Selbsttätigkeit" im Sinne Fichtes voraus und kann in allen edukativ zu unterstützenden Bildungsprozessen ohne diese nicht beginnen. Edukative Aufforderungen zur Selbsttätigkeit aber aktivieren nicht Tätigkeiten, sondern fordern auf, in bildende Wechselwirkungen mit der Welt zu treten, die nicht nur edukativ unterstützt, sondern durch Erziehung arrangiert und operativ angeleitet werden müssen. Diese Seite der modernen Erziehungs- und Bildungsthematik ist bei Wilhelm von Humboldt unterbelichtet geblieben (vgl. auch Humboldt 1816).

In seinem Einleitungsvortrag zu einer an der Humboldt-Universität zu Berlin im Jahre 2021/2022 veranstalteten Vorlesungsreihe zum Thema „Kulturwissenschaftliche Forschung zwischen Praxis, Theorie und Empirie der Bildung" hat Heinz-Elmar Tenorth (2021) festgestellt, heute herrsche vielerorts eine empirische Bildungsforschung vor, die weitgehend ohne Bildungstheorie auskomme, und dafür plädiert, die Vielfalt bildungstheoretischen Fragens und Forschens von Humboldt her wieder zu erweitern. Dieses Votum, dem ich uneingeschränkt zustimme (vgl. Benner 2002), möchte ich durch ein zweites ergänzen: Bildungsforschung kommt heute nicht nur weithin ohne Bildungstheorie, sondern auch ohne Erziehungstheorie sowie ohne operative Theorien und Konzepte pädagogischen Handelns aus. Um diese Defizite abzubauen, sollte in Pädagogik und Erziehungswissenschaft verstärkt daran gearbeitet werden, Bildungsforschung mit Erziehungsforschung und Kompetenzforschung mit Unterrichtsforschung und einer erziehungs- und bildungstheoretisch ausgewiesenen Praxisforschung zu verbinden, die nicht bloß statistische Korrelationen ermitteln und diskutieren, sondern vor allem nachprüfbare pädagogische Kausalitäten erforschen (siehe Benner 2015; 2018; 2022).

Hierzu kann Wilhelm von Humboldt auch heute noch wichtige Anregungen geben, nicht zuletzt die, Kompetenzen nicht nur mit Blick auf die Stufen des allgemeinen Unterrichts, sondern auch mit Blick auf Übergänge in zivilgesellschaftliche Bildungsprozesse zu definieren (weitere Überlegungen hierzu siehe Benner/Wunsch 2022). Die hierfür erforderlichen Messinstrumente lassen sich nicht schon aus entwicklungspsychologischen Skalen gewinnen, sondern müssen mit bildungstheoretisch ausgewiesenen Kompetenzprofilen abgestimmt und so eingesetzt werden, dass Evaluationen nicht nur soziokulturelle Bedingungsfaktoren auf Seiten der Lehrenden, sondern auch Umfang und Qualität des von Lehrenden erteilten Unterrichts kontrollieren (vgl. Benner et al. 2011; Benner/Nikolova 2016).

Noch wichtiger aber könnte der Hinweis auf wissenschaftsdidaktische Aufgabenstellungen des allgemeinen Unterrichts sein, die im Schulunterricht und im Universitätsunterricht zu bearbeiten sind (vgl. Benner 2020/2022). Nur wer wissenschaftliche Erkenntnisse unter Einbeziehung verschiedener Wissensformen und ihrer methodisch unterschiedlichen Subjekt- und Gegenstandskonstitutionen als Lehrender zu vermitteln und als Mensch und Bürger zu interpretieren versteht, kann an zivilgesellschaftlichen Diskursen, in denen zunehmend wissenschaftliche Erkenntnisse eine bedeutende Rolle spielen, kompetent teilnehmen. Wer in diesen die Auffassung vertritt, die Zivilgesellschaft komme ohne Wissenschaft aus oder brauche nur auf die Wissenschaft zu hören, argumentiert zweifellos unterkomplex. Zu den wissenschaftlichen und zivilgesellschaftlichen Kompetenzen, die allgemeiner Unterricht heute fördern muss, gehören auch solche, die sich auf die Beurteilung von Leistungen und Grenzen wissenschaftlicher Erkenntnisse in szientifisch-technischen, historisch-hermeneutischen, phänomenologisch-lebensweltlichen und ideologiekritischen Wissensformen beziehen (siehe hierzu Breinbauer 2021). Über sie verfügen Menschen nicht oder nicht in einem ausreichenden Maße, wenn sie an die Aussagen der Wissenschaften glauben, ihre Kontroversen nur oberflächlich rezipieren und sich und andere dazu auffordern, den Erkenntnissen der Wissenschaften zu folgen. Wer so argumentiert, ist nicht wissenschaftlich gebildet und trägt auch nicht zu einer Bereicherung zivilgesellschaftlicher Diskurse und Bewegungen bei.

Wissenschaft und Zivilgesellschaft lassen sich in kein Kontinuum eintragen. Die wissenschaftliche und die zivilgesellschaftliche Öffentlichkeit greifen vielfältig ineinander und sind breit aufgestellt. Jeder, der dazu fähig und bereit ist, kann heute an dem Kampf und Streit, den Humboldt innerhalb der Zivilgesellschaft sowie zwischen Staat und Zivilgesellschaft für unverzichtbar gehalten hat, teilnehmen und partizipieren. Auch hier kann von Wilhelm von Humboldt gelernt werden. Aus wissenschaftlichen Erkenntnissen lassen sich keine unmittelbaren Folgerungen für ethisch-moralisches, pädagogisches und politisches Handeln ableiten, wohl aber Erkenntnisse gewinnen, was geändert werden sollte. Eine Meinungsbildung, die sich einseitig auf Ergebnisse der Wissenschaften beruft und dabei die in und zwischen diesen ausgetragenen Kontoversen ausblendet, kann weder wissenschaftlich noch zivilgesellschaftlich überzeugen. Die Zivilgesellschaft ist nicht ein Ort, an dem über wissenschaftliche Kontoversen entschieden wird, sondern ein Ort, an dem darüber gestritten und beraten wird, wie die Erkenntnisse im individuellen, gemeinsamen sowie in den auf staatlicher und internationaler Ebene zu treffenden politischen Entscheidungen für besonnenes Handeln genutzt werden können. Was besonnenes Handeln ist, setzt wissenschaftliche Aufklärung voraus, folgt aber nicht schon aus dieser. Es geht erst aus einem Austausch zwischen widerstreitenden Interessen und Verständigungsprozessen über das auf den Ebenen individuellen, gemeinschaftlichen, kommunalen, einzelstaatlichen sowie internationalen Handelns zu Tuende hervor.

Dies im Bewusstsein zu halten und dort, wo es in Vergessenheit zu geraten droht, wieder bewusst zu machen, verbindet heute wissenschaftliche mit zivilgesellschaftlicher Grundbildung.

Literatur

a) *Herangezogene Ausgaben der Schriften von Wilhelm von Humboldts:*

Humboldt, Wilhelm von (1903–1936): Gesammelte Schriften. Hrsg. von der Königlich Preußischen Akademie der Wissenschaften. Band I–XVII. Berlin: Behr's. Zitiert als GS I–XVII.

Humboldt, Wilhelm von (1960–1981): Werke in fünf Bänden. Hrsg. von A. Flitner und K. Giel. Darmstadt: Wissenschaftliche Buchgesellschaft. Zitiert als Werke 1–5.

b) *Nach der Werkausgabe von Flitner und Giel zitierte Schriften:*

Humboldt, Wilhelm von (1792): Ideen zu einem Versuch, die Gränzen der Wirksamkeit des Staats zu bestimmen. In: GS, Band I, S. 97–254; Werke, Band 1, S. 56–233.

Humboldt, Wilhelm von (1794): Theorie der Bildung des Menschen. Bruchstück. In: GS, Band I, S. 282–287; Werke, Band 1, S. 234–240.

Humboldt, Wilhelm von (1809a): Über den Entwurf zu einer neuen Konstitution für die Juden. In: GS, Band X, S. 97–115; Werke, Band 4, S. 95–112.

Humboldt, Wilhelm von (1809b): Der Königsberger und der Litauische Schulplan. In: GS, Band XIII, S. 259–283; Werke, Band 4, S. 168–195.

Humboldt, Wilhelm von (1809c): Über die Liegnitzer Ritterakademie. In: GS, Band X, S. 160–174; Werke, Band 4, S. 142–156.

Humboldt, Wilhelm von (1812): Ankündigung einer Schrift über die Vaskische Sprache und Nation, nebst des Gesichtspunctes und Inhalts derselben. In: In: GS, Band III, S. 288–299; Werke, Band 5, S. 113–126.

Humboldt, Wilhelm von (1816): Bruchstück einer Selbstbiographie. In: GS, Band XV, S. 452–460; Werke, Band 5, S. 1–10.

Weitere Literatur:

Adorno, Theodor Wiesengrund (1962): Notiz über Geisteswissenschaft und Bildung. In: Ders. Gesammelte Schriften. Band 10, 2. Aufl. Frankfurt a. M. 1977: Suhrkamp, S. 495–498.

Anhalt, Elmar (2012): Komplexität der Erziehung. Geisteswissenschaft – Modelltheorie – Differenztheorie. Bad Heilbrunn: Klinkhardt.

Benner, Dietrich (2002): Die Struktur der Allgemeinbildung im Kerncurriculum moderner Bildungssysteme. Ein Vorschlag zur bildungstheoretischen Rahmung von PISA. In: Zeitschrift für Pädagogik 48, S. 68–90.

Benner, Dietrich (2014): Zur Bedeutung allgemein-pädagogischer Theoriebildung für die Konzeptualisierung erziehungswissenschaftlicher Forschungsvorhaben unter besonderer Berücksichtigung der Lehrerinnenausbildung. In: Forschen an der KPH Wien/Krems. Tag der Forschung 2013. Wien und Münster 2014, S. 21–50.

Benner, Dietrich (2015): Erziehung *und* Bildung! Zur Konzeptualisierung eines erziehenden Unterrichts, der bildet. In: Zeitschrift für Pädagogik 61, S. 481–496.

Benner, Dietrich (2018): Über drei Arten von Kausalität in Erziehungs- und Bildungsprozessen und ihre Bedeutung für Didaktik, Unterrichtsforschung und empirische Bildungsforschung. In: Zeitschrift für Pädagogik 64, 107–120.

Benner, Dietrich (2020/2022): Umriss der allgemeinen Wissenschaftsdidaktik. Grundlagen und Orientierungen für Lehrerbildung, Unterricht und Forschung. 1. und 2. Auflage. Weinheim: Beltz Juventa.

Benner, Dietrich (2022): Über grundlegende pädagogische Unterscheidungen und ihre Bedeutung für erziehungswissenschaftliche Theorieentwicklung und Forschung. In: Bildung und Erziehung 75.1, S. 7–23.

Benner, Dietrich/Nikolova, Roumiana (Hrsg.) (2016): Ethisch-moralische Kompetenzen als Teil öffentlicher Bildung. Paderborn: Schöningh.

Benner, Dietrich/Wunsch, Robert (2022): Zehn Thesen zu Ursprung und Pragmatik modernen Pädagogik und Sozialpädagogik. In: neue praxis 52, S. 345–356.

Benner, Dietrich/Schieder, Rolf/Schluß, Henning/Willems, Joachim/Nikolova, Roumiana/Weiß, Thomas/Dehghani, Shamsi/Scharrel, Joanna (Hrsg.) (2011): Religiöse Kompetenz als Teil öffentlicher Bildung. Versuch einer empirisch, bildungstheoretisch und religionspädagogisch ausgewiesenen Konstruktion religiöser Dimensionen und Anspruchniveaus. Paderborn: Ferdinand Schöningh.

Breinbauer, Ines Maria (2021): Lernen an den Grenzen unseres Wissens. In: Krause, Sabine/Breinbauer, Ines Maria/Proyer, Michelle (Hrsg.): Corona bewegt – auch die Bildungswissenschaft. Bildungswissenschaftliche Reflexionen aus Anlass einer Pandemie. Bad Heilbrunn: Verlag Julius Klinkhardt, S. 49–66.

Brinkmann, Malte/Kubac, Richard/Rödel, Severin Sales (2015) (Hrsg.): Pädagogische Erfahrung. Theoretische und empirische Perspektiven. Wiesbaden: Springer.

Brüggen, Friedhelm (2004): Öffentlichkeit. In: Benner, Dietrich/Oelkers, Jürgen (Hrsg.) Historisches Wörterbuch der Pädagogik. Weinheim: Beltz Juventa, S. 724–749.

Fichte, Johann Gottlieb (1794a): Einige Vorlesungen über die Bestimmung des Gelehrten. In: Ders.: Ausgewählte Werke in sechs Bänden, hrsg. Von F. Medicus. Band 1. Darmstadt 1962: Wissenschaftliche Buchgesellschaft, S. 217–274.

Fichte, Johann Gottlieb (1794b): Grundlage der gesamten Wissenschaftslehre als Handschrift für seine Zuhörer. In: Ders.: Ausgewählte Werke in sechs Bänden, hrsg. Von F. Medicus. Band 1. Darmstadt 1962: Wissenschaftliche Buchgesellschaft, S. 275–519.

Fichte, Johann Gottlieb (1796): Grundlage des Naturrechts. Nach Prinzipien der Wissenschaftslehre. In: Ders.: Ausgewählte Werke in sechs Bänden, hrsg. Von F. Medicus. Band 2. Darmstadt 1962: Wissenschaftliche Buchgesellschaft, S. 1–307.

Giesinger, Johannes (2016): Bildung im Liberalen Staat. Von Humboldt zu Rawls. In: Rita Casale/Hans-Christoph Koller/Norbert Ricken (Hrsg.): Das Pädagogische und das Politische. Paderborn: Schöningh, S. 27–40.

Gosewinkel, Dieter/Rucht, Dieter/Daele, Wolfgang van den/Kocka, Jürgen (2004) (Hrsg.): Zivilgesellschaft – national und transnational. WZB-Jahrbuch 2003. Berlin: Sigma.

Hegel, Georg Wilhelm Friedrich (1821/1833): Grundlinien der Philosophie des Rechts. Oder: Naturrecht und Staatswissenschaft im Grundrisse. 1. Auflage 1821, 2. Auflage 1833, letztere in: Ders.: Sämtliche Werke. Band 7. Bad Cannstatt 1964: Holzboog.

Henrich, Dieter (1967): Fichtes ursprüngliche Einsicht. Frankfurt a. M.: Klostermann.

Luhmann, Niklas (1986): Codierung und Programmierung. In: Tenorth, Heinz-Elmar (Hrsg.): Allgemeine Bildung. Weinheim und München: Beltz Juventa, S. 154–182.

Luhmann, Niklas (2002): Das Erziehungssystem der Gesellschaft. Frankfurt a. M.: Suhrkamp.

Mattig, Ruprecht (2019): Wilhelm von Humboldt als Ethnograph. Bildungsforschung im Zeitalter der Aufklärung. Weinheim: Beltz Juventa.

Mattig, Ruprecht (2021): Den Begriff der Menschheit erweitern: Humboldts Anthropologie als kosmopolitisches Bildungsprojekt. Vortrag vom 16. Dezember 2021 in Vorlesungsreihe „Wilhelm von Humboldt: Kulturwissenschaftliche Forschung zwischen Praxis, Theorie und Empirie der Bildung".

Prange, Klaus (2005): Die Zeigestruktur der Erziehung. Grundriss der Operativen Pädagogik. Paderborn: Schöningh.

Reichenbach, Roland (2001): Demokratisches Selbst und dilettantisches Subjekt. Demokratische Bildung und Erziehung in der Spätmoderne. Münster und New York: Waxmann.

Rousseau, Jean Jaques (1762): Emile oder Von der Erziehung. München 1979: Winkler.

Rucker, Thomas (2014): Komplexität der Bildung. Beobachtungen zur Grundstruktur bildungstheoretischen Denkens in der (Spät-) Moderne. Bad Heilbrunn: Klinkhardt.

Ruhloff, Jörg (2002): Streit in der Bildungserzählung: Wilhelm von Humboldt. Vortrag an der Universität Duisburg vom 26.11.2002. Unveröffentlichtes Manuskript. 30 Seiten.

Schriewer, Jürgen (1992): Welt-System und Interrelations-Gefüge. Die Internationalisierung der Pädagogik als Problem Vergleichender Erziehungswissenschaft. Antrittsvorlesung vom

12.07.1992. In: Humboldt-Universität zu Berlin (1994): Öffentliche Vorlesungen. Heft 34. 60 Seiten.
Schriewer, Jürgen (2006): Comparative social science: characteristic problems and changing problem solutions. In: Comparative Education 42.3, S. 299–336.
Strachwitz, Rupert Graf/Priller, Eckhard/Triebe, Benjamin (2020): Handbuch Zivilgesellschaft. Berlin: De Gruyter.
Tenorth, Heinz Elmar (2018): Wilhelm von Humboldt. Bildungspolitik und Universitätsreform. Paderborn: Schöningh.
Tenorth, Heinz Elmar (2021): Von Humboldt lernen … ein Plädoyer für bildungstheoretische Bildungsforschung. Eröffnungsvortrag der Vortragsreihe „Wilhelm von Humboldt: Kulturwissenschaftliche Forschung zwischen Praxis, Theorie und Empirie der Bildung" vom 18. November 2021.
Trabant, Jürgen (1990): Traditionen Humboldts. Frankfurt a. M.: Suhrkamp.
Trabant, Jürgen (2012): Weltansichten. Wilhelm von Humboldts Sprachprojekt. München: Beck.
Trabant, Jürgen (2022): „Endlich Zeit für Sprachstudium: Wien 1811/12“. Vortrag vom 13. Januar 2020 in Vorlesungsreihe „Wilhelm von Humboldt: Kulturwissenschaftliche Forschung zwischen Praxis, Theorie und Empirie der Bildung“.
Zabaleta-Gorrotxategi, Iñaki (2022): Wilhelm von Humboldts baskische Forschungen: Nation und Sprache. Vortrag vom 10. Februar 2022 in Vorlesungsreihe „Wilhelm von Humboldt: Kulturwissenschaftliche Forschung zwischen Praxis, Theorie und Empirie der Bildung“.

Sind wir „Schüler Wilhelm von Humboldts"?

Anmerkungen zu Geschichte und Gegenwart der Humboldt-Rezeption im altsprachlichen Unterricht

Stefan Kipf

Denkt man an die Bildungsbewegung des Humanismus und den altsprachlichen Unterricht, dann möchte man zunächst davon ausgehen, dass zwischen beiden auch heute eine gewissermaßen natürliche Verbindung existiert. Humanismus in seinen verschiedenen historischen Ausprägungen war stets an ein antikes Bildungserlebnis gekoppelt, und die Legitimation des altsprachlichen Unterrichts konnte lange Zeit ohne Humanismus als ideologischem Überbau nicht auskommen, wenn man einmal vom eklatanten Kulturbruch durch die Nationalsozialisten absieht und berücksichtigt, dass der altsprachliche Unterricht in der DDR fernab jeglicher bürgerlich-humanistischer Einflussnahme zu einem „bildungsökonomischen Hilfsfach" (Bauder 1998, S. 231) umgestaltet wurde, um dem wissenschaftlichen Nachwuchs notwendige Sprachkenntnisse für bestimmte Studienfächer (z. B. Archäologie, Philosophie, Slawistik) zu vermitteln (vgl. Kipf 2006, S. 22). Während in der jungen Bundesrepublik der Fünfziger- und Sechzigerjahre der fachdidaktische Diskurs noch reichlich von humanistischen Bildungsideen, insbesondere vom Dritten Humanismus der Zwanzigerjahre geprägt war (vgl. Kipf 2017; Kipf 2006: passim), tat man sich seit den Siebzigerjahren des 20. Jh. im Rahmen einer ideologiekritisch ausgerichteten Neuvermessung des Unterrichts sehr schwer mit dem humanistischen Erbe. Humanismus tauchte zwar als Schlagwort auf, wurde als quasi gegebene Tradition jedoch kaum fundiert bildungstheoretisch weiterentwickelt (so etwa in den Bänden „Humanismus und Bildung" bei Gruber / Maier 1991) und nur vorsichtig aktualisiert[1], bisweilen sogar unkritisch überhöht[2], und zwar durch eine Fachdidaktik, die diese historische Dimension des Unterrichts für aktuelle Diskurse zu wenig fruchtbar machte und mit ihrer Hauptbeschäftigung, der zumeist eher schnelllebigen Bearbeitung sich ständig wandelnder Gegenwartsaufgaben, ausgelastet zu sein schien (vgl.

---

1 So z. B. in der DAV-Matrix aus den Jahr 1971 in der Inhaltsklasse „Grundfragen menschlicher Existenz (Humanismus)", wobei es nicht mehr um die Vermittlung bis dahin üblicher „überzeitlicher Werte", sondern um „eine anspruchsvolle, sachlich fundierte Auseinandersetzung mit philosophischen Grundproblemen und ihrer möglichst engen Anbindung an die Existenz der Schüler" gehen soll (Kipf 2006, S. 209).

2 So wird behauptet, man könne anhand der Metamorphosen Ovids „allgemeine Einsichten über Mensch, Welt und Gott" finden (vgl. Henneböhl 2007, S. 3)

Kipf 2019a). So kann es nicht überraschen, dass auch Wilhelm von Humboldt seit den Siebzigerjahren nur vereinzelt in der fachdidaktischen Literatur Berücksichtigung findet, wie man schnell aus den beiden maßgeblichen Bibliographien erschließen kann (Müller/Schauer 1994, S. 382; Kipf/Schauer 2011, S. 453). Dies ist doch etwas erstaunlich, da die fachwissenschaftliche Humanismus- bzw. Humboldt-Forschung eigentlich gute Voraussetzungen für eine fachdidaktische Rezeption geschaffen hätte, auch auf der Grundlage von Arbeiten mit einem dezidiert altsprachlichen Hintergrund (z. B. Landfester 1988; Landwehr 1996; Fuhrmann 2001; Wiersing 2001; Kellner 2005). So kann es nicht verwundern, dass man auch im noch jungen 21. Jh. auf der Suche nach einer gezielten Rezeption Wilhelm von Humboldts durch die altsprachliche Didaktik nur selten fündig wird (vgl. Kipf 2019, Beyer/Kipf 2021). Wie kommt es zu diesem ernüchternden Befund? Um Licht ins Dunkel zu bringen, scheint es angebracht, sich in der Geschichte des altsprachlichen Unterrichts umzusehen. Welche Rolle spielte Wilhelm von Humboldt in der Geschichte der altsprachlichen Fachprogrammatik seit dem 19. Jahrhundert? Welche Auswirkungen hat diese Rezeption auf die Gegenwart? Welche Perspektiven könnten sich für eine weitere fachdidaktische Beschäftigung mit Wilhelm von Humboldt ergeben?

Humboldt und der altsprachliche Unterricht im 19. Jh.: Vom Impulsgeber zum Vergessenen

Ein wesentliches Kennzeichen des Neuhumanismus besteht darin, dass dem Griechischen gegenüber dem Lateinunterricht eine klare programmatische Vorrangstellung eingeräumt wurde, da die Griechen als das Leitbild schlechthin, als das „Idealbild allen Menschendaseyns“ (Humboldt 1807a, S. 68) im Gegensatz zur defizitären Gegenwart aufgefasst wurden. Dieses Ideal erhielt zusätzliche Bedeutung, da die Vorstellung von einer besonderen, geradezu einmaligen Verbindung der klassischen Griechen und der Deutschen existierte. Dieses Ideologem wurde nicht zuletzt von Humboldt selbst nachhaltig gefördert: So erwähnt er in einem Brief vom 22. September 1795 an Friedrich Schiller seine „Grille von der Aehnlichkeit der Griechen und Deutschen“. Humboldt gründete diese Verwandtschaft auf eine geistig-politische Nähe, ein „wesenhaftes Gleichgestimmtsein“ (Pohle 2008, S. 2), womit er den politisch bedeutenden „deutschen Griechenmythos“ (Landfester 1996, S. 207 ff.) beförderte, der sich vor dem Hintergrund der Konflikte mit Frankreich auf die Ausbildung eines deutschen Nationalbewusstseins besonders auswirkte.

Dieses Gleichgestimmtsein glaubte Humboldt in der sprachlichen Nähe des Griechischen und Deutschen zu erkennen. Das Deutsche sei als einzige Sprache in der Lage, die im Griechischen enthaltene Weltansicht der antiken Griechen zu erschließen und der Gegenwart vermitteln zu können. So bemerkt er:

> „Die Deutschen besitzen das unstreitige Verdienst, die Griechische Bildung zuerst treu aufgefasst, und tief gefühlt zu haben; zugleich aber lag in ihrer Sprache schon vorgebildet das geheimnisvolle Mittel da ihren wohltätigen Einfluss weit über den Kreis der Gelehrten hinaus auf einen beträchtlichen Theil der Nation verbreiten zu können. Andre Nationen sind hierin nie gleich glücklich gewesen, oder wenigstens haben ihre Vertraulichkeit mit den Griechen weder in Commentaren, noch Uebersetzungen, noch Nachahmungen, noch endlich […] in dem übergegangenen Geiste des Alterthums auf ähnliche Art bewiesen." (Humboldt 1807, S. 87)

Für Humboldt existiert somit eine exklusive Nähe zwischen Griechen und Deutschen, wodurch alle anderen Europäer aus diesem Verhältnis ausgeschlossen werden (vgl. Saure 2008, S. 121).

Diese Idee der Verwandtschaft der beiden Sprachen wurde in der zeitgenössischen fachdidaktischen Literatur intensiv aufgegriffen und an unterrichtsrelevanten Beispielen weiter ausgeführt (vgl. Passow 1812 mit zahlreichen Beispielen). Beispielsweise bestehe die Verwandtschaft nicht allein „in den vielen Naturlauten", sondern

> „in so vielen hundert Wurzelwörtern, deren Verwandtschaft nicht zu verkennen ist. Warum sollte ich erst auf die gleichen oder doch sehr ähnlichen Laute aufmerksam machen, welche sich in den nächsten Verwandtschaftsbezeichnungen, (Vater, Mutter, Tochter und dergl.) wiederfinden, oder auf die Aehnlichkeiten im Artikel, in manchen Fürwörtern und Vorwörtern und Zeitwörtern […]." (Koepke 1812, S. 497)

Eine direkte Folge dieser Aufwertung des Griechischen war die konsequente Abwertung des Lateinischen und der aus politischen Gründen verachteten romanischen Sprache Französisch. „Die römische Sprache selbst", so der radikale Neuhumanist Franz Passow,

> „war wenig mehr, als ein Schatten der griechischen: die Töchtersprachen der römischen sind nur Schutt und Moder von diesem Schatten, unverkochte Beimischungen zum Theil barbarischer Zungen zu mangelhaftem Gebräu zusammen gekrüppelt, und endlich korrekt versteinert von dem alles ertödtenden Gorgonenhaupt bequemer Selbstgefälligkeit und anmaßlicher Willkühr." (Passow 1812, S. 131)

Auf dieser Grundlage kann es nicht überraschen, dass es im Zuge neuhumanistischer Griechenbegeisterung schon seit Ende des 18. Jh. Überlegungen gab, die Sprachenfolge zugunsten des Griechischunterrichts zu verändern: So schlug der Berliner Schulreformer und Begründer des preußischen Neuhumanismus Friedrich Gedike vor, Griechisch vor dem Lateinunterricht beginnen zu lassen, da man so das Lateinische besser verstehen könne:

> „Offenbar erhält die lateinische Sprache aus der griechischen, nach der sie sich in so mancher Absicht formte, mehr Licht, als umgekehrt diese aus jener. Man würde, hätte man zuerst Griechisch gelernt, alsdann desto eher im Lateinischen von mancher Wendung und Art zu reden vornemlich bei den Dichtern Grund und Ursprung einsehen, und auf der andern Seite würde man nicht so oft Gefahr laufen, lateinische Ideen in die griechische Sprache am unrechten Ort überzutragen." (Gedike 1779, S. 216 f.)

Humboldt regte im Königsberger Schulplan von 1809 an (S. 197), den Griechisch- und Lateinunterricht gleichzeitig in der untersten Klasse der gelehrten Schule beginnen zu lassen. Unter dem Einfluss des Philosophen Herbart gab es zur gleichen Zeit in Ostpreußen Bestrebungen, den Griechischunterricht vor dem Lateinunterricht zu beginnen, da man das Griechische und seine von Anfang zu lesenden Originaltexte (z. B. das NT, Homer und Herodot) für pädagogisch besonders wertvoll hielt (vgl. Kipf 2005, S. 97 f.).[3]

Neben dieser sprachlichen Nähe sieht Humboldt bedeutende Verbindungen zwischen Griechen und Deutschen in der gesellschaftlichen Verfasstheit, und zwar durch die ihm ähnlich erscheinende Existenz in einer nicht politisch, sondern kulturell verbundenen Nation selbstständiger Poleis bzw. Einzelstaaten. Diese Form der Verwandtschaft

> „machte die Deutschen selbst zur auserwählten Nation, natürlich zur auserwählten Kulturnation, denn, gebannt durch das griechische Beispiel, glaubte man eine Staatsnation in der Art Frankreichs verschmähen zu müssen, weil diese zur ‚Einseitigkeit' des ‚Nationalcharakters' führe […]. Die staatliche Vielfalt in Deutschland galt […] nicht als Mangel, sondern als unabdingbare Voraussetzung für die nationale Überlegenheit." (Landfester 1996, S. 210)

Diese von Humboldt maßgeblich entwickelten Argumente waren – wie oben gezeigt – unter zeitgenössischen Neuhumanisten für die didaktische Begründung des Griechischunterrichts durchaus relevant, konnten jedoch nur teilweise eine langfristig prägende Wirkung entfalten.

Man gewinnt zudem den Eindruck, dass auch die Griechenbegeisterung deutlich distanzierter bewertet wurde: So heißt es im Jahr 1826 in der Allgemeinen Schulzeitung in einem programmatischen Artikel zur „Methodik des griechischen Sprachunterrichts", es müsse „doch dem kaltblütigen und redlichen Forscher sich bisweilen der Zweifel hervorstehlen, ob dem begeisterten Streben nach Griechenthum überall ein vernünftiger, triftiger Zweck zum Grunde liege" (S. 377). Kurzum:

3 Weitere Beispiel für eine Präferenz des Griechischen liefert Eckstein 1887, S. 359–365.

> „Das Fieber ist erkaltet, theils von der noch hitzigeren Krankheit des Theutschthums verdrängt, theils einer ruhigen Ueberlegung weichend, welche die fremde Sprache, ohne die eigne zu vernachlässigen und von jener leidenschaftlichen Periode weisen Gebrauch macht, ohne ihre Ueberspannung zurückzurufen." (S. 379)

Diese Abwendung vom Ideal der Griechen ist nur auf den ersten Blick erstaunlich; hierfür hatte der Einfluss restaurativer Bildungspolitik gesorgt, wodurch ja auch der liberale Bildungstheoretiker Humboldt nach seinem Ausscheiden aus dem Ministerium politisch kaltgestellt worden war. Im Gegensatz zu Humboldts liberalem Konzept einer allgemeinen Menschenbildung mit dem Ziel, „durch eigene Leistung [...] seine soziale Position zu finden" (Baumgart 1990, S. 90), sollte die Schule nunmehr

> „Gehorsam, Pflichterfüllung und Selbstgenügsamkeit als höchste Ideale des Bürgers in den Vordergrund der Erziehung stellen. Die von den Vertretern neuhumanistischer Bildung [...] geforderte allgemeine Menschenbildung bedeutete aus restaurativer Sicht evolutionären Umsturz der bestehenden ständischen Verhältnisse." (Kipf 1999, S. 101)

Dies führte sogar soweit, dass die freiheitlichen Gedanken der Griechen für republikanisch und geradezu staatsgefährdend gehalten wurden (vgl. Kipf 1999, S. 103). Dies gilt auch für den Schulgesetzentwurf, den Süvern entworfen hatte und der mit dem Argument abgelehnt wurde, „dass er den unseligen, demokratieaffinen, liberalen Geist von Humboldt [...] spiegele" (Tenorth 2018, S. 121).

Ferner konnte der Griechischunterricht das Lateinische nicht als gymnasiale Eingangssprache verdrängen. Bereits Friedrich August Wolf (1835) hatte sich hier skeptisch gezeigt: Zwar hatte er ursprünglich die Hoffnung, „dass das Studium der alten Sprachen mit dem Griechischen konnte begonnen werden und mir eben hierin eine hohe Förderung der deutschen National-Cultur träumte" (S. 110). Dennoch sieht er diesen Traum im Widerspruch zur „modernen Volksbildung" (S. 110) und schlägt ein stufenweises Vorgehen (Deutsch – Latein – Griechisch) vor, bei dem dann auch das Lateinische als „ein Mittelglied zwischen altern und neuern Sprachen" (S. 111) fungiere. Überdies stand man aufgrund neu gewonnener wissenschaftlicher Erkenntnisse dem Humboldt'schen Argument der sprachlichen Verwandtschaft und dem daraus abgeleiteten Vorrang des Griechischen zunehmend skeptisch gegenüber:

> „Das Alter der Sprache darf niemand für die Priorität in der Schule anführen und noch viel weniger bei dem heutigen Stande der Sprachforschung die Verwandtschaft mit den übrigen Sprachen. Dann müßten wir mit dem Sanskrit anfangen." (Eckstein 1887, S. 363)

Auch der Anteil des Lateinunterrichts gegenüber dem Griechischen nahm, wenn auch nicht dramatisch, zu (vgl. van Bommel 2015, S. 107). So blieb auch das neuhumanistisch geprägte Gymnasium trotz eines nachdrücklich entwickelten Griechischunterrichts eben auch weiterhin eine Schule, in der der Lateinunterricht die meisten Stunden beanspruchte.

Im Gegensatz dazu entfaltete das Verwandtschaftsmotiv, allerdings ohne direkten Bezug auf Humboldt, eine längere Folgewirkung, da die politisch motivierte Aktualisierung und Parallelisierung von Griechen und Deutschen weiterhin üblich blieb. In Deutschland sei nämlich mit jedem

> „nationalen Aufschwung eine erneute Hinneigung zu den hellenischen Studien [...] gepaart [...]. Ob dies auf die ‚Congenialität' des deutschen Volkes mit dem griechischen, oder nur auf einen Zug geistiger Verwandtschaft zurückzuführen ist, jedenfalls ergiebt sich daraus, daß die Pflege des Griechischen im Interesse des tieferen selbständigen Verständnisses unserer eigenen Cultur [...] eine nationale und specifische Pflicht des Gymnasiums ist." (Bäumlein/Schmid 1880, S. 62)

Auch könne man in den literarischen Werken der Griechen „eine überraschende Wesensverwandtschaft hellenischen und deutschen Geistes" erkennen (Schiller 1884, S. 497).

Diese auf längere Sicht indirekten Fernwirkungen Humboldts dürfen jedoch nicht darüber hinwegtäuschen, dass man in den maßgeblichen fachdidaktischen Monographien zum Latein- und Griechischunterricht, also z. B. bei Thiersch (1826–1829), Eckstein (1887), Lattmann (1896) und Dettweiler (^{2}1906), keine direkten Hinweise auf Humboldt findet (vgl. van Bommel 2015, S. 108 f.). Lediglich Dörwald (1912, S. 2) erwähnt in seiner Griechischdidaktik neben Neuhumanisten wie Wolf und Passow den vermeintlichen „Minister Wilhelm von Humboldt", und zwar im Zusammenhang mit dem Süvernschen Plan von 1812, der von Humboldt verordnet worden sei. So entsteht der historisch verzerrende Eindruck, als sei Humboldt für diesen Lehrplan auch inhaltlich verantwortlich gewesen; tatsächlich nahm Humboldt während seiner kurzen Amtszeit kaum Einfluss auf die Lehrplangestaltung, dies war Aufgabe der von ihm eingerichteten wissenschaftlichen Deputationen in Berlin, Breslau und Königsberg, wobei sich die Berliner mit einem attischen Klassikerprogramm durchsetzten (vgl. Kipf 1999, S. 70–74).

Typisch ist in diesem Zusammenhang ein Fundstück aus der Zeitschrift für Gymnasialwesen aus dem Jahr 1864. In einer Besprechung der Antrittsvorlesung des Leipziger Pädagogen Hermann Masius zu den „Einwirkungen des Humanismus auf die deutschen Gelehrtenschulen" habe der Verfasser, so der Rezensent, den „Einfluss" gezeigt, „den J. M. Gesner, J. Fr. Christ, J. A. Ernesti, Chr. G. Heyne, vor Allem Fr. A. Wolf und seine Schüler auf das Studium des classischen Alterthums und dessen Betreibung in den gelehrten Schulen ausübten" (Buddeberg 1964, S. 65). Von Wilhelm von Humboldt ist nicht die Rede.

Daher muss man wohl van Boommels pessimistischer Einschätzung zustimmen: „[...] it is worth observing that the idealist pedagogy underlying the Prussian educational reforms [...] had a relatively minor impact on classical school education in practice“ (2015, S. 105). Und noch deutlicher fügt er hinzu:

> „It seems, then, that the importance of Humboldt's and Süvern's reforms for 19th-century classical Gymnasium education has been substantially exaggerated. [...] Most classicists saw themselves as heirs to an age-old tradition that remained largely unaffected by the many changes occurring outside the schools." (S. 109)

So bleibt am Ende nur die ernüchternde Feststellung: Humboldt wurde im Laufe des 19. Jh. von der altsprachlichen Fachdidaktik regelrecht vergessen. Er spielte in der sich in der zweiten Hälfte des 19. Jh. umfangreich entfaltenden altsprachlichen Programmatik keine spürbare Rolle. Humboldts neuhumanistische Reformanstrengungen blieben, wenn wir van Bommel glauben dürfen, in der Breite der Schulen ohne großen Widerhall. Dies gilt auch für die beiden schultheoretisch besonders bedeutsamen Schulpläne, den Königsberger und den Litauischen Schulplan, die mit ihren nur knappen Bemerkungen zum altsprachlichen Unterricht noch ohne jeden öffentlichen Einfluss blieben, da diese Schriften erst im Jahr 1910 von Eduard Spranger veröffentlicht wurden. Auf ihre Wirkung wird an anderer Stelle im nächsten Kapitel einzugehen sein.

Erschwerend kam ein weiterer Aspekt hinzu: Angesichts der stürmischen wissenschaftlichen Entwicklung der Altertumswissenschaft, die, wie der Gräzist Wilamowitz-Moellendorff betont hatte, mit ihren Erkenntnisfortschritten den Glauben an die Antike „als Ideal und Einheit“ zerstört hatte (vgl. Kipf 1999, S. 147–151), genoss der idealistische Neuhumanismus auch von wissenschaftlicher Seite kein Ansehen mehr. So wird Humboldt in Wilamowitz' Rede auf der Schulkonferenz im Jahr 1900 zum „Griechischunterricht auf dem Gymnasium“ nur am Rande als einer der „geistigen Führer des Neuhellenismus“ (S. 158) erwähnt, von dem sich Wilamowitz inhaltlich deutlich distanzierte, da er eine „Modernisierung der humanistischen Bildung“ anstrebte (Preuße 1988, S. 47). So konstatierte er ganz nüchtern, dass der Neuhumanismus aus der Zeit gefallen sei:

> „Aber der Gegenwart genügen weder die Ideale des Künstlerisch-Schönen jener Zeit: die Nachahmung der Griechen hat sich als ein falscher Weg herausgestellt; noch ihre Ideale vom sittlich Schönen: die Gesellschaft gestattet dem einzelnen den humanen Individualismus nicht mehr.“ (Wilamowitz-Moellendorf 1902, S. 171)

Verantwortlich dafür ist der wissenschaftliche Fortschritt: „[...] jenes Griechentum in seiner olympischen Vollkommenheit ist ebenso dahin wie in seiner Einheit. Die geschichtliche Wissenschaft hat es zerstört, indem sie die Griechen wirklich erst verstehen lernte.“ (ebd.) Daher müsse der Unterricht auf der Basis neuester wissenschaftlicher Erkenntnisse erfolgen. Die Gefahr sei „dringend, die Schule wolle anderes lehren, als was vor der Wissenschaft besteht, also vor der Wahrheit" (ebd.). Es leuchtet ein, dass unter diesen Bedingungen Humboldt und die damit verbundene Bildungstheorie nur schwerlich einen Platz bei der Begründung des altsprachlichen Unterrichts finden konnte. Wenn man in diesem Zusammenhang Einflüsse Humboldts bemerken möchte, dann bei der Art und Weise, wie sich die Schulhumanisten gegen Wilamowitz' Reformpläne verteidigten. Hier spielte das Ideal der Griechen als aus deren Sicht pädagogisch unverzichtbare Vorbilder auch weiterhin eine entscheidende Rolle (vgl. Kipf 1999, S. 150 f.).

Eduard Spranger, die Wiederentdeckung Humboldts und die Reform des Lateinunterrichts

Zu Beginn des 20. Jahrhunderts kam es zu einem folgenreichen Wechsel in der Humboldtrezeption, die eng mit dem Namen Eduard Spranger verbunden ist. Spranger hatte in seiner bildungstheoretischen Habilitationsschrift „Wilhelm von Humboldt und die Humanitätsidee" (1909) Humboldt – sicher nicht zufällig platziert im Umfeld der Hundertjahrfeier der Berliner Universität – zurück in das Bewusstsein der Öffentlichkeit geholt und seine Wiederentdeckung eingeleitet. Ein Jahr später veröffentlichte er ein weiteres Werk unter dem Titel „Wilhelm von Humboldt und die Reform des Bildungswesens", in dem Spranger bisher unbekannte Quellen, darunter den Königsberger und den Litauischen Schulplan, bekannt machte, die dann im vollen Wortlaut sogar erst 1920 in der Gesamtausgabe greifbar waren. Hierdurch gewann „die Studie Sprangers [...] ihre besondere Überzeugungskraft" (Tenorth 2018, S. 123) und entfaltete eine starke Wirkung:

> „Wer danach über das Gymnasium schreibt, referiert wie Spranger oder doch zumindest von Spranger aus und mit seinen Thesen über Humboldt und seine Zeit, lobt seine Philosophie und sein ‚Leben in der Idee'." (ebd.)

Dieses Phänomen kann man auch im Bereich der altsprachlichen Fachdidaktik bzw. -methodik beobachten. Sprangers Buch von 1910 erwies sich für die altsprachliche Programmatik als ausgesprochen folgenreich, indem Humboldt durch Sprangers Vermittlung wichtigen Einfluss auf die Begründung des altsprachlichen Unterrichts gewann. Spranger erschloss nicht nur die beiden Schulpläne, sondern lieferte zugleich eine überaus folgenreiche Interpretation, wobei der Sprachunterricht und die damit verbundene „Kenntnis vom Sprachbau überhaupt" (S. 168) in den Mittelpunkt der Aufmerksamkeit rückte. Entscheidend sind dabei Sprangers Bemerkungen zu den bekannt knappen „Winken" Humboldts, die er im Königsberger Schulplan „über die Erlernung der alten Sprachen" (S. 106), insbesondere zum Sprachunterricht macht. So weist Humboldt zuerst in direkter Abgrenzung zur Unterrichtspraxis seiner Zeit darauf hin,

„daß der Sprachunterricht wirklich Sprachunterricht und nicht, wie jetzt so oft, eine mit Alterthums und historischen Kenntnissen verbrämte, und hauptsächlich auf Übung gestützte Anleitung zum Verständniß der classischen Schriftsteller sey. Denn die Kenntniß der Sprache ist immer, als den Kopf aufhellend, und Gedächtniß und Phantasie übend, auch unvollendet nützlich, die Kenntniß der Literatur hingegen bedarf, um es zu werden, einer gewissen Vollständigkeit, und anderer günstiger Umstände." (S. 105)

Etwas weiter unten fügt er als zentralen didaktischen Grundsatz hinzu, „daß die Form einer Sprache, als Form sichtbar werden muß, und dies besser an einer todten schon durch ihre Fremdheit frappierenden, als an der lebendigen Muttersprache geschieht" (S. 107).

In seiner Interpretation weist Spranger zunächst darauf hin, dass sich Humboldt hier als Schüler des Philologen Friedrich August Wolf zeige, der immer wieder betont habe, „daß man durch die Sprache nicht nur Sachkenntnisse lerne, sondern daß die rechte Beschäftigung mit einer nicht ganz unphilosophischen Sprache den Geist bilde und ihm die rechte Richtung gebe." (S. 169)[4]

Nach dieser historischen Einordnung konzentriert sich Spranger auf das eigentliche sprachphilosophische „Zentrum der Didaktik" (S. 169) Humboldts, dass durch Sprache zugleich auch immer spezifische Weltansichten eröffnet würden – ein sprachphilosophisches Argument, das sich gerade für den altsprachlichen Unterricht als besonders produktiv erweisen sollte, um vor allem den Sprachunterricht didaktisch nachhaltig aufzuwerten:

„Nun erschien ihm die Sprache als die adäquate sinnliche Darstellung einer geistigen Struktur; er fand in ihr niedergelegt, gleichsam objektiviert, eine ganze Weltansicht der Individualität, die der allgemeine Sprachtypus doch noch gestattet. [...] so suchte Humboldt in den Sprachen die Form der Sprache überhaupt, d. h. den Urtypus, die Idee, die identische Grundstruktur [...]" (S. 169 f.)

Diese „formale Sprachbildung" (S. 170) grenzt Spranger deutlich vom bekannten Unterrichtsbetrieb ab, den er scharf als „klägliche und monotone logische Gymnastik" (S. 171) kritisiert. Humboldt meine mit der Sprache als Form

„nicht die bloße Grammatik, sondern eine ganze Sprachpsychologie, ja Sprachphilosophie. [...] Darum dringt in das Griechentum selber ein, wer in seine Sprache ein-

---

4 Spranger zitiert Wolf aus den Consilia Scholastica, S. 109 ff. „Man lernt nicht allein, wenn man so die Sprachen studirt, viele Sachkenntnisse, indem man z. B. Geschicht-Schreiber, Weltweise liest, sondern die philosophische Erlernung einer nicht ganz unphilosophischen Sprache bildet den Geist und giebt ihm die rechte Richtung. [...] Die alten Sprachen sind 1) so gebildet und grammatisch befestigt, 2) so nicht bloss für den Verstand, sondern für das Gefühl gebildet, dass sich durchaus die zartesten Regungen der Seele durch die Worte und deren Stellungsart (Disposition?) ausdrücken."

dringt: er faßt die Idee der Wurzel dieses humansten Volkes gleichsam an ihrer Lebenswurzel, er berührt sie, indem er immer tiefer zu ahnen beginnt, wie Sprache und daneben Literatur nichts sind als das objektive Gegenbild von der seelischen Struktur des Volksgeistes selbst. Nur so kann Humboldts Auffassung von der formalen Bildung gedeutet werden." (S. 171)

Der Unterricht sei überraschenderweise sogar dann besonders wertvoll, wenn es nicht zur Lektüre antiker Originaltexte komme:

> „Und Humboldt ist so tief von diesem seinem Lieblingsgedanken durchdrungen, daß er gerade von dieser Art der formalen Geistesbildung die höchsten Erfolge erwartet. Die Sprache in ihrer Grundstruktur ist ihm so sehr Abdruck des Geistes und Ausdruck einer eigentümlichen Weltansicht, daß ihre Erlernung [...] den höchsten Nutzen gewährt, ja selbst dann, wenn der Schüler garnicht bis zur Literatur und Altertumskenntnis durchdringt." (S. 140)

Spranger zeichnet hier mit einigem Pathos ein Bild Humboldts, das den in der Defensive befindlichen Schulhumanisten sehr entgegenkommen musste. Während die Griechen (im Gegensatz zum wissenschaftlichen Mainstream) hier ihrer vorbildhaften Idealität nicht entkleidet werden, wird durch Humboldts sprachphilosophischen Ansatz erst der Zugang zu den Griechen ermöglicht. Angesichts dessen ist es nur folgerichtig, dass Spranger sich veranlasst sah, Humboldt gegen spätere Entwicklungen am preußischen Gymnasium in Schutz zu nehmen, die insbesondere zum problematischen Image des Faches Latein als formalistischem Paukunterricht beigetragen hatten. Dies könne ihm „nicht zur Last gelegt werden und hat mit seinen Absichten nichts zu tun" (Spranger 1910, S. 171).[5]

So kann es nicht überraschen, dass Sprangers Ausführungen zu einer intensiven Rezeption seitens maßgeblicher Vertreter der klassischen Philologie bzw. des altsprachlichen Unterrichts führten, zumal die Lage des altsprachlichen Unterricht insbesondere zu Beginn der Zwanzigerjahre alles andere als einfach war: Unter der politischen Vorgabe, den Unterricht im Sinne der Deutsch- bzw. Kulturkunde auszurichten, verlor der altsprachliche Unterricht in der Weimarer Zeit endgültig seine Leitfunktion im Kanon der Schulfächer. Deutsch, Geschichte, Erdkunde und Religion standen nunmehr im Mittelpunkt der Schule. Die alten Sprachen sollten sich durch eine kulturkundliche Ausrichtung als anerkannter Teil des Fächerkanons erweisen, um das Verständnis für die deutsche Kultur zu verbessern und das nach dem Ende des Weltkrieges fragile Nationalgefühl zu fördern (vgl. Kipf 2017, S. 86 f.).

---

5 Tenorth 2018, S. 126, führt zahlreiche Beispiele für diese in der Folgezeit weit verbreitete Form der Rezeption Humboldts an: „Das Programm erhält seine Geltung, indem man es als ein noch nicht eingelöstes Versprechen der bürgerlichen Gesellschaft beurteilt."

Da man hierdurch einen nachhaltigen Verlust humanistischer Identität befürchtete, griff man dankbar Sprangers Ausführungen auf, um auf diese Weise mit der Autorität Humboldts im Rücken wichtige Argumente für eine wissenschaftlich in sich stimmige und didaktisch innovative Begründung des altsprachlichen Unterrichts zu gewinnen. So betonte Max Krüger im Jahr 1930 in seiner wirkungsmächtigen „Methodik des altsprachlichen Unterrichts“:

> „Aber die Erlernung der alten Sprachen ist nicht bloß Mittel zum Zweck, sondern sie hat einen hohen Bildungs- und damit humanistischen Wert. Worin dieser liegt, ist gerade in den letzten Jahren von Philosophen und Sprachwissenschaftlern in Anknüpfung an W. v. Humboldts grundlegenden Arbeiten erforscht worden.“ (Krüger 1930, S. 13)

Dabei nahm man ebenso wie Spranger Humboldt gegen Vorwürfe in Schutz, für die aktuellen Probleme des Unterrichts verantwortlich zu sein, übte dafür an den als drängend empfundenen Missständen des Unterrichts umso heftigere Kritik. Der Gräzist Julius Stenzel sprach sogar von einer „Entartung“ der Idee Humboldts:

> „Doch auch bei dieser schrittweisen Entfernung von der eigentlichen Idee, die W. v. Humboldt vorgeschwebt hatte, und nach der die Sprache als solche den Mittelpunkt der pädagogischen Bemühung bilden sollte, wirkte die Macht der Idee aufs stärkste auf den humanistischen Schulbetrieb ein, und zwar, wie man leider sagen muss, in einer durchaus verhängnisvollen Richtung. Der grammatikalische Betrieb der Lektüre, der unselige halbrichtige Gedanke der formalen Verstandesbildung durch die angeblich besonders logische lateinische Sprache, wohl diejenigen Züge des humanistischen Schulbetriebes, die ihm am meisten Ansehen und Liebe untergraben haben, sie sind das freilich längst entartete Erbe Humboldtschen Geistes.“ (Stenzel 1921/22, S. 263)

Sprangers Humboldtinterpretation wurde somit zu einem wichtigen Impuls für eine Reform des altsprachlichen Unterrichts, um für den Sprachunterricht eine veränderte, didaktisch sinnvolle Ausrichtung zu gewinnen, der „die Seele der Antike“ offenbaren sollte, sich dann aber „zu formalistischer, seelenloser, sprachlicher Dressur“ (Kranz 1926, S. 37) verwandelt habe. Besondere Aufmerksamkeit wurde dabei Humboldts Sprachbetrachtung gewidmet und auf deren didaktisches Potenzial aufmerksam gemacht, und zwar nicht nur in Bezug auf

> „die syntaktischen Bedeutungsverhältnisse, die die Sprache ausdrücken kann, sondern ebenso die Bedeutungsverhältnisse der Worte in ihrem lexikalischen Sinne. Gerade an ihnen kann man nachweisen, wie sehr von einem einzigen Punkte aus der Sinn ganz weiter Bedeutungsgebiete verändert wird. Aus dem Fehlen eines Wortes in einer Sprache ist oft ein wichtiger Zug der Lebensauffassung zu erschließen.“ (Stenzel 1921/22, S. 268)

Auch die angenommene Identität von Sprache und Geist in einer spezifischen Weltansicht wurde genutzt, um den Kernbereich des altsprachlichen Unterrichts, die Beschäftigung mit den lateinischen und griechischen Originalen, neu zu legitimieren. Anknüpfend an Humboldts Bemerkung „Die Sprache ist gleichsam die äußerliche Erscheinung des Geistes der Völker; ihre Sprache ist ihr Geist und ihr Geist ihre Sprache; man kann sich beide nie identisch genug denken.“ (Humboldt 1830–35, S. 414 f.) bemerkt Walther Kranz in seinem Kommentar zu den kulturkundlich geprägten Lehrplänen des Jahres 1925 ganz grundsätzlich:

> „Dieser Fundamentalsatz Humboldtscher Altersweisheit ist wie die Voraussetzung aller Philologie so auch die des Gymnasiums. In der Sprache des originalen Wortes [...] redet hellenischer und römischer Geist zu uns. Die strenge Pflicht, sich um den eigentlichen Sinn des fremden Wortes und Gedanken zu bemühen, macht eine Berührung mit der Antike allererst möglich [...]. Das Umsetzen und Umdenken der einen sprachlichen Form in die andere [...] befreit von der Enge des eigenen Sprachbewußtseins, befreit vom Ich und bereichert durch den Zwang, in anderer Menschen Wesen verstehend einzudringen, eine Forderung zugleich der Wissenschaft und der Ethik.“ (Kranz 1926, S. 38)

Diese Feststellung ist in ihrer Grundsätzlichkeit bemerkenswert. Humboldt wird zum Schutzpatron des in seiner Existenz bedrohten humanistischen Gymnasiums. Sein sprachphilosophischer Ansatz ermöglicht nicht nur einen vermeintlich überzeugenden Zugang zu den geistigen Grundlagen der Antike, sondern auch ein ganz individuelles Bildungserlebnis, indem durch die Auseinandersetzung mit den fremden Ausdrucksweisen erst Fremderfahrung und Perspektivwechsel ermöglicht wird – ein Gedanke, der auch in der modernen Fachdidaktik von großer Bedeutung ist, wenn es z. B. um sprachliche Bildung durch Fremdverstehen geht (vgl. Kipf 2014, S. 39–42).

So kann es nicht überraschen, dass sich (der nicht zuletzt auch als Fachwissenschaftler bis heute höchst renommierte) Walther Kranz zu Humboldt und dem Neuhumanismus bekennt:

> „[...] so muß hier mit Entschiedenheit ausgesprochen werden [...], daß wir immer noch die Schüler der Neuhumanisten und in ganz besonderem Maße die Schüler Wilhelm von Humboldts sind und ewig sein werden, einfach deshalb, weil sie unverrückbar Wesentliches gesehen haben.“ (Kranz 1926, S. 15)

Dennoch erliegt Kranz nicht der Versuchung, Humboldt allzu leichtfertig und in anachronistischer Weise in die Gegenwart verpflanzen zu wollen. Humboldts knappe Äußerungen wurden nämlich auch durchaus als problematisch empfunden, da hiermit die Originallektüre als Zentrum des Unterrichts nicht sinnvoll gerechtfertigt werden könne:

„Freilich liegen von ihm selbst nur ganz wenige andeutende Sätze vor, kein Wort darüber, wie der humanistische Unterricht im einzelnen zu gestalten sei, welche Bedeutung der Inhalt der Lektüre besitze und wie man demnach ihre Auswahl für die Jugendbildung zu treffen habe; [...] Darf man aber die dürftigen Äußerungen hierzu verallgemeinern, so scheint es, als ob der gesamte lateinisch-griechische Gymnasialunterricht dazu dient, diese Sprachen nur um der Kenntnis vom Sprachbau überhaupt willen zu lehren [...]. So unzweifelhaft hierin Wertvollstes ausgesagt ist über Methode und Sinn der eigentlichen Spracherlernung, [...] so undenkbar erscheint es uns heute, den gesamten altklassischen Gymnasialunterricht allem diesem einen Gedanken dienstbar zu machen. [...] sollten die Ilias [...], der Ödipus und die Antigone, Horaz und Tacitus gelesen werden um der ‚Kenntnis von Sprachbau' willen?" (Kranz 1926, S. 36–38)

Dementsprechend kamen Kranz und Stenzel um eine Anpassung Humboldts an die Gegenwart nicht herum:

„So wie uns nun Humboldts Auffassung vom Wesen der Antike zwar befangen schien in der allgemeinen Zeitansicht, aber trotzdem das Fundament auch für die Ansicht unserer Generation bleibt, so müssen wir wagen, auch hier den Kern seiner pädagogischen Anschauung von Einseitigkeit und Überspannung zu befreien." (Kranz 1926, S. 37 f.)

So soll der alte humanistische Grundsatz, dass *verba et res* untrennbar zusammengehören, mit Humboldts Ideen zu einem sinnvollen Ganzen zusammengeführt werden:

„Soll der humanistische Schulunterricht einen Sinn haben, so darf er weder das nivellieren, was die Griechen auszeichnet, noch den Zugang zu den ‚Sachen', den realen Res ohne ihre Form erschleichen wollen. [...] Wenn Humboldt die Sprache als Sprache gelehrt wissen wollte, so meinte er Sprache in seiner Auffassung; als ein Vehikel, um zum Sinn zu gelangen. [...] Das Ziel des humanistischen Unterrichts in dem Verstehen der Sprache sehen heißt im Sinne Humboldts sich der gesamten historischen Bedingtheit, in der wir stehen, bewußt zu werden und des Gehaltes der eigenen und mit ihr verwurzelten Kulturen auf dem sichersten und unmittelbarsten Wege sich bemächtigen." (Stenzel 1921/22, S. 273)

Dieser Diskurs wirkte sich dann auch auf die Gestaltung der Lehrpläne von 1925 aus. Walther Kranz weist darauf hin, dass im Lehrplan festgeschrieben sei,

„über eine Betrachtung der Einzelheiten hinaus ein Gefühl für den eigentümlichen Geist jeder der (drei, nämlich der griechischen, lateinischen und deutschen) Sprachen zu gewinnen, dadurch das Stilgefühl überhaupt zu verfeinern und das Bewußtsein der Verantwortung für den eigenen Stil zu verstärken." (Kranz 1926, S. 59)

Auf der Basis Humboldt'scher Gedanken sieht Kranz außerdem die Einheit von Sprach- und Sachunterricht sowie die gehaltvolle Interpretation der literarischen Werke der Antike sichergestellt:

„Eine solche Auffassung der Sprache, die in jenem Fundamentalsatz gipfelte, daß die Sprache gleichsam ‚die äußerliche Erscheinung des Geistes der Völker' darstelle, zeige zugleich, daß die von den Richtlinien verlangten Betrachtungen über die Werke nicht gedacht sind als losgelöst von ihnen, gleichsam als ob hier ein Gegensatz bestände zwischen Sprach- und Sachunterricht, sondern jene Betrachtungen sollen eben die tiefere, die eigentliche Ausdeutung des in der fremden Sprache gedachten, geformten Werkes sein [...]." (Kranz 1926, S. 65)

Durch Humboldt sollte es nun gelingen, nicht nur den problembehafteten Sprachunterricht auf eine neue Grundlage zu stellen, sondern auch Legitimation für die Originallektüre und das altsprachliche Gymnasium insgesamt zu gewinnen. Dass durch die direkte Bezugnahme auf die von Spranger gelieferten neuesten wissenschaftlichen Erkenntnisse die Glaubwürdigkeit der neuen didaktischen und zugleich selbstkritischen Argumentation nur an Gewicht gewinnen konnte, liegt auf der Hand.

Diese Orientierung an Humboldt erwies sich jedoch zunächst als nicht sehr dauerhaft: War schon der sog. Dritte Humanismus gegenüber dem Neuhumanismus in kritischer Distanz, da Humboldts idealistisches Griechenbild nicht der historischen Realität entspräche und im Kern unpolitisch sei (vgl. Kipf 2017, S. 87), kam es zu einem grundsätzlichen Bruch mit der humanistischen Tradition im Nationalsozialismus, da es sich hier um zwei völlig unvereinbare Größen handelte. Aus nationalsozialistischer Sicht galt humanistische Bildung als zeitfern, welt- und lebensfremd sowie in liberaler Weise am Individuum ausgerichtet (vgl. Kipf 1999, S. 217 ff.). Zugleich erfuhren die Humboldt'schen Gedanken zur Nähe zwischen Griechen und Deutsche eine eklatante Neubewertung, wobei der Topos der Geistesnähe in eine biologisch determinierte Rasseverwandtschaft umgedeutet wurde, und zwar auf der Basis ‚wissenschaftlicher' Rassenforschung, die die Griechen als Angehörige der nordischen Rasse ausgemacht hatte (vgl. Kipf 2021a) Die Abgrenzung gegenüber Humboldt hätte somit nicht grundsätzlicher sein können:

„Der richtige Instinkt, der bei der Entdeckung des Griechentums wirksam gewesen war, wurde verfälscht und umgebogen durch die Bildungsidee der Zeit, wie sie sich in W. v. Humboldts Formulierungen und ihrer besonderen Anwendung auf das Griechentum ausdrückt." (Eberhardt 1935, S. 4 f.)

Rezeption Humboldts von der Nachkriegszeit bis in die Gegenwart

Nachdem in der Zeit des Nationalsozialismus ein grundlegender Bruch mit sämtlichen Traditionen des Humanismus vollzogen worden war, kam es nach dem Ende des Zweiten Weltkrieges in der Bundesrepublik zur direkten Anknüpfung an die Traditionen des Neuhumanismus (vgl. Kipf 2006, S. 20 f.), und dabei ganz speziell auch an Wilhelm von Humboldt. Am deutlichsten wird dies in direkter Anknüpfung an das von Spranger erschlossene und in den zwanziger Jahren fachdidaktisch rezipierte Humboldtbild. Unter Bezugnahme auf die Publikationen von Spranger, Stenzel, Kranz und Krüger sollten die Schüler in die antike, d. h. insbesondere in die römische Weltansicht eingeführt werden (vgl. Kipf 2006, S. 45–48). So bemerkt Krüger in der Neubearbeitung seiner Methodik explizit:

> „Es sei mir erlaubt, mit allem Nachdruck auf die Bedeutung W. v. Humboldts für unsere heutige Auffassung von der Sprache und der Notwendigkeit einer intensiven Beschäftigung mit Humboldts Anschauungen hinzuweisen." (Krüger / Hornig ^{2}1963, S. 34)

Daher sollte es wie gehabt „bei der Humboldtschen Sinngebung des Sprachunterrichts […] um mehr als um bloßen Grammatikunterricht" gehen. „Humboldt möchte zu den geistigen Grundlagen des fremden Volkes vorstoßen" (Luther 1953, S. 241). Dabei komme es darauf an, „durch die grammatischen Schemata und Kategorien […] durchzustoßen und die wirkenden Kräfte der lateinischen Sprache, ihre ‚Weltansicht', bewußt zu machen" (Luther 1953, S. 242). Dabei wird nicht mehr nur das Deutsche sprachvergleichend einbezogen, sondern auch die konkurrierenden modernen Fremdsprachen sollen einen sinnvollen Platz im lateinischen Sprachunterricht erhalten. So dienen „die Eigentümlichkeiten der Fremdsprache […] als Folie, von der sich die Sonderheiten der Muttersprache deutlich erkennbar abheben." (Luther 1953, S. 259) Daraus wurde ein Hauptziel für den Lateinunterricht insgesamt abgeleitet: „Es ist die vornehmste Aufgabe des Lateinunterrichts […], zugleich an die Weltansicht der Muttersprache und damit an die Wurzeln unserer geistigen Existenz heranzuführen." (Luther 1953, S. 259)

Im Unterricht sollten diese Ziele durch die Arbeit mit Wortfeldern, Etymologie und vergleichender Sprachgeschichte erfolgen (vgl. Luther 1953). Insgesamt entwickelte sich bis in die Sechzigerjahre hinein eine recht umfangreiche fachdidaktische Rezeption dieser Position (z. B. Kranz 1957; Luther 1961; Krüger / Hornig 1963; Patzer 1961; Jäkel 1964), übrigens auch mit Auswirkungen auf die Inhalte von Lehrplänen (Bayern 1952, 1964; Baden-Württemberg 1957; Nordrhein-Westfalen 1952; Rheinland-Pfalz 1960; vgl. Kipf 2006, S. 47 f.).

Humboldts Rezeption in den Fünfziger- und Sechzigerjahren beschränkte sich jedoch nicht nur auf Fragen, die auf eine konkrete Verbesserung des Unterrichts abzielten, sondern erfolgte auch im Rahmen langwieriger Debatten zur Zukunft humanistischer Bildung bzw. des humanistischen Gymnasiums, das infolge verschiedener Reformen der Gymnasialstruktur zu einer marginalisierten Schulform zu werden drohte (vgl. Kipf 2006, S. 20–31). Im Rahmen dieses Humanismus-Diskurses, der für die Programmatik des altsprachlichen Unterrichts von großer Bedeutung war, findet sich jedoch eine höchst unterschiedliche Berücksichtigung Humboldts. Grundsätzlich lässt sich feststellen, dass diese Debatte unter dem Einfluss des Dritten Humanismus stand (vgl. Kipf 2006, S. 105 ff.; 113 f.), der insbesondere in den Fünfzigerjahren ein erstaunliches Nachleben entfaltet hatte (vgl. Kipf 2017, S. 96–104). Humboldt musste daher deutlich hinter dem Gräzisten Werner Jaeger zurücktreten und wurde zumeist nur schlagwortartig als „Schöpfer unseres deutschen Humanistischen Gymnasiums" apostrophiert (Behrendt 1945, S. 7; vgl. z. B. Bornemann 1953, S. 4; Borucki 1960, S. 11; Hornung 1960, S. 49 f.), ohne dass auf seine bildungstheoretischen Konzepte eingegangen wurde.

Eine intensivere, wenn auch keineswegs einheitliche Würdigung erfährt Humboldt im Rahmen der Auseinandersetzung mit Publikationen, in denen er aus Sicht der wissenschaftlichen Pädagogik z. T. grundsätzlich kritisiert wurde. Auch wenn Humboldts direkter Einfluss auf die altsprachliche Programmatik durchaus punktuell und überschaubar war, wurde er von den Kritikern des Latein- und Griechischunterrichts allem Anschein nach als entscheidender Kristallisations- und Angelpunkt für wirkungsvolle Gegenwartskritik an den beiden Fächern wahrgenommen. Hierzu zählt insbesondere Theodor Litt und seine weithin beachtete Schrift „Das Bildungsideal der deutschen Klassik und die moderne Arbeitswelt" (1955), in der er am klassisch-humanistischen Bildungsideal, Humboldt selbst und darüber hinausgehend am zeitgenössischen altsprachlichen Unterricht grundsätzliche Kritik geübt hatte. Durch die Fokussierung auf die Innerlichkeit des Menschen und auf der Grundlage einer historisch nicht zu rechtfertigenden Idealisierung der Antike seien Theorie und Praxis des altsprachlichen Unterrichts nicht vereinbar mit den Anforderungen der modernen Gesellschaft und ihrer Arbeitswelt.

Diese Grundsatzkritik blieb von altsprachlicher Seite nicht unwidersprochen, wobei Humboldt in ganz unterschiedlicher Weise in die Argumentation einbezogen wurde. Arthur Bork, Lehrer an einem Berliner Gymnasium und in der Vor- und Nachkriegszeit als überzeugter Anhänger des Dritten Humanismus mit verschiedenen Publikationen hervorgetreten (vgl. Kipf 2017, S. 99–104), distanzierte sich nämlich vom Vorwurf Litts, dass die Schulhumanisten „noch auf dem Boden Humboldts stehen und deshalb gegenüber den Gefahren der modernen Arbeitswelt ratlos sind" (Bork 1957, S. 398). Bork ergreift jedoch keine Partei für Humboldt, sondern verweist als Anhänger des Humboldt-skeptischen Dritten Humanismus darauf, dass sich das Bild der Antike „so erweitert und verändert" habe, „dass manche Auffassung unserer Klassiker sich nicht mehr halten ließ" (S. 401). In Anlehnung an Wilamowitz bemerkt er: „Die historische Forschung hat das Idealbild der Griechen (oder der Alten schlechthin) zerstört." (S. 401)

Verteidigte Bork den Schulhumanismus durch Abgrenzung von Humboldt[6], wählte der oben schon erwähnte Wilhelm Luther einen anderen Weg. Luther verwahrt sich gegen Litts seiner Ansicht nach ungerechtfertigte Kritik an Humboldt und beklagt, dass „die moderne Reformpädagogik diesen großen Erzieher zum pädagogischen Prügelknaben herabgewürdigt und die Littschen Argumente zu tendenziösen Angriffen gegen den Schulhumanismus der Gegenwart benutzt" habe (1960, S. 318). In Luthers Äußerungen zeigt sich das grundsätzliche Phänomen, dass Vertreter der Pädagogik als Gegner des altsprachlichen Unterrichts angesehen wurden, was zu einer weitgehenden Abkoppelung der altsprachlichen Didaktik von dieser Disziplin führte (vgl. Kipf 2006, S. 24 ff.). Schließlich weist Luther ganz im Sinne seiner unterrichtspraktischen Vorschläge darauf hin, dass „nicht zuletzt der Sprachphilosoph H. [...] uns mit seinen grundlegenden Erkenntnissen noch immer Entscheidendes zur Didaktik und Methodik des fremdsprachlichen Unterrichts zu sagen" (1960, S. 320) habe. In diesem Zusammenhang zeigt sich auch die bemerkenswerte Langzeitwirkung der Schriften Sprangers. Luther betont nämlich, dass Sprangers „Humboldtbild [...] auch ein halbes Jahrhundert später noch maßgebend" sei (1962, S. 382), und geht in seiner Bewunderung für Humboldt so weit, dass „sein Verhalten als Chef der Sektion für den öffentlichen Unterricht [...] den heutigen Schulbehörden zu empfehlen" sei. „Sie können bei ihm lernen, wie man eine mittlere Linie zwischen staatlichem Dirigismus und freier individueller Entfaltung der Unterrichtsanstalten einhalten kann." (1962, S. 382)

Infolge der Curriculumrevision der Siebzigerjahre und einer ideologiekritischen Ausrichtung des altsprachlichen Unterrichts kam es dann zu einem weitgehenden Abbruch der Rezeption Humboldts. In den sich breit entfaltenden fachdidaktischen Monographien der Siebziger- und Achtzigerjahre (z. B. Glücklich 1978; Maier 1979, 1984, 1985; Gruber/Maier 1979, 1982; Höhn/Zink 1979, 1987) ist Humboldt nur selten präsent, i. d. R. ist er nicht einmal in den Registern und Literaturlisten auffindbar. Man kann den Eindruck bekommen, dass Humboldt nun als veraltet angesehen wurde. Zwar wurde durchaus im Sinne Humboldts dem sprachreflektorischen Umgang mit dem Lateinischen breiter Raum gewidmet, jedoch nicht mehr unter den Auspizien Humboldt'scher Sprachphilosophie, sondern unter dem Einfluss aktueller linguistischer Modelle

6 Auch Vertreter eines dezidiert christlichen Humanismus distanzierten sich von Humboldt, da der Neuhumanismus Humboldt'scher Prägung „nicht nur unchristlich", sondern auch „im letzten auch unreligiös geworden" sei. „Er kennt zwar die religiös-sittlichen Werte, aber sie werden doch weitgehend in ästhetische umgebogen und verlieren damit ihre Verbindlichkeit." (Croce 1963, S. 40)

(vgl. Kipf 2006, S. 251–271). Anknüpfungen an Humboldt bleiben seltene Einzelfälle: Beispielsweise in Waiblingers Plädoyer (1982) für eine Orientierung an Humboldts Konzept der allgemeinen Menschenbildung, das er in der bayerischen Kollegstufe verwirklicht sah; ferner durch die Nutzbarmachung der in Humboldts Weltansicht-Tradition stehenden Sapir-Whorf-Hypothese, um auf der Basis der Relation zwischen Sprache und Denken eine wissenschaftlich aktuelle Begründung für die Originallektüre zu gewinnen (Nickel 1982, S. 218 f.) Ansonsten wurde Humboldt eher schlagwortartig in einzelnen Grundlagenwerken erwähnt, um in Abwandlung des Topos von der Weltansicht nun „lateinische Literatur als Spiegel europäischen Geistes" (Westphalen 1992) erweisen zu können. Dabei zeigt sich jedoch eine gewisse Desillusionierung, wie man Humboldt für den altsprachlichen Unterricht am Ende des 20. Jahrhunderts nutzbar machen könnte (Westphalen 1996). Bezeichnend ist in diesem Zusammenhang, dass die 1996 vorgelegte Dissertation von Landwehr zu „Bildung – Sprache – altsprachlicher Unterricht. Eine Studie zur sprachtheoretischen Grundlegung pädagogischen Handelns bei Wilhelm von Humboldt" in der lateinischen Fachdidaktik nicht zur Kenntnis genommen wurde, obwohl Landwehr den bemerkenswerten Versuch unternimmt, aus Humboldts sprachtheoretischen Überlegungen Schlussfolgerungen für den aktuellen Lateinunterricht zu ziehen.

„Sind wir Schüler Humboldts?" – Fazit und didaktische Perspektiven

Die Untersuchung hat ein zwiespältiges Bild ergeben: Die fachdidaktische Rezeption Humboldts erweist sich als ungleichmäßig, kennt Höhen und Tiefen, schwankt zwischen Verehrung und Vergessen. Nachdem er im Laufe des 19. Jh. weitgehend aus dem Blick der Vertreter des altsprachlichen Unterrichts geraten war und sich die Unterrichtsrealität mit ihrem inhaltsleeren Formalismus in eine Richtung entwickelt hatte, die Humboldt ganz sicher nicht goutiert hätte, kam es über den Vermittler Eduard Spranger zur Wiederentdeckung Humboldts und seiner Inanspruchnahme als Schutzpatron und Nothelfer in Krisen des altsprachlichen Unterrichts in den Zwanziger- und Fünfzigerjahren. Den Schwerpunkt bildete dabei die Reform des Sprachunterrichts, indem Humboldts relativistisches Konzept von Sprache als Weltansicht nutzbar gemacht wurde, um dem als schülerfernes Pauken übel beleumundeten Sprachunterricht eine sinnvolle Legitimation geben zu können. Dabei kam man jedoch um eine gewisse Adaptierung Humboldts an didaktische Grundsätze der Gegenwart nicht herum, um Sprach- und Inhaltsbetrachtung in ein sinnvolles Gleichgewicht zu bringen.

Jedoch zeigte sich auch, dass diese Ansätze in ihrer Wirkung nicht von Dauer waren, ausgebremst durch nationalsozialistischen Rassenwahn und erneut durch den Reformdruck der Siebzigerjahre, in denen man glaubte, sich von humanistischen Traditionen lösen zu müssen, um vor allem dem Lateinunterricht einen Neuanfang zu ermöglichen. In der Folgezeit tauchte Humboldt zumeist als vordergründige Projektionsfläche auf, an dessen Ideen man sich im ungünstigsten Fall klarmachte, was in der Gegenwart für den altsprachlichen Unterricht unrettbar verloren schien, nämlich seine zentrale, impulsgebende Rolle im Bildungswesen und der Gesellschaft (vgl. Westphalen 1996).

Nun muss diese Untersuchung nicht mit einem derart pessimistischen Grundton ausklingen; vielmehr scheint es doch geboten und sinnvoll, sich mit Humboldt in Zukunft stärker als historischer Referenzgröße zu befassen, die für den altsprachlichen Unterricht des frühen 21. Jh. nicht zu unterschätzendes didaktisches Anregungspotenzial bietet. Auch für Humboldt gilt wie für alle Themen der Unterrichts- und Bildungsgeschichte: Eine Beschäftigung mit diesen historischen Stoffen verleiht dem fachdidaktischen Diskurs historische Tiefenschärfe, Abstand zur Gegenwart und fördert modellorientiertes Denken (vgl. Kipf 2019a, S. 34).

So wurde das Humboldt'sche Konzept einer allgemeinen Menschenbildung bereits genutzt, um den altsprachlichen Unterricht in ein übergreifendes Kompetenzmodell mit dem Ziel individueller Bildung einzubetten (Nida-Rümelin 2013/2016; Kipf 2019, Beyer / Kipf 2021).

Auch für den Bereich der Sprachbildung, der in den letzten Jahren immer größere Bedeutung für den Lateinunterricht und seine gesellschaftliche Legitimation gewonnen hat (z. B. Kipf 2014, Große 2016), zeigt sich, dass der Humboldt'sche Gedanke der Sprache als Form uns näher ist, als es auf ersten Blick erscheinen will, wenn es darum geht, in einem sprachbildenden Lateinunterricht Einblicke in spezifische Eigenheiten der lateinischen Sprache, der Herkunfts- bzw. Muttersprache und auch anderer Fremdsprachen zu gewinnen. An dieser Stelle zeigt die leider weitgehend unbeachtete Studie Landwehrs ihren großen didaktischen Wert: In seiner konzisen Interpretation der Humboldt'schen Schulpläne zeigt Landwehr das Potenzial Humboldts für einen sprachbildenden Lateinunterricht, der als „Modellfall“ (Kipf 2021, S. 102) die Reflexion bildungssprachlicher Strukturen und ihre aktive Bildung zum Gegenstand hat und dadurch die sprachlichen Entwicklungsprozesse seiner Schülerinnen und Schüler fördert. So betont Landwehr, dass es Humboldt darum gegangen sei, die Schüler zu befähigen, anhand der für den altsprachlichen Unterricht „und seine Gegenstände wesentlichen Bezeichnungssysteme im Umgang mit Bezeichnungssystemen überhaupt anzuleiten und sie bei der Schwierigkeit zu unterstützen“ und die für sie „als Menschen [...] allgemein wie individuell grundlegenden Fähigkeiten zu entwickeln“ (1996, S. 167). Landwehr argumentiert schlüssig, dass mit Humboldt der entscheidende didaktische Wert altsprachlichen Sprachunterrichts danach bemessen wird, was das Lateinische durch sein spezifisches Bezeichnungssystem „für diese grundlegende Anleitung aller Schüler leistet“ (S. 168). Da die alten Sprachen nicht mehr gesprochen werden, werde das „Phänomen Sprache“ bzw. das „allgemeine Phänomen natürlich-sprachlicher Bezeichnungssysteme“ (S. 201) in ihnen besonders gut „greifbar“ (S. 200 f.). Landwehr weist zu Recht darauf hin, dass Humboldts Konzeption von unmittelbarer Relevanz für den Lateinunterricht sein dürfte, „und zwar insbesondere das Humboldtsche Verständnis von Sprache als ‚Schwierigkeit der Bezeichnung‘ und von Bildung als Fähigkeit ihrer Überwindung“ (S. 323). Zu Recht sieht Landwehr hierin das eigentliche „ ‚sprach‘-‚bildende‘ Potential der Humboldtschen Konzeption“ (S. 323).[7]

Wie so etwas in aktuelle fachdidaktische Zielsetzungen übersetzt werden kann, wird in den z. Zt. geltenden Fachanforderungen Latein in Schleswig-Holstein deutlich:

> „Die Hermeneutik des Übersetzens und die kontrastive Spracharbeit geben dem Lateinunterricht so sein spezifisches Gepräge, durch sie vertieft sich die Sprachbildung der Schülerinnen und Schüler: Die Einsicht in Struktur und Semantik der eigenen und fremder Sprachen, in ihre je spezifische ‚Weltansicht‘ wächst.“(2015, S. 16)

Literatur

Anonym (1826): Zur Methodik des Griechischunterrichts. In: Allgemeine Schulzeitung, Abtheilung II, Nr. 48, S. 378–384.

Bauder, Manfred (1998): Der Lateinunterricht in der DDR. Anspruch und Wirklichkeit. Berlin: Diss. HU.

Baumgart, Franzjörg (1990): Zwischen Reform und Reaktion. Preußische Schulpolitik 1806–1859. Darmstadt: WBG.

Behrendt, Hans (1945): Das Bildungsziel der höheren Schulen. Bonn: Dümmler.

Beyer, Andrea/Kipf, Stefan (2021): Kompetenzen und Bildung. In: Jesper, Ulf/Kipf, Stefan/Riecke-Baulecke, Thomas (Hrsg.): Basiswissen Lehrerbildung. Latein unterrichten. Klett/Kallmeyer: Hannover, S. 19–34.

Bork, Arnold (1957): Theodor Litts Angriff auf das humanistische Bildungsideal. In: Gymn. 64, S. 391–405.

Bornemann, Eduard (1953): Zum Bildungsideal des humanistischen Gymnasiums. In: Päd. Prov. 7, 1, S. 1–9

Boroditsky, Lera (2001): Does language shape thought? Mandarin and English speakers' conceptions of time. In: Cogn. Psychol. 43:1, S. 1–22.

Borucki, Joseph (1960): Was ist humanistische Bildung? Paderborn: Schöningh.

Buddenberg (1864): Rez. von Masius, Hermann (1862), Die Auswirkungen des Humanismus auf die deutschen Gelehrtenschulen. In: Zeitschrift für Gymnasialwesen, 18:2, S. 64–65.

Croce, Walter (1963): Christlicher Glaube und Humanismus heute. In: Gesellschaft für Humanistische Bildung (Hrsg): Humanismus und Christentum. Frankfurt a. M.: Diesterweg, S. 36–45.

Dettweiler, Peter (1906): Didaktik und Methodik des lateinischen Unterrichts. 2. Aufl. München: Beck.

7 Auch die kognitive Linguistik hält Anregungen für den Lateinunterricht bereit – stellvertretend seien hier die Forschungen von Lera Boroditsky (2001) genannt, die in der Tradition von Humboldt und Sapir-Whorf den Zusammenhang von Sprache und Denken erforscht.

Dörwald, Paul (1912): Didaktik und Methodik des griechischen Unterrichts, München: Beck.
Eberhardt, Walter (1935): Die Antike und wir. In: Nationalsozialistische Wissenschaft, Schriftenreihe der N. S. Monatshefte 2.
Eckstein, Friedrich August. (1887): Lateinischer und griechischer Unterricht. Leipzig: Fues's Verlag.
Fuhrmann, Manfred (2001): Latein und Europa. Köln: DuMont.
Gedike, Friedrich (1779): Aristoteles und Basedow oder Fragmente über Erziehung und Schulwesen bei den Alten und Neuern. Leipzig / Berlin: Decker.
Glücklich, Hans-Joachim (1978): Lateinunterricht, Didaktik und Methodik, Göttingen: V&R.
Große, Maria (2017): Pons Latinus – Latein als Brücke zum Deutschen als Zweitsprache. Modellierung und empirische Erprobung eines sprachsensiblen Lateinunterrichts. Frankfurt a. M.: Peter Lang.
Gruber, Joachim / Maier, Friedrich (Hrsg.) (1979): Handbuch der Fachdidaktik, Alte Sprachen 1. München: Oldenbourg.
Gruber, Joachim / Maier, Friedrich (Hrsg.) (1982): Handbuch der Fachdidaktik, Alte Sprachen 2. München: Oldenbourg.
Gruber, Joachim / Maier, Friedrich (1991): Humanismus und Bildung. Zukunftschancen der Tradition, 2. Bde. Bamberg: Buchner.
Henneböhl, Rudolf (2007): Ovid, Metamorphosen. 2. Aufl. Bad Driburg: Ovid-Verlag.
Höhn, Wilhelm / Zink, Norbert (Hrsg.) (1979): Handbuch für den Lateinunterricht, Sekundarstufe II. Frankfurt a. M., Diesterweg.
Höhn, Wilhelm / Zink, Norbert (Hrsg.) (1997): Handbuch für den Lateinunterricht, Sekundarstufe I. Frankfurt a. M., Diesterweg.
Hornung, Robert (1960): Humanismus und Christentum. In: Hörmann, Friedrich (Hrsg.): Humanistische Bildung, München: BSV, S. 47–59.
Humboldt, Wilhelm von (1807): Geschichte des Verfalls und Unterganges der griechischen Freistaaten. In: Flitner, Andreas / Giel, Klaus (Hrsg.) (2010): Wilhelm von Humboldt, Werke in fünf Bänden, Bd. 2. Darmstadt: WBG, S. 73–124.
Humboldt, Wilhelm von (1807a): Ueber den Charakter der Griechen, die idealische und historische Ansicht derselben. In: Flitner, Andreas / Giel, Klaus (Hrsg.) (2010): Wilhelm von Humboldt, Werke in fünf Bänden, Bd. 2. Darmstadt: WBG, S. 65–72.
Humboldt, Wilhelm von (1809): Der Königsberger und Litauische Schulplan (1809). In: Flitner, Andreas / Giel, Klaus (Hrsg.) (2010): Wilhelm von Humboldt, Werke in fünf Bänden, Bd. 4. Darmstadt: WGB, S. 168–195.
Humboldt, Wilhelm von (1830–1835): Über die Verschiedenheit des Sprachbaues und ihren Einfluß auf die geistige Entwicklung des Menschengeschlechtes. In: Flitner, Andreas / Giel, Klaus (Hrsg.) (2010): Wilhelm von Humboldt, Werke in fünf Bänden, Bd. 3. WBG, S. 368–756.
Jäkel, Werner (1964): Möglichkeiten und Grenzen des lateinischen Sprachunterrichts. In: Gymn. 71, S. 295–310.
Kanz, Heinrich (1957): Der Bildungswert des Lateinischen und die moderne Pädagogik. In: Gymn. 64, S. 424–444.
Kellner, Thomas Hubertus (2005): Das Gymnasium aus der bildungstheoretischen Perspektive des Humanismus. Würzburg: Ergon.
Kipf, Stefan (1999): Herodot als Schulautor – Ein Beitrag zur Geschichte des Griechischunterrichts in Deutschland vom 15. bis zum 20. Jahrhundert. Köln, Weimar, Wien: Böhlau.
Kipf, Stefan (2005): Griechisch lernen mit Homer und Herodot – Versuche einer Neugestaltung des griechischen Anfangsunterrichts seit dem Neuhumanismus. In: Hüllen, Werner / Klippel, Friederike (Hrsg.): Sprachen der Bildung – Bildung durch Sprachen im Deutschland des 18. und 19. Jahrhunderts. Wiesbaden: Harrassowitz, S. 91–104.
Kipf, Stefan. (2006): Altsprachlicher Unterricht in der Bundesrepublik Deutschland. Historische Entwicklung, didaktische Konzepte und methodische Grundfragen von der Nachkriegszeit bis zum Ende des 20. Jahrhunderts. Bamberg: Buchner. Nachdruck 2020 Heidelberg: Propylaeum.

Kipf, Stefan (Hrsg.) (2014): Integration durch Sprache. Bamberg: Buchner.

Kipf, Stefan (2017): Paideia und die Folgen – Die Bedeutung des Dritten Humanismus für den altsprachlichen Unterricht nach 1945. In: King, Colin Guthrie / Lo Presti, Roberto (Hrsg.): Werner Jaeger: Wissenschaft, Bildung, Politik. Berlin / Boston: De Gruyter, S. 83–109.

Kipf, Stefan (2019): Betrifft: Allgemeine Menschenbildung – Thesen zum Grundlagenfach Latein. In: Choitz, Tamara / Meyer, Annette / Sundermann, Klaus (Hrsg.): Perspektiven für den Lateinunterricht III. Stuttgart / Leipzig: Klett, S. 14–24.

Kipf, Stefan (2019a): Forschen auch? Gedanken zum Selbstverständnis universitärer Fachdidaktik. In: Angelika Bikner – Ahsbahs, Maria Peter (Hrsg.): Unterrichtsentwicklung macht Schule. Forschung und Innovation im Fachunterricht. Berlin: Springer VC, S. 27–43.

Kipf, Stefan (2021): Latein als Modellfall. In: Jesper, Ulf / Kipf, Stefan / Riecke-Baulecke, Thomas (Hrsg.): Basiswissen Lehrerbildung: Latein unterrichten. Hannover: Kallmeyer / Klett, S. 102–110.

Kipf, Stefan (2021a): Von der Wesensverwandtschaft zur gemeinsamen Rasse – die Transformation des neuhumanistischen Griechenbildes im altsprachlichen Unterricht der Nazi-Zeit. In: Schlelein, Stefan / Helmrath, Johannes (Hrsg.): Macht Antike Politik? Zum Nutzen der Antike in politischer Theorie und Praxis. Berlin: De Gruyter, im Druck.

Kipf, Stefan / Schauer, Markus (2011): Bibliographie für den Lateinunterricht 2. Clavis Didactica Latina. Bamberg: Buchner.

Köpke, Gustav Samuel (1812): Soll der Griechische Sprachunterricht dem Lateinischen auf unsern gelehrten Schulen vorangehn; oder umgekehrt? In: Archiv Deutscher Nationalbildung 1, S. 485–508.

Kranz, Walther (1926): Die Neuen Richtlinien für den lateinisch-griechischen Unterricht am Gymnasium. Berlin: Weidmann.

Krüger, Max (1930): Methodik des altsprachlichen Unterrichts. Frankfurt a. M.: Diesterweg.

Krüger, Max / Hornig, Georg (1963): Methodik des altsprachlichen Unterrichts. 2. Aufl. Frankfurt a. M.: Diesterweg.

Landfester, Manfred (1988): Humanismus und Gesellschaft im 19. Jahrhundert. Darmstadt: WBG.

Landfester, Manfred (1996): Griechen und Deutsche: Der Mythos einer ‚Wahlverwandtschaft'. In: Berding, Helmut (Hrsg.): Mythos und Nation. Studien zur Entwicklung des kollektiven Bewußtseins in der Neuzeit 3, Frankfurt a. M., S. 198–219.

Landwehr, Hans-Eckehard (1996): Bildung-Sprache-altsprachlicher Unterricht. Eine Studie zur sprachtheoretischen Grundlegung pädagogischen Handelns bei Wilhelm von Humboldt. Münster: LIT.

Lattmann, Julius (1986): Geschichte der Methodik des Lateinischen Elementarunterrichts seit der Reformation. Göttingen: V&R.

Litt, Theodor (1955): Das Bildungsideal der deutschen Klassik und die moderne Arbeitswelt. Bonn: Bundeszentrale für politische Bildung.

Luther, Wilhelm (1953): Sinn und Aufgabe des lateinischen Sprachunterrichts. In: Gymn. 60, S. 240–262.

Luther, Wilhelm (1960): Pädagogischer Humanismus heute. In: Gymn. 67, S. 315–344.

Luther, Wilhelm (1961): Die neuhumanistische Theorie der ‚formalen Bildung' und ihre Bedeutung für den lateinischen Sprachunterricht der Gegenwart. In: AU V/2, S. 5–31.

Luther, Wilhelm (1962): Der Schulhumanismus in der pädagogischen Diskussion in der Gegenwart. In: Gymn. 69, 1962, S. 380–396.

Maier, Friedrich (1979, 1984, 1985): Lateinunterricht zwischen Tradition und Fortschritt, 3 Bd., Bamberg: Buchner.

Ministerium für Schule und Berufsbildung des Landes Schleswig-Holstein (Hrsg.) (2015): Fachanforderungen Latein. Allgemein bildende Schulen, Sekundarstufe I, Sekundarstufe II. Kiel: Schmidt & Klaunig.

Müller, Andreas / Schauer, Markus (1994): Bibliographie für den Lateinunterricht. Clavis Didactica Latina. Bamberg: Buchner.
Nickel, Rainer (1982): Einführung in die Didaktik des altsprachlichen Unterrichts. Darmstadt: WBG.
Nida-Rümelin, Julian (2013): Philosophie einer humanen Bildung. Hamburg: edition Körber-Stiftung.
Nida-Rümelin, Julian (2016): Humanistische Reflexionen. Berlin: Suhrkamp.
Passow, Franz (1812): Die Griechische Sprache nach ihrer Bedeutung in der Bildung Deutscher Jugend. In: Archiv Deutscher Nationalbildung 1, S. 99–140.
Patzer, Harald (1961): Gegenwartsaufgaben humanistischer Bildung, Frankfurt a. M.: Diesterweg.
Pohle, Richard (2008): Durch die Griechen zu uns selbst zurück – Konstruktionen nationaler Identität im Spiegel von Verwandtschaftsmythos und Griechen-Römer-Antithese (2008). http://utcp.c.u-tokyo.ac.jp/from/events/pdf/Vortrag_Pohle.pdf (Abfrage: 31.10.2022).
Preuße, Ute (1988): Humanismus und Gesellschaft. Zur Geschichte des altsprachlichen Unterrichts in Deutschland von 1890 bis 1933. Frankfurt a. M.: Peter Lang.
Saure, Felix (2008): ›meine Grille von der Ähnlichkeit der Griechen und der Deutschen‹. Nationalkulturelle Implikationen in Wilhelm von Humboldts Antikekonzept. In: Rosenberger, Veit (Hrsg.): Die Ideale der Alten. Antikerezeption um 1800. Stuttgart: Steiner, S. 113–129.
Schiller, Hermann (1894): Handbuch der praktischen Pädagogik. 3. Aufl. Leipzig: Reisland.
Spranger, Eduard (1909): Wilhelm von Humboldt und die Humanitätsidee. Berlin: Reuther & Reichard.
Spranger, Eduard (1910): Wilhelm von Humboldt und die Reform des Bildungswesens. Berlin, Reuther & Reichard. (zitiert nach ders. (1965), 3., unveränd. Aufl., Tübingen: Niemeyer).
Stenzel, Julius (1921/22): Die Bedeutung der Sprachphilosophie W. von Humboldts für die Probleme des Humanismus. In: Logos, Intern. Zeitschrift für Philosophie der Kultur X, S. 261–274.
Tenorth, Heinz-Elmar (2018): Schulplan und Schultheorie. In: ders., Wilhelm von Humboldt. Bildungspolitik und Universitätsreform. Paderborn: Schöningh, S. 157–171.
Thiersch, Friedrich (1826–1829): Über gelehrte Schule mit besonderer Rücksicht auf Bayern. Tübingen: Cotta.
Van Bommel, Bas (2015): Classical Humanism and the Challenge of Modernity. Berlin et al.: De Gruyter.
Waiblinger, Franz Peter (1982): Die unwiderstehliche Vernunft. In der Bildungsdiskussion: zurück oder vorwärts zu Humboldt? In: MDAV 25/4, S. 1–7.
Westphalen, Klaus (1992): Basissprache Latein. Bamberg: Buchner.
Westphalen, Klaus (1996): Wilhelm von Humboldts pädagogisches Erbe. Neuhumanismus im 21. Jahrhundert? In: FC 39:1, S. 1–10.
Wiersing, Erhard (Hrsg.) (2001): Humanismus und Menschenbildung: Zu Geschichte, Gegenwart und Zukunft der bildenden Begegnung der Europäer mit der Kultur der Griechen und Römer. Essen: Die Blaue Eule.
Wilamowitz-Moellendorf, Ulrich von (1902): Der Unterricht im Griechischen. In: Lexis, Wilhelm (Hrsg.): Die Reform des höheren Schulwesens in Preußen. Halle a.S.: Waisenhaus, S. 157–176.
Wolf, Friedrich August (1835): Friedr. Aug. Wolf über Erziehung Schule, Universität. Consilia scholastica. Aus Wolf's litterarischem nachlasse zusammengestellt von Wilhelm Körte. Bekker: Quedlingburg / Leipzig.

„Einen empirischen Stoff auf speculative Weise bearbeiten"

Zur Methodologie der kulturwissenschaftlichen Bildungsforschung nach Humboldt

Malte Brinkmann

Im „Plan einer vergleichenden Anthropologie" (WfB I, S. 337–375)[1] verdichtet sich das anthropologische und ethnographische Forschungsprogramm zu einer – wie ich zeigen möchte – kulturwissenschaftlichen Bildungsforschung theoretisch-empirischer Menschenkenntnis im Dienste der Humanität, die den hermeneutisch-rekonstruktiven Zugang mit einer performativ-orientierenden Heuristik verbindet. Humboldt orientiert die empirische Forschung als kulturwissenschaftlich fundierte Menschenkenntnis an der Normativität der Bildungstheorie und bezieht beide auf Bildungspraxis. Normativität ist bei Humboldt also nicht ein Betriebsunfall deskriptiver Forschung, sondern der Maßstab, anhand dessen Bildungsforschung von anderen Forschungen, etwa sozialwissenschaftlichen, ethnographischen, soziologischen usw. unterschieden werden kann. Mit Humboldt, so meine These, lassen sich nicht nur „einheimische" (Herbart) Begriffe der Pädagogik, sondern auch eine, wie man sagen kann, einheimische Methodologie der Bildungsforschung genauer bestimmen. Der Beitrag nimmt damit das Anliegen dieses Bandes und der vorangegangenen Vorlesungsreihe auf, sich Humboldt als theoretisch und empirisch gleichermaßen orientierten Bildungsforscher vorzustellen, dessen Leistungen bisher noch zu wenig gewürdigt werden (vgl. Mattig 2019). Im „Plan" präsentiert Humboldt einen empirisch-theoretischen „Suchrahmen" (Meyer-Wolters 2002, S. 97) mit Fokus auf einer kulturwissenschaftlichen Bildungsforschung, mit dem sich das traditionelle, maßgeblich von Eduard Spranger (1882–1963) bestimmte Bild vom humanistischen Bildungstheoretiker, der Individualismus und Idealismus verklärend und vergeistigt verkörpert, revidieren (vgl. Tenorth 2018) lässt – ein Bild, das sich in Abschattungen bis heute durchhält (vgl. Rieger-Ladich 2020).

1 Humboldt wird hier nach den von Andreas Flitner und Klaus Giel herausgegebenen *Werken in fünf Bänden* (WfB) zitiert.

Im Mittelpunkt der folgenden Ausführungen soll also der „Plan einer vergleichenden Anthropologie“ (1795/WfB I) stehen.[2] Ich ziehe zusätzlich die ebenfalls fragmentarische Schrift „Das achtzehnte Jahrhundert“ (1796/97/WfB I, S. 376–505) sowie das Fragment „Theorie der Bildung des Menschen“ (1798/WfB I, S. 234–240) heran. Es geht also um jene frühen, unveröffentlichten Schriften, in denen Humboldt sein anthropologisches Projekt verfolgte und die in der Jenaer Zeit (1794–1797) entstanden sind, in der Humboldt in engem Kontakt mit Schiller und Goethe stand.[3]

1. Erziehungswissenschaftliche Bildungsforschung

Der Zusammenhang von Bildungstheorie, Bildungsforschung und Bildungspraxis in unterschiedlichen Feldern der Pädagogik wird nach wie vor kontrovers diskutiert. Zu diesem Verhältnis bemerkt Robert Kreitz: „Es ist bemerkenswert, dass die Erziehungswissenschaft keine eigene ‚einheimische‘ Interpretationsmethodik hervorgebracht hat.“ Kreitz fährt fort:

> „Die Erziehungswissenschaft verfügt zwar in ihren Teildisziplinen über kanonisierte Verfahren der systematischen Gewinnung von Wissen. Doch handelt es sich nicht um erziehungswissenschaftliche oder pädagogische Interpretationsverfahren, sondern nur [...] um interpretative Verfahren in der erziehungswissenschaftlichen Forschung. [...] Das Fehlen einer eigenständigen erziehungswissenschaftlichen Methodik ist nur ein Symptom dafür, dass keineswegs klar ist, was eigentlich das Kerngeschäft der Erziehungswissenschaft ist und worin die Spezifik ihres Gegenstandes besteht.“ (Kreitz 2010, S. 132)

Mit anderen Worten: Erziehungswissenschaftliche Methodologie besteht v.a. darin, Methoden aus anderen Disziplinen wie der Psychologie, Soziologie und Linguistik zu importieren und diese im pädagogischen Bereich anzuwenden. Dies geschieht allzu oft ohne ausdrückliche Reflexion auf den Gegenstand. Ich denke, dass man dieser Diagnose durchaus zustimmen kann. Allerdings zeichnet sich seit einiger Zeit ein gegenläufiger Trend ab. Unter dem Titel „Theoretische Empirie“ (Kalthoff 2008) bzw. „reflexive Empirie“ (Meseth et al. 2016) oder reflexive „Theoriegenerierung“ (Kreitz/Miethe/Tervooren 2016) werden über erkenntnistheoretische, methodologische und methodische Belange hinaus Fragen

---

2 Sie sind in Teilen Gedanken von Hartmut Meyer-Wolters (vgl. Meyer-Wolters 2002) und Egon Schütz (1994/95) verpflichtet.

3 Ich folge Clemens Menze (1965) in seiner These, dass in der frühen Schaffensperiode der Einfluss Schillers und Goethes nicht zu unterschätzen ist. Humboldt entfernt sich in seiner Zusammenarbeit mit Schiller immer mehr vom Einfluss Kants. Gleichwohl ist seine Diktion in einigen Passagen stark kantianisch geprägt.

in Bezug auf Disziplinentwicklung, Gegenstandskonstitution und Methodologie verhandelt (vgl. Brinkmann 2020; Schäfer/Thompson 2014). Eine zunehmende Theoretisierung empirischer Zugänge bei gleichzeitiger Empirisierung von theoretischen Zugängen zeichnet sich ab – allerdings bisher ohne klare Ergebnislage. Ich möchte im Folgenden an diesen Diskurs anknüpfen und mit Humboldt Bildungsforschung zwischen Theorie, Empirie und Praxis der Bildung verorten. Ich versuche, den „Plan" in einer *systematischen* Perspektive für die genannten Fragen der Methodologie und Gegenstandsbestimmung erziehungswissenschaftlicher Bildungsforschung fruchtbar zu machen.

Wenn ich von Systematik spreche, dann meine ich nicht die althergebrachte, sehr deutsche Vorstellung von Systematik, die Kant im dritten Hauptstück der transzendentalen Methodenlehre in der *Kritik der reinen Vernunft* als ein nach Prinzipien geordnetes Ganzes von Aussagen zum Zwecke der Erkenntnis bestimmt. Kriterium der Systematik bei Kant ist die Vernunft, die sich im Begriff gleichsam manifestiert (vgl. Kant 1977, B 859–867, A 832–839). Die Vernunft bestimmt eine „Sache" (als Vorstellung), auf die sich Erkenntnis präzise bezieht, indem sie diese auf den Begriff bringt. Humboldts Plan entspricht diesen Prinzipien nicht. Er hat eher einen mäandernden, zirkulären Charakter. Wenn es stimmt, dass die Anthropologie, das heißt der Gegenstand des „Plans" als wissenschaftliche und praktische Menschenkenntnis und als Beobachtung, Beschreibung und Analyse des Charakters (von Menschen, Nationen, Epochen) unter Maßgabe oder Norm der Theorie der Bildung, kein „fester" Gegenstand ist, der sich universal, allgemeingültig und unabhängig von Zeit und Raum feststellen ließe und über den dann auch noch über alle Differenzen hinweg Einigkeit herrsche, dann muss Systematik anders bestimmt werden. Sie kann dann eher als eine Zusammenstellung (griech.: *systema*) verstanden werden, die sich nicht auf Festes, Bestehendes und Objektives, sondern auf Geschichtlich-Wandelndes und auf Künftig-Werdendes bezieht. Ich werde den Plan also in diesem Sinne systematisch lesen – als empirisch-theoretisches, normativ-deskriptives Suchraster oder als „Suchrahmen" (vgl. Meyer-Wolters 2002, S. 97) einer bildungstheoretisch orientierten erziehungswissenschaftlichen Forschung.

2. Aufgaben der vergleichenden Anthropologie

Gleich zu Beginn des „Plans" gibt Humboldt eine knappe Bestimmung der Aufgaben der vergleichenden Anthropologie: Es gehe um das „Studium des Menschen", darum,

> „den reichen Stoff, den das ganze Leben hergiebt, zu sammeln, zu sichten, zu ordnen und zu verarbeiten. Dies zu thun, ist die vergleichende Anthropologie bestimmt, welche, in dem sie sich auf die allgemeine stützt, den Gattungs-Charakter des Men-

schen als bekannt voraussetzt, nur seine individuellen Verschiedenheiten aufsucht, die bloss zufälligen und vorübergehenden von den wesentlichen und bleibenden absondert, die Beschaffenheit dieser erforscht, ihren Ursachen nachspürt, ihren Werth beurteilt, die Art, sie zu behandeln bestimmt, und den Fortgang ihrer Entwicklung vorhersagt." (WfB I, S. 370)

Ich werde mich im Folgenden an diesem Sieben-Punkte-Programm orientieren und versuchen, die Diktion Humboldts in aktuelle Begriffe zu übersetzen und mit dem aktuellen Diskurs in der Bildungsforschung zu verbinden. Dazu werden diese sieben Punkte in einen systematischen Zusammenhang mit zentralen Begriffen des Forschungsprogramms und der Bildungstheorie von Humboldt gebracht. Zunächst werden die „individuellen Verschiedenheiten der Charaktere" mit den Begriffen Kraft, Wechselwirkung, Lage korreliert, um das systematische Programm der vergleichenden Anthropologie einleitend zu exponieren (1). Sodann wird die Unterscheidung von „zufälligen von bleibenden" Verschiedenheiten mit der Methode der Typisierung (2) verbunden und danach das Ziel, ihre „Beschaffenheit" zu erforschen, mit dem Verhältnis von „Empirie und Speculation" bzw. empirischer und theoretischer Forschung (3) verknüpft. In einem vierten Schritt wird die Frage nach „Ursache" und Wirkung in der Bildungsforschung aufgegriffen und mit der hermeneutischen Methode des Verstehens (4) beantwortet. Danach wird das Problem der Normativität von Bildung und Bildungsforschung thematisiert, indem ihr „Werth" im spannungsreichen Verhältnis von Ideal und Normativität verortet wird (5). Schließlich erfolgt ein Bezug auf den Begriff der (Bildungs-)Praxis (6). Bildungstheorie, Bildungsforschung und Bildungspraxis werden abschließend im Kontext von Rekonstruktion und Antizipation reflektiert und Möglichkeiten einer produktiven Verbindung ausgewiesen (7).

2.1. Individuelle Verschiedenheiten der Charaktere: Kraft, Wechselwirkung, Lage

Gegenstand des Plans ist der Mensch bzw. das „Studium des Menschen" (WfB I, S. 337). Das soll erreicht werden mit einer Charakteristik bzw. einem „Charaktergemälde" (S. 354). Humboldt spricht von individuellen Charakteren, „Familiencharakteren" (S. 346) und „Nationalcharakteren" (S. 353), von „Charakterformen" (S. 349) und von „Gattungscharakteren" (S. 355). Zentraler Maßstab ist die „Charaktereigentümlichkeit" (S. 347). Damit ist die je individuelle und besondere geistig-leibliche Ausprägung eines Menschen, sein „subjektiver Werth" und seine „subjektive Originalität" gemeint (S. 346). Die Eigentümlichkeit des Charakters ist im Zusammenhang mit den Begriffen der Kraft, der Wechselwirkung und der Lage zu sehen.

2.1.1. Kraft

Humboldt bestimmt Charakter als Kraft: „Der Charakter [...] kann als eine Kraft betrachtet werden, die mit einer gewissen Beschaffenheit (Materie) und einer gewissen Art (Form) wirkt" (WfB I, S. 483). Der Charakter, ja der ganze Mensch ist Kraft in der Zeit.[4] Kraft muss tätig sein, nach außen wirken. Kraft ist also nicht teleologisch bestimmt, sondern wirkt als *enérgeia*. Kraft als *ens metaphysicum* drückt sich in Kräften als empirische Erscheinung aus. Sie materialisiert sich in Kräften (vgl. WfB I, S. 235). Kräfte sind die empirisch sich ausdrückenden und verkörperten körperlichen und emotionalen Vermögen wie Einbildungskraft, Vorstellungskraft, Urteilskraft, körperliche Kraft, mathematische und naturwissenschaftliche Kraft usw. Je höher und besser die Kräfte empirisch ausgebildet werden, je mehr sie kultiviert werden, desto eigentümlicher wird der Mensch, desto mehr wird dieser individueller Charakter. Deshalb bestimmt Humboldt Bildung als Kräftebildung bzw. als Charakterbildung. Charakter und Bildung werden also durch den Begriff der Kraft verbunden.

2.1.2. Wechselwirkung

Wenn sich Kraft empirisch ausdrückt, dann bedarf sie eines Stoffes, Inhaltes, eines Gegenstandes, mit der sie in Wechselwirkung tritt, an der sie sich, wie Humboldt sagt, üben kann. Wechselwirkung zwischen Tätigkeit und Empfänglichkeit, zwischen Mensch und Welt ist ein weiterer Grundbegriff der Humboldt'schen Bildungstheorie und Bildungsforschung. In dem Fragment „Theorie der Bildung" gibt Humboldt eine dreifach gestufte Dimensionierung der Kraft-bedingten Wechselwirkung zwischen Mensch und Welt (vgl. Brinkmann 2019).

> „Da jedoch die bloße Kraft einen Gegenstand braucht, an dem sie sich üben, und die blosse Form, der reine Gedanke, einen Stoff, in dem sie, sich darin ausprägend, fortdauern könne, so bedarf auch der Mensch einer Welt außer sich [...]. Rein und in seiner Endabsicht betrachtet, ist sein Denken immer nur ein Versuch seines Geistes, vor sich selbst verständlich, sein Handeln ein Versuch seines Willens, in sich frei und unabhängig zu werden, seine ganze äussere Geschäftigkeit überhaupt aber nur ein Streben, nicht in sich müßig zu bleiben." (WfB I, S. 235)

Bildung ist damit erstens Veräußerlichung von Kraft. Sie braucht einen Gegenstand zur Übung, Gedanken brauchen Stoff zur Ausprägung, der Mensch braucht eine Welt außer sich. Bildung ist zweitens Verinnerlichung von Welt und weist auf das Selbstverhältnis hin. In der denkenden Selbstreflexion kann der Mensch sich

4 Menze (1965) legt nahe, dass Kraft bei Humboldt im Kontext der Metaphysik von Leibniz und Wolff als ontologisches Urprinzip des Seienden als Werdenden und Lebendigen gedacht werden muss (vgl. S. 96–105).

vor sich selbst bringen, im Handeln versucht er frei und unabhängig zu werden. Denken und Handeln kann er aber nur vermöge eines Dritten, das ist Welt. Deshalb ist Bildung, „so viel Welt als möglich zu ergreifen" (ebd.). Bildung und Charakter sind damit an einen Begriff von Welt als „alle nur denkbare Mannigfaltigkeit" (ebd.) gebunden. Wie aber entstehen und wo lassen sich diese Charaktere auffinden? Humboldt unterscheidet programmatisch im ersten Satz des Plans den moralischen Charakter „der verschiedenen Menschengattungen" (im Plural) von dem physischen naturhaften Körper des Menschen, den die vergleichende Anatomie untersucht (WfB I, S. 337). Der moralische Charakter der Menschengattung ist so gesehen Gegenstand der vergleichenden Anthropologie, während der Gattungscharakter ihre Voraussetzung ist. Der moralische Charakter in der Philosophie Kants ist derjenige, der durch Autonomie, das heißt Selbstbestimmung, Vernunft und Kultur disponiert und durch Freiheit ausgezeichnet ist. Humboldt zieht damit eine zweite anthropologische Grundentscheidung ein: Der Mensch ist nicht nur Kraft, sondern auch in den Dual zwischen Natur und Freiheit, intelligiblen und empirischen Charakter eingespannt (vgl. Schütz 1994/95, S. 51). Allerdings darf man sich von der kantianischen Diktion nicht täuschen lassen. Humboldt bestimmt im Unterschied zu Kant Sinnlichkeit nicht mehr als untergeordnetes, sondern als gleichrangiges Vermögen. Er sagt: „[...] der Charakter entsteht nicht anders, als durch das beständige Einwirken der Thätigkeit, der Gedanken und Empfindungen" (WfB I, S. 347). Der Charakter bildet sich daher nur „in dem Zusammenwirken der sinnlichen und geistigen Kräfte im Menschen" (S. 361). Sinnlichkeit und Verstand sind also ebenfalls in Wechselwirkung. Dieses wird nun in einem dritten Schritt auf einen weiteren, dritten Aspekt bezogen:

2.1.3. „Lage" des Menschen bzw. der Charaktere:

„Die vergleichende Anthropologie sucht den Charakter ganzer Classen von Menschen auf, vorzüglich den der Nationen und der Zeiten" (WfB I, S. 345). Diese drückt sich erstens gesellschaftlich bzw. zivilgesellschaftlich im „freie[n] und alltägliche[n] Umgang [...], in der Ehe, der Freundschaft, kleineren und größeren gesellschaftlichen Cirkeln" (S. 343) aus. Zum anderen ist sie durch die Lage disponiert und beschränkt (vgl. WfB I, S. 338). Damit sind einerseits die Landschaften und Regionen gemeint und andererseits die sozialen und gesellschaftlichen Bedingungen, unter denen Charakterbildung stattfindet. Der Charakter ist so gesehen eine strukturierte und eine strukturierende Struktur (vgl. Bourdieu 1980/1999, S. 98), in der Gewohnheit, Habitus und Vernunft, das heißt Stetiges und Veränderliches, zusammenfallen. Der Charakter ist eine „bewegliche Organisation" (WfB I, S. 361). Wenn der Charakter als „bewegliche Organisation", als historischer, gesellschaftlicher und empirischer Gegenstand gleichsam fluktuiert, dann braucht es einen ebenso beweglichen, verstehenden und rekonstruktiven Zugang der in der empirischen Forschung aufgewiesenen Vielgestaltigkeiten,

Eigentümlichkeiten und Verschiedenheiten zu erfassen versucht. Mit anderen Worten: Bildungsforschung versucht den Besonderheiten, den individuellen Erfahrungen und den individuellen Bedingungen ihrer Akteure so nah wie möglich zu werden, ohne diese an einer allgemeinen Regel, an einem universalen, festen Maßstab zu messen. Bildungsforschung ist zunächst induktiv orientiert, ohne aber einen „zu particulairen Begriff vom Individuum zu bilden“ (S. 330). Denn die Kraft ist das Universale als *ens metaphysicum*, die allen Menschen zukommt, die aber kulturell, gesellschaftlich und individuell je verschieden sich ausprägt. Humboldts Entwurf bewegt sich also zwischen Universalismus und Relativismus.

Ich kann nun spezifizieren: Der Charakter als eigentümliche, das heißt individuelle und empirische Ausprägung der Kraft und in Wechselwirkung mit der Welt, ist Gegenstand der vergleichenden Anthropologie. Humboldt entwirft im Plan eine empirisch-theoretische Theorie der Menschenkenntnis nach „der Anleitung einer richtigen Bildungstheorie“ (WfB I, S. 346). Die vergleichende Anthropologie richtet sich auf individuelle Verschiedenheiten von Charakteren, die in ihrer je besonderen Individualität bzw. Eigentümlichkeit empirisch beobachtet und beschrieben werden sollen. Humboldts Aufruf, die individuellen Charaktere und Eigentümlichkeiten aufzusuchen und dabei die „Äußerungen des ganzen Menschen“ in physischer, geistiger und moralischer Hinsicht zu beachten, ist damals wie heute aktuell. Denn nur unter Einbezug von Subjektivität und Individualität kann auch nach „Erfindungsgeist, Enthusiasmus von Originalität“ (WfB I, S. 160) gefragt werden, also danach, wie unter gegebenen sozialen und kulturellen Bedingungen und im Horizont bestehenden Wissens und Könnens Kreatives und Originelles, das heißt wie Bildung entstehen kann. Die aufgewiesenen Charaktere sollen sodann in

2.2. zufällige und bleibende Charaktere unterschieden werden: Typus

> „Der Bearbeiter hat sich daher zunächst so genau als möglich an die Wirklichkeit anzuschliessen, aber mit der Beobachtung muß er zugleich immer so viel als möglich eine streng philosophische Behandlung verbinden, theils um die Masse der Thatsachen nach Gesetzen theoretisch zu ordnen, teils um die durch die Beobachtung erhaltenen Charaktere praktisch nach Gesetzen zu beurteilen.“ (WfB I, S. 359 ff.)

Der empirisch-induktive Zugang, das zeigt dieses Zitat, soll mit einem philosophisch-spekulativen Zugang verbunden werden. Das Ziel der Charakterbildung und Charaktereigentümlichkeit als Verbesonderung und Individualisierung der Kraft erfordert eine sowohl empirische als auch philosophische oder spekulative Herangehensweise. Es gehe darum, „einen empirischen Stoff auf speculative Weise bearbeiten“ zu können (WfB I, S. 352). Induktion und Deduktion, Tatsachenforschung und Spekulation werden in eine Wechselwirkung gebracht.

Dazu schlägt Humboldt vor, einen „allgemeinen Typus“ (S. 338) zu bilden. Die Typen werden wie in der vergleichenden Anatomie mit der Methode der Kontrastierung (über eine „kontrastierende Verschiedenheit“ (S. 339)) gebildet – ein klassisches Verfahren schon damals. Der Typus, so Humboldt weiter, zeigt „mit der eigenen Erfahrung“ angereichert die „Stelle“ an, in der die Möglichkeit des Charakters (der Charakterbildung) in dem „jedesmaligen Moment wirklich“ wird (ebd.). Sie ist, anders gesagt, eine typologisierende Allgemeinheit (Schütz 1994/95, S. 60) mit begrenzter Reichweite. Humboldt ist damit sehr modern. Auch die heutige qualitative Forschung verwendet Typen als Mittelglieder zwischen Einzelfall und generalisierten Aussagen. Auch hier werden Typen über kontrastierenden Vergleich generiert (vgl. Ecarius / Schäffer 2010). Aber im Unterschied dazu sind Humboldts Typen weder Prototypen noch Idealtypen. Humboldts Typologie zielt nicht auf eine methodisierte Verallgemeinerung von Aussagen aus empirischen Einzelfällen, sondern sie versucht, Möglichkeiten in der Wirklichkeit aufzuweisen. Der Typus ist damit methodologisch nicht zwischen Einzelfall und Generalisierung, sondern wird zwischen Wirklichkeit und Möglichkeit angesiedelt. Er wird induktiv aus der Vielzahl und Vielgestaltigkeit menschlicher, kultureller, praktischer Selbstauslegung der Humanität gewonnen. Er ist nicht ein methodologisch erzeugtes Ergebnis eines theoretischen Samplings (vgl. Glaser / Strauss 2005), sondern er gilt als beispielhaft für eine charakteristische, eigentümliche Ausbildung der Kräfte. Die Kraft ist auch das *tertium comparationis*, das den Vergleich überhaupt erst ermöglicht (vgl. Mattig 2019, S. 165).

Exkurs: Der Begriff der Gestalt

Im Fragment „Das achzehnte Jahrhundert“ ersetzt Humboldt den Begriff des Typus durch den der Gestalt. In Anlehnung an Lavaters Physiognomie fordert Humboldt hier, dass die Unterscheidung zwischen zufälligen und wesentlichen Charakteren über die Bestimmung der „Gestalt“ (WfB I, S. 487) erfolgen solle, das heißt über die Beobachtung und Beschreibung des äußeren, gestisch-mimischen, verkörperten Erscheinungsbildes des Menschen. Auch Schiller und Goethe haben diesen Begriff verwendet. Während Schiller Gestalt für die Bestimmung des Formtriebes in den „Briefen ueber die ästhetische Erziehung des Menschen“ (vgl. Schiller 1795/1962, S. 309–412) verwendet und vom Stoff abgrenzt, also Form und Stoff kategorial unterscheidet, findet sich bei Goethe eine weitere Temporalisierung. Goethe geht es um die Genese der Form, die sich in der Gestalt abzeichnet (vgl. Menze 1965, S. 309, Anm. 28). Er verwendet den Begriff der Gestalt auch für Phänomene der Natur, insofern sich mit ihr eine organische Gesamtschau des Organismus von Pflanzen, Tieren und Menschen verbindet.[5] Humboldt aber insistiert im Unterschied zu Goethe auf die Innerlichkeit und Individualität der Gestalten als Kriterium und Ziel des Verstehens. Verstehen ist damit nicht Schau und Sehen eines Erscheinenden (des Phänomens, das sich in Gestalten zeigt), nicht nur Rekonstruktion von den Wandlungen und Veränderungen des Lebendigen. Verstehen ist ein Schließen vom Äußeren (dem oberflächlich Sichtbaren) auf ein Inneres (Unsichtbares, Wesentliches), das nicht nur auf Beobachtung und Beschreibung begründet (vgl. 2.4).

2.3. Beschaffenheit erforschen: Empirie und „Speculation"

Wenn Humboldt ganz am Beginn des Plans heuristisch die vergleichende Anthropologie mit der vergleichenden Anatomie parallelisiert und dabei die naturhistorische, das heißt die naturwissenschaftliche von der kulturwissenschaftlichen und philosophisch-praktischen, das heißt bei Humboldt der moralischen Zugangsweise unterscheidet, dann vollzieht er nicht nur eine anthropologische Unterscheidung zwischen Natur und Freiheit, zwischen Physis und Geist, sondern er zeigt auch, dass der Gegenstand der vergleichenden Anthropologie eben nicht physische, naturhafte, zu klassifizierende Tatsachen, sondern die kulturelle Verschiedenheit menschlicher Selbstauslegung der Humanität ist. Die Beschreibung ihrer Beschaffenheit ist dann nicht beschränkt auf Interpretationen, auf Theologien, Philosophien, Theorien, Werke der Kunst usw., sondern sie geschieht als implizite menschliche Praxis der Selbstauslegung, als praktische und faktische Materialisierung in Taten, Lebensvollzügen, in impliziten Formen ritualisierter und informeller Alltäglichkeit, in den expliziten und impliziten Regeln des zivilgesellschaftlichen Zusammenlebens, in der Mitgestaltung von Mitwelt und Umwelt, in habitualisierten Lebenslehren usw. (vgl. Meyer-Wolters

5 Die begriffsgeschichtliche Forschung zeigt, dass Kraft, Bildungskraft oder Bildungstrieb Ende des 18. Jahrhunderts im Kontext epigenetischer Theorien von Albert von Haller, Caspar Friedrich Wolff und Johann-Friedrich Blumenbach hoch im Kurs stehen. „Epigenesis heißt: Selbsterzeugung des Organischen aus gegebenem Stoff nach gesetzmäßiger Form" (Müller-Sievers 1993, S. 45, zitiert nach Witte 2010, S. 75). Es wird also eine organische bildende Kraft postuliert, die den Übergang vom Unorganischen zum Organischen bewerkstelligt (ebd., S. 65). Auch Humboldt verwendet dieses Modell „Ausfaltung einer Grundkraft" in seinen frühen Geschlechterstudien (vgl. Müller-Sievers 1993, S. 21). Der Begriff „Gestalt", wie er von Goethe verwendet wird, scheint mit diesem epigenetischen, dynamischen Moment im Prozess der Selbstorganisation in Verbindung zu stehen: „Der Deutsche hat für den Komplex des Daseins eines wirklichen Wesens das Wort Gestalt. Er abstrahiert bei diesem Ausdruck von dem Beweglichen, er nimmt an, dass ein Zusammengehöriges festgestellt, abgeschlossen und in seinem Charakter fixiert sei [...]. Daher unsere Sprache das Wort Bildung sowohl von dem Hervorgebrachten als von dem Hervorgebracht-Werdenden gehörig genug zu brauchen pflegt." (Johann Wolfgang von Goethe: Morphologie, zit. nach Witte 2010, S. 81)

2002, S. 103). In diesen lässt sich die Beschaffenheit des moralischen Charakters in seinen Vielgestaltigkeiten und Vielfältigkeiten erfassen. Ruprecht Mattig (2019) hat die Instrumente von Humboldts empirisch-theoretischer Bildungsforschung genauer beschrieben: Literaturstudium, Statistik, Physiognomie, Vergleich (vgl. S. 158–166). Mittel dazu sind eigene Notizen, Reiseberichte, die eine Teilhabe und Teilnahme an den zivilgesellschaftlichen Praktiken, an den Taten, Lebensvollzügen und Ritualen ermöglichen und gerade darin als Dokumente gelten könnten, die die Beschaffenheit von Charakteren darstellen können.

Die Beschaffenheit der menschlichen Vielgestaltigkeit und Eigentümlichkeit der Charaktere zu erforschen, bedeutet also auch, an den praktischen Verrichtungen, Taten, Ritualen und Praktiken teilzunehmen, diese zu beobachten (Humboldt spricht von „strenger Beobachtung der Wirklichkeit“ WfB I, S. 351) und sie zu beschreiben. Die vergleichende Anthropologie richtet sich also auf „Erfahrungen“.

Allerdings:

> „In wie hohem Grade er (der Stoff der vergleichenden Anthropologie) indes auch empirisch seyn mag, so zeigen doch die einzelnen Erscheinungen immer eine gewisse Stätigkeit, Folge und Gesetzmässigkeit und diese letztere muß nothwendig sowohl mit der Erweiterung unserer Kenntniss, als mit der Veredelung der menschlichen Natur selbst, noch mit dem Fortschritt der Zeit immer höher steigen.“ (S. 359)

Insofern reicht eine naturhistorische, das heißt rein deskriptiv beobachtende und beschreibende Zugangsweise nicht aus. Humboldt ist also nicht nur und ausschließlich Ethnograph. Er unterscheidet drei Zugangsweisen bzw. Repräsentanten dieser Zugangsweisen, die in der vergleichenden Anthropologie zusammengeführt werden sollen: „den Naturbeobachter, den Historiker und den Philosophen“ (S. 360). Nur in einer Kombination dieser gelingt es, „einen empirischen Stoff auf speculative Weise, einen historischen Gegenstand philosophisch, die wirkliche Beschaffenheit des Menschen mit Hinsicht auf seine mögliche Entwicklung“ zu behandeln (S. 352 f.).

2.4. Ursachen nachspüren: Verstehen

Charaktere bilden sich gesellschaftlich und in „kulturellen, nationalen und regionalen Lagen“ aus, aber sie lassen sich nur individuell in ihrer Eigentümlichkeit und Originalität verstehen. Dazu gehört „Sinn“, „Takt“, „Empfindung“ (WfB I, S. 492). Der Charakter lässt sich „vorzüglich nach seinem subjectiven Werth, und seinem innern Zusammenhange, nicht aber nach seiner äußeren Tauglichkeit zu diesem oder jenem Zwecke, ja nicht einmal wenigstens nicht ausschliessungsweise, nach der objectiven Güte seiner Produkte beurteilen, der Mensch nicht mit seinen Werken verwechseln" (S. 453). Die aufzusuchenden Ursachen lassen sich nicht kausallogisch aufweisen. Denn auf der Ebene der Einzelfälle und Einzelheiten sind, so Humboldt, die Zusammenhänge zum Charakter zufällig und „ungewiss" (S. 363). Es ist nie klar, ob eine bestimmte Lage oder eine bestimmte Ursache tatsächlich jene Wirkung auf die menschliche Charakterform, das heißt auf Charakterbildung und Bildungsprozesse haben kann. Anders gesagt: Wirkungen in der Bildungsforschung lassen sich weder deduktiv-kausallogisch noch durch methodologisierte Typologien erfassen. Sie müssen vielmehr im Modus eines verstehenden und entwerfenden Vorganges (re)konstruiert werden.

Die Ursachenforschung Humboldts in der analogisierenden Verbindung von spekulativem (Philosophie), historischem (Geschichte) und naturhistorischem (Beobachtung) Zugang ist genetisch zu verstehen. Sie soll „Entwicklung" und „Thätigkeit" genetisch nachzeichnen und „mehr den Gang als das Resultat ihrer Ausbildung und ihrer Wirksamkeit" (WfB I, S. 457) schildern. Ähnlich wie bei Rousseau wird die Beschaffenheit in ihrer Verschiedenheit der Charaktere unter ihren geschichtlichen und kulturellen Entstehungsbedingungen aufgesucht und beschrieben. Humboldt vollzieht also eine Temporalisierung der Methode. Entwicklung (ein Grundwort der Herder'schen Anthropologie), Fortgang, Verfeinerung und Kultivierung sind wichtige Kriterien. Den Ursachen nachspüren bedeutet also, den Entstehungszusammenhang zu verdeutlichen und zu rekonstruieren. Darüber hinaus bedeutet es, den individuellen Charakter in diesem Kontext zu verstehen. Für Humboldt handelt es sich um eine „Kunst", „in dem Mannigfaltigen mit Schnelligkeit gerade dasjenige Gemeinsame aufzufinden, wodurch das Ganze zu einer eigenen und abgesonderten Gestalt wird" (S. 437). Es geht also weder um philosophische Wesenserkenntnis noch um empirische Tatsachenforschung. Erstere ist zu allgemein, letztere zu speziell. Erstere wird zu „objectiv" (S. 347), letztere zu subjektiv. Im Unterschied zu der naturhistorisch-empirischen und zu der „speculativ-philosophischen" Methode ist es die Historie, die einen dritten Weg weist zwischen empirischer Zufälligkeit und philosophischer Notwendigkeit. Der Historiker hält sich an die Quellen und bringt diese Einzelheiten verstehend in einen Zusammenhang. In der Akademie-Rede „Die Aufgaben des Geschichtsschreibers" formuliert Humboldt später das präziser:

> „Jedes Begreifen einer Sache setzt, als Bedingung seiner Möglichkeit, in den Begreifenden schon ein Analogon des nachher wirklich Begriffenem voraus, eine vorhergängige, ursprüngliche Übereinstimmung zwischen dem Subject und Object. Das Begreifen ist keineswegs ein blosses Entwickeln aus dem ersteren, aber auch kein blosses Entnehmen aus letzterem, sondern beides zugleich. Denn es besteht allemal in der Anwendung eines früher vorhandenen Allgemeinen auf ein Besonderes." (WfB I, S. 596 f.)

Dieser Grundsatz hermeneutischen Vorgehens, dass das Allgemeine im Horizont bzw. Kontext des Entstehungszusammenhanges schon vorhanden ist (vgl. Gadamer 1960/1990; Dilthey 1910/2017) und damit erst das Verstehen bzw. Begreifen des Besonderen ermöglicht, jener Zirkel also zwischen subjektivem Zugriff und objektiver Verständigung, hat vielfach dazu geführt, dass Humboldt als Repräsentant einer hermeneutischen Rekonstruktionsmethode gilt. Humboldt wird als hermeneutisch-orientierter Bildungsforscher (vgl. Benner 2003, S. 143 f.), als ethnographisch orientierter Kulturanthropologe (vgl. Mattig 2019, S. 38 f.) oder als strukturaler Hermeneut (vgl. Wagner 2002, S. 152) gesehen. Aber diese Perspektive läuft Gefahr, den produktiven, performativen und normativen Zug seines Entwurfes zu verstellen. Denn es geht Humboldt nicht nur um Verstehen, sondern eben auch um Beurteilen, darum, den Wert der jeweilig durch Kontrast aufgewiesenen Beschaffenheiten und Typen beurteilen zu können. Sie sind dann exemplarisch, das heißt beispielhaft insofern, als dass sie humane Möglichkeiten in der empirischen Wirklichkeit angeben. Das Kriterium für die Auswahl dieser Beispiele und für deren Bewertung ist das Ideal der Menschheit.

2.5. Wert beurteilen: Ideal und Normativität

Der geschichtliche Mensch handelt in Wechselbeziehung zur Welt, zu anderen Mitmenschen und zum Ideal der Menschheit. Gerade darin bildet er seine Eigentümlichkeit und seinen Charakter aus. Charaktere, Individuen, Nationen liegen in ihrer „Beschaffenheit" nicht als Objekt vor. Sie sind keine objektiven „Gegenstände" wie irgendwelche Dinge. Sie sind aber auch keine verstandesmäßigen Vorstellungen oder Prinzipien. Das Ideal „kann nie anders, als in der Totalität der Individuen" (WfB I, S. 340) erscheinen, die sich wiederum aus charakteristischen Eigentümlichkeiten zusammenfügt. Das Ideal kommt also nur empirisch zur Erscheinung. Es konkretisiert und materialisiert sich in Individuen bzw. Charakteren, die sich in Wechselbeziehung mit dem Ideal ausbilden. Sie müssen also als solche erst rekonstruiert und bestimmt werden. Das regulative Ideal hat daher auch den Forschungsprozess selbst zu leiten. Das heißt Datenerhebung, Datengenerierung und Datenauswertung haben sich an diesem Maßstab zu orientieren. Dabei sind Unsicherheit und Unbestimmtheit durchaus wichtige Paradigmen im Prozess der wissenschaftlichen Forschung, bei der Beobachtende und Beobachtete sich gleichen, weil sie Menschen sind (vgl. S. 161). Das heißt, dass die in der empirischen Bildungsforschung aufgewiesene Menschenkenntnis an ein spekulatives Menschheitsideal gebunden wird, das zwischen zufälliger Individualität auf der einen und Ideal auf der anderen Seite die charakteristische Eigentümlichkeit als „innere Consequenz und äußere Congruenz" (S. 339) mit dem Ideal setzt. Je individueller, origineller, besonderer und eigentümlicher der Mensch wird, desto reicher und ausgeprägter wird das Ideal der Menschheit. Es ist also ein regulatives Ideal, ja mehr noch: ein „historisches Apriori" (Foucault 1981, S. 183; vgl. Schütz 1994/95, S. 60). Das Ideal als historisches Apriori hat einen praktischen Zweck, wie ich später noch zeigen werde, nämlich das menschliche Handeln und die kulturwissenschaftliche Bildungsforschung zu orientieren. Das Ideal der Menschheit wäre also völlig falsch verstanden, wenn es als Urbild von Abbildern im Sinne Platons gesehen würde. Regulatives Ideal als historisches, sich wandelndes, bewegtes Apriori einerseits und empirische Erscheinung andererseits bedingen sich vielmehr im Sinne eines sich wechselseitig artikulierenden Ausdrucks und Anspruchs. Das Ideal erscheint nur unter der Bedingung der sich empirisch zeigenden charakteristischen Eigentümlichkeit der Individuen und Nationen. Es wird sichtbar nur insoweit, als dass sich eine Individualität tatsächlich zu Eigentümlichkeit ausbildet. Hartmut Meyer-Wolters (2002) weist darauf hin, dass darin der Grund liegt, warum Humboldt eine inhaltliche Bestimmung des Ideals immer wieder verweigert. Es kann nämlich nur relativ und bezogen auf die tatsächlichen empirischen Ausprägungen in Kultur, Gesellschaft und Geschichte angegeben werden (vgl. WfB I, S. 104). Wirklichkeit und Möglichkeit, Faktizität und Normativität verschränken sich. Der Plan als Suchrahmen versucht, die empirischen Wirklichkeiten der Charaktere und zugleich ihre bildenden Möglichkeiten aufzuweisen.[6] Normativität ist also etwas, das nicht Forschung behindert oder ihre Validität untergräbt, sondern umgekehrt: Normativität ermöglicht eine kriteriale Bestimmung der Gegenstände und der Perspektiven von Bildungsforschung. Mittlerweile hat sich in unseren Kreisen auch die kritisch-reflexive Einsicht durchgesetzt, dass qualitative und quantitative Bildungsforschung nicht ohne Normativität zu haben ist. Alle Zugänge der Bildungsforschung, ob quantitativ oder qualitativ, verfügen über eine implizite oder explizite Normativität (vgl. Praetorius et al. 2020). Nach Humboldt ist aber Normativität noch mehr als ein Aspekt empirischer Forschung: Sie biete das Auswahlkriterium für die Bestimmung des Gegenstandes einer bildungstheoretisch orientierten Bildungsforschung: Charaktereigentümlichkeit, Wechselwirkung, Kultivierung, Erweiterung, Humanisierung im Sinne des historischen Apriori.

2.6. Die Art, sie zu behandeln, bestimmen: Praxis

Die vergleichende Anthropologie ist auf die „Art" Charaktere zu behandeln, das heißt die Einsichten und Kenntnisse im Handeln umzusetzen, ausgerichtet. Es

6 Der Begriff Normativität bezieht sich auf Vorstellungen von Gründen bzw. auf Legitimationen, Ziele und Gütekriterien pädagogischen Handelns, die diesem und seiner Analyse nicht direkt zu entnehmen sind (vgl. Praetorius/Martens/Brinkmann 2022; Meseth et al. 2019). Insbesondere im Bereich der Pädagogik und Erziehungswissenschaft ist das Normproblem nach wie vor ungelöst (vgl. Ruhloff 1980).

geht also um das Verhältnis von Bildungstheorie, Bildungsforschung – und eben auch Bildungspraxis. Die vergleichende Anthropologie hat einen praktischen Zweck.

„Sie dient dem Geschäftsmann, der den Menschen benutzen und beherrschen will, und zugleich dem Erzieher und Philosophen, der ihn zu bessern und zu bilden bemüht ist" (WfB I, S. 344). Außerdem dient sie noch dem „Gesetzgeber" (S. 336, 342), dem Religionslehrer (vgl. S. 343), dem Arzt (vgl. S. 344) und zivilgesellschaftlichen Zirkeln wie der Ehe oder Freundschaften (vgl. S. 343).

Alle diese Praxisfelder können Menschenkenntnis gebrauchen und alle sind Humboldt zufolge in ihrer Praxis an das Ideal gebunden, die Eigentümlichkeiten der Charaktere zu befördern. Humboldt unterscheidet hier gesellschaftlich kulturelle Praxisbereiche, die der Menschenkenntnis bedürfen: Recht, Religion, Gesundheit und Familie und eben auch Erziehung. Letztere wird – darauf wurde in der vorletzten Vorlesung von Herrn Benner pointiert hingewiesen – nicht näher bestimmt, ja, es zeigt sich eine eigentümliche Blindheit Humboldts für diese Praxis. Deshalb muss man konsequenterweise bei Humboldt tatsächlich von Bildungsforschung ohne den Zusatz erziehungswissenschaftlich sprechen. Sie gilt ihm zwar als „unentbehrlich" (S. 344), aber nur in ihrer „Vorarbeit". Wir haben damals gehört, wie sich diese Perspektive auf unterschiedliche gesellschaftliche Praxisbereiche und für die Humboldt'sche Bestimmung von Nationen, das heißt zivilgesellschaftlich ausprägt. Der Gesetzgeber soll nicht nur herrschen oder lehren, sondern eben auch bilden bzw. Charakterbildung unterstützen (vgl. S. 342). Der Religionslehrer soll weder „drückenden Gewissenszwang" noch „religiöse Gleichgültigkeit" (S. 343) befördern, sondern eben „Charakterkenntnis" und „Charakterbildung" (S. 343) ermöglichen. Es wird deutlich, dass Menschenkenntnis etwas ist, das nicht nur Professionen, sondern eben „jeder Mensch" (ebd.) benötigt, um das ideale Ziel der Bildung zu erreichen und zugleich als Beispiel für eine empirisch ausgeprägte Charakterbildung zu fungieren.

In systematischer Perspektive lässt sich das wie folgt übersetzen: Humboldt strebt eine Wechselwirkung zwischen Bildungstheorie, Bildungsforschung und Bildungspraxis an. Bildungsforschung betreibt ihr Geschäft also nicht um ihrer selbst willen, auch nicht um Wahrheit oder Erkenntnis zu produzieren, sondern sie soll wirksam werden für die Praxen in der Zivilgesellschaft und für die Praxis der Charakterbildung gleichermaßen. Ihre Leistung besteht also darin, eine Heuristik zu bieten, die auf einer typologisierenden Menschenkenntnis von verschiedenen Charakteren basiert.

Wird die vergleichende Anthropologie auf „praktische Geschäfte" (WfB I, S. 338) bezogen, dann vermittelt sie die lebensweltliche Umgangserfahrung eines jeden Menschen mit professionellen Praxisfeldern und diese mit der naturhistorischen, philosophischen und historischen Menschenkenntnis. Sie zielt also auf Erfahrungen im konkreten zwischenmenschlichen Umgang und wirkt nicht nur, indem sie rekonstruiert, sondern indem sie diese Erfahrungen wieder für ihre weiteren Forschungen aufnimmt. Bildungstheorie, Bildungsforschung und Bildungspraxis wirken so performativ aufeinander zurück. Die empirische Bildungsforschung verbindet sich also mit einer performativ orientierenden Heuristik, die für die Praxis und für die Forschung gleichermaßen fruchtbar werden kann. Damit wird auch verständlich, dass die vergleichende Anthropologie

2.7. den Fortgang ihrer Entwicklung vorhersagen: Antizipation von Möglichkeiten

können soll. Weil sie auf Zukunft und Möglichkeiten (und nicht auf Generalisierung und Methodisierung) abzielt, kann sie auch prognostisch fungieren. Die Vorhersage ist keine statistische Berechnung von Wahrscheinlichkeiten, kein Zukunftsszenario auf der Basis aufgedeckter Gesetzmäßigkeiten. Prognostisch ist hier vielmehr im Sinne von performativ-entwerfend zu verstehen. Vergleichende Anthropologie ist vorhersagend in Bezug auf Zielvorstellungen oder Ideale, die die Praxis der Charakterbildung in den kulturellen Feldern der Bildungspraxis leiten und orientieren. Auf der Grundlage der beobachtbaren, empirisch-feststellbaren Tatsachen der sozialen Wirklichkeit werden Ziele entworfen, die in Zukunft gelten sollen, also Möglichkeiten darstellen. Weil sich die Gegenwart geschichtlich und kulturell verändert, wird auch der Entwurf auf eine sich wandelnde und werdende Zukunft bezogen, die wie die Gegenwart als veränderlich und veränderbar angesehen wird. Die Vorhersage ist also normativ orientiert und normativ orientierend. Ihr Geltungsanspruch ist auf die Zukunft gerichtet und lässt sich nicht aus der Gegenwart ableiten. Sein und Sollen dürfen nicht verwechselt werden. Der antizipatorische Entwurf ist daher spekulativ, er springt vor, um die kulturelle Praxis und die Wissenschaft vom Menschen und der Bildung zu orientieren.

3. Kritische Würdigung

Der bisherige Gedankengang mit Humboldt lässt sich auf eine fast tautologische Zusammenfassung bringen: Bildungsforschung braucht einen Gegenstand, und der ist Bildung bzw. Charakterbildung. Dieser fundiert und orientiert aber nicht nur Forschung, sondern auch die Praxis der Bildung.

Daraus ergeben sich zunächst drei kritische Rückfragen:

1. Humboldts Entwurf bleibt am kantischen Dual von Natur und Freiheit orientiert. Der Dualismus zwischen Körper und Geist, zwischen Intellektualität und Naturalität, zwischen vernünftiger Freiheit und naturmäßigem Zwang reproduziert ein Menschenbild, das in der modernen Anthropologie zuneh-

mend in die Kritik geraten ist. Mit diesem Dualismus kommt weder historisch die Dialektik der Aufklärung noch anthropologisch der Eigensinn leiblicher, sensitiver oder aisthetischer Erfahrungen in den Blick (Brinkmann 2020). Statt auf Wesen, Vermögen oder Kraft – dem Zentralbegriff Humboldt'scher Anthropologie – zu rekurrieren, wird in der modernen Anthropologie das Selbstverhältnis des Menschen vielmehr als Differenz, als Ambiguität (Merleau-Ponty 1986), als Riss (vgl. Fink 1987/2018) oder mit H. Plessner (2003) als exzentrisches Verhältnis bzw. Positionalität beschrieben. Allerdings wäre diese Kritik auf die frühen Schriften Humboldts zu begrenzen. In den sprachtheoretischen Schriften formuliert Humboldt Einsichten, die als Vorläufer moderner Theorien der Verkörperung gelesen werden können (vgl. Brinkmann 2019).

1. Humboldt orientiert den Plan am Stoff-Form-Modell, das auch Schillers nahezu gleichzeitig entstandene ästhetische Briefe dominiert. Dieser Hylemorphismus bedingt einen Dualismus in Humboldts Anthropologie und Hermeneutik, der immer wieder zu zirkulären Formulierungen führt. Das Innen ist nur im Außen, das Mögliche im Wirklichen, das Ideale im Faktischen zu erkennen. Das Innere, der eigentümliche Charakter, das Wesen und das Mögliche des Menschen übersteigen bzw. transzendieren das Äußere, Wirkliche, Oberflächliche und Faktische. Gleichwohl ist Letzteres jeweils auf die empirische Erscheinung angewiesen, um wirklich zu werden. Das Transzendente ist also notwendige Bedingung für das Humboldt'sche Forschungsprogramm. Gleichwohl ist es aber im Empirischen gar nicht rein und unverstellt auffindbar. Es ist also ein Zirkel, in dem sich das empirisch-theoretische Forschungsprogramm Humboldts bewegt. Dieser lässt sich nicht nur als ein anthropologischer Zirkel bestimmen, in dem das Beobachtete (das Objekt) und die Beobachteten (die Subjekte) zusammenfallen. Dieser Zirkel, so kann man sagen, macht ein Grundmoment jeder Anthropologie aus (vgl. Schütz 2016). Es handelt sich auch um einen methodologischen Zirkel, in dem im Empirischen das Transzendentale bzw. Ideale und im Transzendentalen bzw. Idealen das Empirische gesucht wird. Foucault hat das als eine empirisch-transzendentale Dublette bezeichnet, die die Humanwissenschaften als Ganze kennzeichne und ihnen verunmögliche, ihren Gegenstand bestimmen zu können (vgl. Foucault 1974). Insofern ist die vergleichende Anthropologie und die kulturwissenschaftliche Bildungsforschung mit ihren oben erwähnten Schwierigkeiten, den Gegenstand und die Methodologie zu bestimmen, in guter Gesellschaft anderer Humanwissenschaften.
2. Humboldts Entwurf ist von einer aristotelisch geprägten Metaphorik der Mitte und der Analogisierung geleitet. Ziel des kontrastierenden Vergleichs, ja der gesamten Anthropologie sei „die gehörige Mischung" (WfB I, S. 361), die Mitte (S. 439) zwischen den Extremen. Damit aber gerät Humboldt in die „Gefahr, das Andere im Verstehen ‚anzueignen' und damit in seiner Andersheit

zu verkennen" (S. 302), wie Gadamer (1960/1990) einwendet. Es gibt in den Frühschriften Humboldts (noch) keine Unterscheidung zwischen Vernunft und Sprache bzw. zwischen Reflexion und Explikation. Die Identität von Handeln, Denken und Sprechen garantiert das Verstehen des relativ anderen im Modus der Assimilation. Nicht assimilierbares Verstehen, also Nicht-Verstehen, kann damit ebenso wenig gedacht werden wie ein Verstehen des anderen als eines Fremden (vgl. Derrida 1984). Die Rekonstruktion fremder Erfahrung gerät damit in die Gefahr, in der Assimilation das Fremde und Andere (der Menschen, der Nationen, der Geschlechter) im Modus des Gleichen und Selben zu egalisieren.

Heutzutage müssten demnach stärker Differenzen, also Pluralität, Diversität und Ambiguität von Sinn und damit unterschiedliche Arten des Verstehens mit bedacht werden. Es müsste zudem die Reichweite des Programms bzw. des Suchrahmens genauer bestimmt werden. Aber das sind wohlfeile Einwände – 200 Jahre später formuliert.

Abschließend: Humboldts Plan lässt sich als Entwurf lesen, erstmals so etwas wie eine „einheimische" Methodologie kulturwissenschaftlicher Bildungsforschung genauer zu bestimmen. Der performative Wechselbezug von Bildungsforschung, Bildungstheorie und Bildungspraxis ergibt einen heuristischen Suchrahmen, der es möglich macht, erstens Empirie, Theorie und Praxis der Bildung zu verbinden, zweitens die Bildungspraxis systematisch einzubeziehen, drittens systematisch einen interdisziplinären, kulturwissenschaftlichen Zugang zu entwickeln und schließlich Normativität für Forschung und Praxis gleichermaßen fruchtbar zu machen. Der „Plan" als Suchrahmen gelesen, bietet eine Heuristik der empirischen Wirklichkeiten und bildenden Möglichkeiten des Menschen in seinen kulturellen und gesellschaftlichen Praxen, die für Wissenschaftler und Praktiker gleichermaßen nützlich sein soll. Bildungstheoretisch orientierte Bildungsforschung als empirisch-spekulative und praktische Wissenschaft erforscht Menschen in ihren vielgestaltigen humanen Selbstauslegungen. Die oben genannte Theoretisierung des Empirischen und Empirisierung des Theoretischen wirkt auf die Forschung zurück. Bildungsforschung ist damit nicht nur nachträgliche Erforschung von Bestehendem oder Vergangenem, sondern auch spähender und spekulativer Entwurf einer möglichen Zielvorstellung, die sowohl Forschung als auch Praxis der Bildung leiten kann. Bildungstheoretisch orientierte Bildungsforschung ist am Prozess der menschlichen Bildung und Selbstauslegung und, wie Humboldt sagt, am Prozess der Idealbildung selbst beteiligt. Sie rekonstruiert nicht nur, sie produziert auch. Sie wirkt gleichsam an unserer Zukunft mit, sie beteiligt sich. Sie ist selbst eine produktive Praxis in Zivilgesellschaft und Kultur.

Literatur

Benner, Dietrich (2003): Wilhelm von Humboldts Bildungstheorie. Eine problemgeschichtliche Studie zum Begründungszusammenhang neuzeitlicher Bildungsreform. 3. erw. Aufl. Weinheim und München: Beltz Juventa.

Bourdieu, Pierre (1980/1999): Sozialer Sinn. Kritik der theoretischen Vernunft. 3. Aufl. Frankfurt am Main: Suhrkamp.

Brinkmann, Malte (2019): Humboldt revisited. Bildungstheoretische Überlegungen zu einer inklusiven Theorie der Sprach(en)bildung. In: Rödel, Laura/Simon, Toni (Hrsg.): Inklusive Sprach(en)bildung – Ein interdisziplinärer Blick auf das Verhältnis von Inklusion und Sprachbildung. Bad Heilbrunn: Verlag Julius Klinkhardt, S. 49–62.

Brinkmann, Malte (2020): Verkörperungen und Aufmerksamkeit in pädagogischen Relationen – der Beitrag der phänomenologischen Unterrichtsforschung für die qualitative erziehungswissenschaftliche Forschung. In: Demmer, Christine/Fuchs, Thorsten/Kreitz, Robert/Wiezorek, Christine (Hrsg.): Das Erziehungswissenschaftliche qualitativer Forschung, Schriftenreihe der DGfE-Kommission Qualitative Bildungs- und Biographieforschung. Leverkusen: Budrich, S. 17–38.

Brinkmann, Malte/Praetorius, Anna/Martens, Matthias (2022): Unterrichtsqualität aus Sicht der quantitativen und qualitativen Unterrichtsforschung: Methodische Ansätze, zentrale Ergebnisse und kritische Reflexion. In: Hascher, Tina/Idel, Til-Sebastian/Helpser, Werner (Hrsg.): Handbuch Schulforschung. 3. Aufl. Wiesbaden: Springer, S. 1–20.

Dilthey, Wilhelm (1910/2017): Der Aufbau der geschichtlichen Welt in den Geisteswissenschaften. 4. Aufl. Berlin: Holzinger.

Derrida, Jacques (1984): Guter Wille zur Macht. Drei Fragen an Hans-Georg Gadamer. In: Forget, Philippe (Hrsg.): Text und Interpretation. München: Wilhelm Fink, S. 56–58.

Ecarius, Jutta/Schäffer, Burchkart (Hrsg.) (2010): Typenbildung und Theoriegenerierung. Methoden und Methodologien qualitativer Bildungs- und Biographieforschung. Opladen, Farmington Hills, Mich: Barbara Budrich.

Fink, Eugen (1987/2018): Existenz und Coexistenz. Eugen Fink Gesamtausgabe, Bd. 16, hrsg. v. Anette Hilt. Freiburg im Breisgau: Karl Alber.

Foucault, Michel (1974): Die Ordnung der Dinge. Eine Archäologie der Humanwissenschaften. Frankfurt am Main: Suhrkamp.

Foucault, Michel (1981): Archäologie des Wissens. Frankfurt am Main: Suhrkamp.

Gadamer, Hans-Georg (1960/1990): Gesammelte Werke, Band 1: Hermeneutik: Wahrheit und Methode: Grundzüge einer philosophischen Hermeneutik. 6. Aufl. Tübingen: Mohr.

Glaser, Barney Galland/Strauss, Anselm L. (2005): Grounded theory. Strategien qualitativer Forschung. 2. Aufl. Bern: Huber.

Humboldt, Wilhelm von (1960a): Plan einer vergleichenden Anthropologie. In: Werke in fünf Bänden. Hrsg. von Andreas Flitner und Klaus Giel. Darmstadt: Wissenschaftliche Buchgesellschaft. S. 337–375.

Humboldt, Wilhelm von (1960b): Das achtzehnte Jahrhundert. In: Werke in fünf Bänden. Hrsg. von Andreas Flitner und Klaus Giel. Darmstadt: Wissenschaftliche Buchgesellschaft. S. 375–505.

Humboldt, Wilhelm von (1960c): Theorie der Bildung des Menschen. In: Werke in fünf Bänden. Hrsg. von Andreas Flitner und Klaus Giel. Darmstadt: Wissenschaftliche Buchgesellschaft. S. 234–240.

Kalthoff, Herbert (2008): Zur Dialektik von qualitativer Forschung und soziologischer Theoriebildung. In: Ders. (Hrsg.): Theoretische Empirie. Zur Relevanz qualitativer Forschung. Frankfurt am Main: Suhrkamp, S. 8–32.

Kant, Immanuel (1977): Kritik der reinen Vernunft. In: Weischedel, Wilhelm (Hrsg.): Werke, Bd. 3. Frankfurt am Main: Suhrkamp.

Kreitz, Robert (2010): Interpretative Verfahren in der erziehungswissenschaftlichen Forschung. In: Groh, Thomas/Lorentz, Jörn (Hrsg.): Interpretatio mundi. Wie deuten Wissenschaften ihre Welt? Dresden: Thelem, S. 131–150.

Kreitz, Robert/Miethe, Ingrid/Tervooren, Anja (Hrsg.) (2016): Theorien in der qualitativen Bildungsforschung – Qualitative Bildungsforschung als Theoriegenerierung. Opladen, Berlin, Toronto: Barbara Budrich.

Mattig, Ruprecht (2019): Wilhelm von Humboldt als Ethnograph. Bildungsforschung im Zeitalter der Aufklärung. Weinheim und Basel: Beltz Juventa.

Menze, Clemens (1965): Wilhelm von Humboldts Lehre und Bild vom Menschen. Ratingen: Henn.

Merleau-Ponty, Maurice (1986): Das Sichtbare und das Unsichtbare. Übergänge, Bd. 13. 3. Aufl. München: Wilhelm Fink.

Meseth, Wolfgang/Dinkelaker, Jörg/Neumann, Sascha/Rabenstein, Kerstin/Dörner, Olaf/Hummrich, Merle/Kunze, Katharina (Hrsg.) (2016): Empirie des Pädagogischen und Empirie der Erziehungswissenschaft. Beobachtungen erziehungswissenschaftlicher Forschung. Bad Heilbrunn: Julius Klinkhardt.

Meyer-Wolters, Hartmut (2002): Überlegungen zur Notwendigkeit und den Möglichkeiten einer Systematischen Pädagogik. In: Vierteljahrsschrift für wissenschaftliche Pädagogik 1. S. 91–107.

Müller-Sievers, Helmut (1993): Epigenesis. Naturphilosophie im Sprachdenken Wilhelm von Humboldts. Paderborn.

Plessner, Helmuth (2003): Conditio Humana. Gesammelte Schriften VIII. 1. Frankfurt am Main: Suhrkamp.

Praetorius, Anna/Martens, Matthias/Brinkmann, Malte (2021): Unterrichtsqualität aus Sicht der quantitativen und qualitativen Unterrichtsforschung: Methodische Ansätze, zentrale Ergebnisse und kritische Reflexion. In: Hascher, Tina/Idel, Till-Sebastian/Helsper, Werner (Hrsg.): Handbuch Schulforschung 3. Aufl. Wiesbaden: Springer. S. 1–20.

Rieger-Ladich, Markus (2020): Bildungstheorien zur Einführung. 2. erg. Aufl. Hamburg: Junius.

Ruhloff, Jörg (1980). Das ungelöste Normproblem der Pädagogik. Eine Einführung. Heidelberg: Quelle & Meyer.

Schäfer, Alfred/Thompson, Christiane (2014): Arbeit am Begriff der Empirie. Wittenberger Gespräche, Bd 2. Halle: Martin-Luther-Universität Halle-Wittenberg.

Schiller, Friedrich (1795/1962): Ueber die ästhetische Erziehung des Menschen in einer Reihe von Briefen. In: Koopmann, Helmut/Wiese, Benno von (Hrsg.): Schillers Werke: Nationalausgabe: Zwanzigster Band: Philosophische Schriften: Erster Teil. Weimar: Böhlau Verlag, S. 309–412.

Schütz, Egon (1994/95): W. v. Humboldt: Plan einer vergleichenden Anthropologie, Hauptseminar WS 1994/95 protokolliert von Malte Brinkmann. Online verfügbar: https://www.erziehungswissenschaften.hu-berlin.de/de/allgemeine/egon-schuetz-archiv/verzeichnis-der-unveroeffentlichten-schriften/43.

Schütz, Egon (2016): Handeln und die Transzendenz des Scheiterns. In: Schütz, Egon (Hrsg.): Existenzialkritische Pädagogik. Phänomenologische Schriften zur anthropologischen Praxis von Bildung, Kunst, Sprache und Humanismus. Herausgegeben von Malte Brinkmann. Wiesbaden: Springer VS. S. 145–155.

Tenorth, Heinz-Elmar (2018): Wilhelm von Humboldt Bildungspolitik und Universitätsreform. Paderborn: Ferdinand Schöningh.

Wagner, Hans-Josef (2002): Wilhelm von Humboldt. Anthropologie und Theorie der Menschenkenntnis. Darmstadt: wbg Academic.

Witte, Egbert (2010): Zur Geschichte der Bildung. Eine philosophische Kritik. Freiburg und München: Karl Alber.

Brüderliche Beziehungen

Die Humboldts zwischen Berlin, Bogotá und Barnaul

Oliver Lubrich

„Sprache ist aber ein Theil der
Naturkunde des Geistes."
Alexander von Humboldt

In seinem Bestseller *Die Vermessung der Welt* (2005) beginnt Daniel Kehlmann die Geschichte von Alexander von Humboldt (1769–1859) mit einer Antithese zu dessen Bruder Wilhelm (1767–1835). Der Erziehungsversuch, den er beschreibt, ist von extremer Experimentalität: Der eine soll, in unseren Begriffen, ‚Geisteswissenschaftler' werden, der andere ‚Naturwissenschaftler' (Kehlmann 2005, S. 19–51).

Auf die Frage der Mutter, „wie sie ihre Söhne ausbilden solle", antwortet Goethe mit einem rätselhaften Satz (ebd., S. 19). „Er meine zu begreifen, sagte [ihr Majordomus] Kunth schließlich, es handle sich um ein Experiment. Der eine solle zum Mann der Kultur ausgebildet werden, der andere zum Mann der Wissenschaft.

Und welcher wozu?

Kunth überlegte. Dann zuckte er die Schultern und schlug vor, eine Münze zu werfen" (ebd., S. 20).

Die Leistungen der beiden ‚Klassiker' werden so von vornherein entzaubert. Sie wären nicht das Ergebnis einer besonderen Veranlagung oder einer eigenen Neigung, sondern einer willkürlichen Entscheidung, einer autoritären Vorgabe, einer künstlichen Versuchsanordnung.

Das Programm wird gleichwohl verinnerlicht. „[D]er Ältere" setzt „de[n] Jüngere[n]" unter Druck mit dem Hinweis: „Mit ihnen beiden stehe und falle ein großer Versuch. Keiner von ihnen habe das Recht, sich gehenzulassen" (ebd., S. 24).

In einem Brief schreibt „der Jüngere" an den Älteren über „Unsere Brüderlichkeit": „Daß wir allein sind und verdoppelt, daß Du bist, was ich nicht werden soll, und ich bin, was Du nicht sein kannst, daß wir zu zweit durchs Dasein müssen, einander, ob wir wollen oder nicht, für immer näher als jedem anderen" (ebd.,

S. 33). Und er nimmt sogar an, dass „unsere gegeneinander gewachsenen Namen [...] zu einem verschmolzen" sein werden (ebd., S. 34).

Seiner Schwägerin ist Alexander von Humboldt bei Kehlmann daher „unheimlich", er komme ihr vor „wie ein zur Karikatur verzerrtes Abbild ihres Gatten" (ebd., S. 38).

Antithese

Diese satirische Darstellung entspricht einer allgemeinen Vorstellung von der Gegensätzlichkeit der berühmten Brüder. Sie folgt einem alten literarischen Motiv von geschwisterlicher Rivalität, wie wir sie in der griechischen Mythologie und Tragödie finden (Atreus und Thyestes, Eteokles und Polyneikes), in Shakespeares *Hamlet*, *Richard III* und *King Lear* oder in Schillers *Räubern*. Im kollektiven Gedächtnis sind Wilhelm und Alexander von Humboldt der Preuße und der Kosmopolit, der Zu-Hause-Gebliebene und der Weltreisende, der Staatsmann und der Abenteurer, der Universitätsgründer und der Universalgelehrte, der Schriftsteller und der Datensammler, aber auch der Mann der Familie und der weitvernetzte Solitär, der Hetero- und der Homosexuelle.

In der Bestandsaufnahme nationaler Identitätssymbole, *Deutsche Erinnerungsorte*, herausgegeben von Étienne François und Hagen Schulze, gibt es unter mehr als 120 Einträgen, davon 15 zur Literatur, einen, der „Die Brüder Humboldt" *gemeinsam* abhandelt – beziehungsweise, in Kehlmanns Sinn, ‚verschmolzen' (vgl. Vierhaus 2001). (Einen vergleichbaren Kollektiveintrag erhält sonst nur „Die Familie Mann".) Wilhelm und Alexander von Humboldt werden *zusammen* erinnert – gerade in ihrer Komplementarität. „Ihre Erkenntnisinteressen und Arbeitsfelder, ihr Wirkungswille, ihre Lebensweise und ihre Einstellung zum Leben unterscheiden sich tief" (ebd., S. 10).

Aber bei aller vermeintlichen Gegensätzlichkeit – im Werk Alexander von Humboldts hat Wilhelm von Humboldt eine Schlüsselfunktion. Immer wieder kommt er vor, und zwar in entscheidenden Augenblicken. Man kann dieses Werk geradezu entlang ‚brüderlicher Beziehungen' lesen.

Amerika

Die Berichte, die Alexander von Humboldt von seiner amerikanischen Expedition (1799–1804) nach Europa schickte, waren in besonderen Momenten an seinen Bruder gerichtet. Einige von Ihnen wurden in Zeitungen oder Zeitschriften veröffentlicht, als brüderliche und zugleich öffentliche Reisereportagen (vgl. Familie von Humboldt 1880, S. 1–67; Moheit 1993; Geier 2009, S. 199–232).

Als er 1799 in Cumaná gelandet war, schilderte Alexander von Humboldt seine Ankunft in der ‚Neuen Welt' dem Bruder in einer eindrücklichen Rhetorik der Begeisterung und der Überforderung:

> „Wie die Narren laufen wir zuweilen umher, und in den ersten 3 Tagen können wir nichts bestimmen, da man immer einen Gegenstand wegwirft, um einen andern zu ergreifen. Bonplant versichert, daß er noch rasend werde, wenn die Wunder nicht bald aufhörten. Aber schöner noch als diese Wunder im einzelnen ist der Eindruk, den das Ganze dieser kraftvollen üppigen und dabei so sichtbar erheiternden milden Pflanzennatur macht. Ich fühle es, daß ich hier sehr glüklick seyn werde, und daß diese Eindrüke mich auch künftig noch oft erheitern werden." (A. v. Humboldt 1800, S. 443)

Aus diesen Zeilen spricht der Überschwang der Gefühle nach der Landung auf dem unbekannten Kontinent, die Euphorie des Anfangs der Expedition; aber sie vermitteln auch eine wissenschaftliche Beobachtung, die weitreichende Folgen hat: Denn was hier geschieht, ist ein *mega-diversity shock*. Angesichts des Reichtums und der Verflochtenheit tropischer Natur genügt es nicht mehr, dem Linnéschen System einzelne Beschreibungen ‚neuer' Arten hinzuzufügen, unabhängig von ihrem Zusammenhang. Die Fülle und die Vielfalt der Tropen verlangen nach einem neuen Ansatz der Erforschung. Die Arten sollen in ihrer Umwelt und in ihren Beziehungen erfasst werden. „Alles ist Wechselwirkung" (A. v. Humboldt 1986, S. 358). Alexander von Humboldt vollzieht einen Paradigmenwechsel: von der Taxonomie zur Pflanzengeographie beziehungsweise – *avant la lettre* – zur Ökologie. An dieser Erfahrung und an dieser programmatischen Entscheidung lässt er seinen Bruder aus der Ferne teilhaben.

Als er am 23. Juni 1802 den Chimborazo (im heutigen Ecuador) zu besteigen versuchte, war dies im doppelten Sinn der Höhepunkt seiner Forschungsreise. Fünf Monate nach dem legendären Ereignis, am 25. November 1802, schrieb Alexander von Humboldt seinem Bruder Wilhelm aus Lima einen Brief. Die Passage, die von dem Aufstieg handelt, ist ein Muster der dramatischen Rhetorik des Abenteuers: In nur wenigen Zeilen ist die Rede von Krankheit und Leiden, von Schrecken und Tod, einer schlimmen Wunde und der Gefahr des Sturzes in furchtbare Abgründe. In plastischen Worten beschwört er die Großartigkeit des Berges und dessen eindrucksvolle Höhe, die Düsternis der Landschaft und deren unheimliche Menschenleere. Hier ist niemand mehr, nicht einmal ein Kondor: „Aucun être animé, pas même le condor" (A. v. Humboldt 1803, S. 250). Das Interesse, auf den Gipfel zu gelangen, rechtfertigt gleichwohl alle Opfer, denn es hätte kaum größer sein können:

„Il est possible que cette cime soit le cratère d'un volcan éteint, et cela est même probable; cependant l'idée de cette seule possibilité fait frémir avec raison: car, si ce volcan se rallumoit, ce colosse détruiroit toute la province" (ebd., S. 251).[1]

Es geht offenbar um Leben und Tod. (Auch wenn sich später herausstellt, dass der Chimborazo gar keinen Krater hat und längst nicht mehr aktiv ist.) – Eine solche Schilderung hat Alexander von Humboldt allerdings nie selbst veröffentlicht. In seinen Berichten, die er viel später erst publizierte, hat er im Gegenteil die Bedeutung der Episode, die er seinem großen Bruder so eindrücklich vor Augen führte, ironisch heruntergespielt (vgl. Lubrich 2012; Lubrich 2022, S. 26–67).

Asien

Dreißig Jahre nachdem er in Cumaná (im heutigen Venezuela) gelandet war, um den Orinoco und den Chimborazo zu erforschen, um Bogotá, Quito und Lima, Acapulco, México und Havanna zu sehen, reiste Alexander von Humboldt 1829 über Sankt Petersburg und Moskau nach Barnaul und zurück über Astrachan am Kaspischen Meer. Die problematischste Reise, die er je unternahm, führte ihn durch Russland und Sibirien bis an die chinesische Grenze. Er erlebte einen Polizeistaat und sah deportierte Dissidenten. Alexander von Humboldt erstattete dem russischen Finanzminister, seinem Auftraggeber, über die Fortschritte des Unternehmens regelmäßig Bericht. Aber der Reisende schrieb unterwegs zwei Serien von Briefen, die seine Expedition von verschiedenen Seiten dokumentieren: einerseits offizielle, an die russische Regierung in Sankt Petersburg (an Georg von Cancrin); und andererseits private, an seine Familie in Tegel (an Wilhelm von Humboldt) (A. v. Humboldt 2009; A. v. Humboldt 2019a; Lubrich 2022, S. 208–249; vgl. Knobloch/Schwarz/Suckow 2009). Gegenüber seinem Bruder beklagt er sich am 21. Juni 1829 aus Katharinenburg, wie er überwacht wurde, und über die „ewige Repräsentation", durch die man ihn in ein offizielles Besuchsprogramm einband:

„Die Vorsorge der Regierung für unsere Reise ist nicht auszusprechen, ein ewiges Begrüßen, Vorreiten und Vorfahren von Polizeileuten, Administratoren, Kosakenwachen aufgestellt! Leider aber auch fast kein Augenblick des Alleinseins, kein Schritt, ohne daß man ganz wie ein Kranker unter der Achsel geführt wird!" (in: Familie von Humboldt 1880, S. 186)

---

1 „Es ist denkbar, dass dieser Gipfel der Krater eines erloschenen Vulkans ist, ja es ist sogar wahrscheinlich; dabei lässt einen die Vorstellung dieser bloßen Möglichkeit zu Recht erschaudern: denn sollte der Vulkan wieder aktiv werden, würde der Koloss die gesamte Provinz verheeren."

Aus dem Russischen Reich, das er „so groß wie den Mond" (Brief vom 03.05.1829. In: ebd., S. 174) fand, schrieb Alexander von Humboldt seinem Bruder indes auch davon, wie ihm in der Ferne manches keineswegs fremd vorkam. „Leider gleicht die Vegetation bisher im Grunde dem ‚Tegelschen Grase'"[2] (in: Familie von Humboldt 1923, S. 190), berichtet er am 8. Juni 1829 aus Kasan; „die asiatische Grenze hat freilich einiges Ansehen der Tegelschen Heide" (in: Familie von Humboldt 1880, S. 185), schreibt er am 21. Juni 1829 aus Katharinenburg. Und im November desselben Jahres: „Nach der Rückkehr aus der chinesischen Mongolei erschien mir Moskau wie Spandau"[3] (in: Familie von Humboldt 1923, S. 204). Auch in der Ferne war er auf gewisse Weise zu Hause – an seinem Heimatort, bei seinem Bruder.

Alexander von Humboldt tröstete den Bruder aus der Ferne nach dem Verlust der Ehefrau (die am 26. März 1829 verstarb). Fast hat es den Anschein, die Brüder seien sich besonders nahe, wenn sie sich auf verschiedenen Kontinenten aufhielten.

Der Herausgeber

Als Wilhelm von Humboldt im April 1835 in Tegel verstorben war, kümmerte sich Alexander von Humboldt um dessen wissenschaftlichen und literarischen Nachlass. Davon zeugen insbesondere seine „Vorworte" zu drei postumen Veröffentlichungen: *Über die Kawi-Sprache* (1836–1839), *Gesammelte Werke* (1841–1852) und *Sonette* (1853).

„Ich erfülle eine ernste und traurige Pflicht." So beginnt Alexander von Humboldt das „Vorwort" zum *Kawi-Werk* (1836, S. VII). Er erläutert die Herausgabe aus dem Nachlass seines Bruders, indem er beschreibt, was er mit diesem gemeinsam hat: die „Verbindungen", die der Bruder auf seinen „Reisen" geknüpft habe (ebd., S. X); dessen Pläne, „die Amerikanischen Sprachen" zu erforschen (ebd., S. XII); und die anthropologische Perspektive seiner linguistischen Studien: „den Einfluß der Sprache auf die geistige Entwickelung der Menschheit" (ebd., S. VII) zu erhellen, um „in dem Organismus der Sprache gleichsam das geistige Geschick der Völker deuten" zu können (ebd., S. XIV).

Im „Vorwort" zu den *Sonetten* (1853) hingegen entschuldigt sich Alexander von Humboldt beinahe dafür, dass er die Gedichte seines Bruders herausgibt, von deren literarischer Qualität er nicht wirklich überzeugt zu sein scheint. Er rechtfertigt die Ausgabe mit einem biographischen Lyrik-Verständnis. Die Gedichte, „fast jeden Tag eines" (ebd., S. IV), seien eine Art „Selbstbiographie", eine „Charakter-

---

2 Im Original (in: Familie von Humboldt 1880, S. 185): „Malheureusement la végétation ressemble jusqu'ici pour le fond à la Tegel'schen Grase".

3 Im Original (in: Familie von Humboldt 1880, S. 205): „En retournant de la Mongolie chinoise, je crois être à Spandau en me trouvant à Moscou."

schilderung“ (ebd., S. III), gleichsam ein „Tagebuch“, „in dem ein [...] Seelenleben sich abspiegelt“ (ebd., S. IV).

Alexander von Humboldt selbst schrieb nur einen fiktionalen Text: eine „Erzählung“ über die „Lebenskraft“ (1795 in Schillers *Horen* erschienen), die ihrerseits autobiographisch interpretiert wurde. Hans Christoph Buch (1991, S. 35–50) sah in ihr die womöglich einzige Schrift, in der Alexander von Humboldt, wenn auch verschlüsselt, von seiner Homosexualität sprach.

Auch im „Vorwort“ zu den *Gesammelten Werken* (1841) geht Alexander von Humboldt auf die darin enthaltenen Gedichte seines Bruders ein, die dieser, um „Ideen [...] in ein dichterisches Gewand zu hüllen“ (ebd., S. V), regelmäßig „dictirt“ habe, und zwar, recht unpoetisch, „dem jetzigen Geheimen Secretär bei der Hauptverwaltung der Staatsschulden“, „alle in einer und derselben Form“ (ebd.). Alexander von Humboldt konnte sarkastisch sein – nicht nur als Literaturkritiker, sondern auch in der Familie.

Die Ausgabe der *Gesammelten Werke* von Wilhelm von Humboldt (1841–1852) wiederum enthält ein Gedicht „An Alexander von Humboldt“ aus dem Jahr 1808 (vgl. ebd., Band 1, S. 361–370). Die Brüder haben sich wechselseitig literarisiert.

Widmung

Das populärste Buch Alexander von Humboldts (in deutscher Sprache) beginnt mit Wilhelm von Humboldt. Die *Ansichten der Natur* hat er „Seinem theuren Bruder Wilhelm von Humboldt, in Rom“ gewidmet (in der ersten Ausgabe von 1808, S. [III]; ebenso in der zweiten Ausgabe von 1826, S. [III], datiert auf Mai 1807).

Diese Zueignung hat durchaus auch eine inhaltliche Bewandtnis. Denn die *Ansichten der Natur* beginnen in der „Vorrede“ zur ersten Ausgabe mit Überlegungen zum Verhältnis von Natur und Sprache, nämlich über die „ästhetische Behandlung naturhistorischer Gegenstände“ und – „trotz der [...] Biegsamkeit unserer vaterländischen Sprache“ – über die „Schwierigkeiten der Composition“ (A. v. Humboldt 1808, S. VI).

In einem Kapitel, das er in die dritte Ausgabe aufnahm, „Das nächtliche Thierleben im Urwalde“, reflektiert Alexander von Humboldt (1849, S. 319–321) gleich zu Beginn über das Verhältnis von Naturwahrnehmung und Sprache, indem er auf kulturspezifische Bezeichnungen für Naturphänomene eingeht (zum Beispiel Berge, Wüsten, Vegetation) und den „linguistischen Reichthum“, den das Leben in einer bestimmten Natur hervorbringt, als Ressource der Erkenntnis und Darstellung auffasst.

Zitate

Alexander von Humboldts *Sämtliche Schriften* umfassen 750 Aufsätze, Artikel und Essays. Das Personenregister ihrer Ausgabe (A. v. Humboldt 2019b) hat 30 Einträge zu Wilhelm von Humboldt:

> „Humboldt, Wilhelm von I, 68; II, 1; II, 8; II, 11; II, 14; III, 37; IV, 53; IV, 103; V, 32; *V, 45; V, 57; V, 64; V, 73; VI, 19; VI, 50; VI, 52; VI, 73; VI, 74; VII, 37; VII, 41; VII, 44; VII, 61; VII, 106; VII, 126; VII, 134; VII, 143; VII, 144; VII, 148; VII, 179; VII, 181.*" (Lubrich / Nehrlich 2019, S. 568, die postumen Erwähnungen werden hier kursiviert)

Gemäß der chronologischen Anordnung der Texte, deren sieben Bände den sieben Jahrzehnten ihrer Publikation entsprechen (1789–1859), wird deutlich: Der Bruder kommt in 30 von 750 Aufsätzen vor – aber in 21 davon nach seinem Tod.

Wilhelm von Humboldt spielt dennoch eine wichtige Rolle, vor allem in Alexander von Humboldts Buchwerken. Im Bericht seiner amerikanischen Reise zum Beispiel, der dreibändigen *Relation historique du Voyage aux régions équinoxiales du Nouveau Continent* (1814–1831), steht Wilhelm von Humboldt für die Verbindung von zwei Diskursen, die für die Wahrnehmung und Darstellung der ‚Neuen Welt' bei seinem Bruder zentrale Bedeutungen haben: Klassizismus und Orientalismus. Alexander von Humboldt bezeichnet seinen Bruder hier als den einzigen Altertumsforscher, der zugleich orientalistischer Philologe sei: „Mein Bruder, Monsieur Wilhelm von Humboldt, der einzige aller Hellenisten, der eine gründliche Kenntnis des Sanskrit, der semitischen Sprachen hat" (A. v. Humboldt 1814–18[31], Band 3, S. 174).

Kosmos

Im *Kosmos* schließlich hat Wilhelm von Humboldt eine besonders bedeutsame Funktion. An entscheidenden Stellen hat Alexander von Humboldt ihn als rhetorische Figur eingesetzt. So steht der Bruder am Ende des ersten Bandes (A. v. Humboldt 1845, S. 385 f.) – in einem grandiosen Finale. Nachdem er „das allgemeine Naturbild" mit der „G e o g r a p h i e d e r O r g a n i s m e n" (Pflanzen und Tiere) abgeschlossen hat, wendet sich Alexander von Humboldt dem „M e n s c h e n - g e s c h l e c h t" zu und der Frage nach der „Möglichkeit gemeinsamer Abstammung". Diese letztlich politische, weltanschauliche Frage sei das *Telos*, „das letzte Ziel meiner Arbeit" (ebd., S. 378, Sperrungen im Original). Um die „Abstammung", das heißt: die Verhältnisse der Völker zu bestimmen, seien die Sprachen besonders geeignet, da sich in ihnen „die Geschicke der Völker […] abspiegeln" (ebd., S. 379). Komparatistische Anthropologie verbindet sich mit vergleichender

Sprachforschung – an dieser Stelle betritt Wilhelm von Humboldt die Bühne des *Kosmos* (vgl. ebd., S. 381).

Der erste Band seines letzten Werkes endet überaus wirkungsvoll mit dem (verstorbenen) Bruder, als Alexander von Humboldt seine humanistische Botschaft zusammenfasst: Er relativiert die Verschiedenheit der sogenannten „Racen“ und vertritt die Position einer grundsätzlichen „Einheit des Menschengeschlechts“ (ebd., S. 379, gesperrt im Original).

> „Indem wir die Einheit des Menschengeschlechtes behaupten, widerstreben wir auch jeder unerfreulichen Annahme[4] von höheren und niederen Menschenracen. Es giebt bildsamere, höher gebildete, durch geistige Cultur veredelte, aber keine edleren Volksstämme. Alle sind gleichmäßig zur Freiheit bestimmt [...].“ (ebd., S. 385)

Anschließend gehen die beiden Stimmen ineinander über, indem Alexander von Humboldt seinen Bruder so ausführlich zitiert, bis man vergisst, dass es sich um ein Zitat handelt:

> „‚Wenn wir eine Idee bezeichnen wollen, die durch die ganze Geschichte hindurch in immer mehr erweiterter Geltung sichtbar ist, wenn irgend eine die vielfach bestrittene, aber noch vielfacher mißverstandene Vervollkommnung des ganzen Geschlechtes beweist, so ist es die Idee der Menschlichkeit: das Bestreben, die Grenzen, welche Vorurtheile und einseitige Ansichten aller Art feindselig zwischen die Menschen gestellt, aufzuheben, und die gesammte Menschheit, ohne Rücksicht auf Religion, Nation und Farbe, als Einen großen, nahe verbrüderten Stamm, als ein zur Erreichung Eines Zweckes, der freien Entwicklung innerlicher Kraft bestehendes Ganzes zu behandeln. Es ist dies das letzte, äußerste Ziel der Geselligkeit, und zugleich die durch seine Natur selbst in ihn gelegte Richtung des Menschen auf unbestimmte Erweiterung seines Daseins. Er sieht den Boden, so weit er sich ausdehnt, den Himmel, so weit, ihm entdeckbar, er von Gestirnen umflammt wird, als innerlich sein, als ihm zur Betrachtung und Wirksamkeit gegeben an. Schon das Kind sehnt sich über die Hügel, über die Seen hinaus, welche seine enge Heimath umschließen; es sehnt sich dann wieder pflanzenartig zurück: denn es ist das Rührende und Schöne im Menschen, daß Sehnsucht nach Erwünschtem und nach Verlorenem ihn immer bewahrt ausschließlich an dem Augenblicke zu haften. So festgewurzelt in der innersten Natur des Menschen, und zugleich geboten durch seine höchsten Bestrebungen, wird jene wohlwollend menschliche Verbindung des ganzen Geschlechts zu einer der großen leitenden Ideen in der Geschichte der Menschheit'.“ (ebd., S. 385 f., gesperrt im Original)

---

4 Die Anmerkung zu dieser Stelle lautet: „Das Unerfreulichste und in späteren Zeiten so oft Wiederholte über die ungleiche Berechtigung der Menschen zur Freiheit und über Sklaverei als eine naturgemäße Einrichtung findet sich leider! sehr systematisch entwickelt in Aristoteles *Politica* I. 3, 5, 6.“

Auf die schließenden Anführungszeichen folgt eine Anmerkung, in der Alexander von Humboldt ein weiteres Zitat aus dem *Kawi-Werk* anfügt[5] – bevor er aus seinen und den Worten seines Bruders das Fazit zieht:

> „Mit diesen Worten, welche ihre Anmuth aus der Tiefe der Gefühle schöpfen, sei es dem Bruder erlaubt die allgemeine Darstellung der Naturerscheinungen im Weltall zu beschließen. Von den fernsten Nebelflecken und von kreisenden Doppelsternen sind wir zu den kleinsten Organismen der thierischen Schöpfung in Meer und Land, und zu den zarten Pflanzenkeimen herabgestiegen, welche die nackte Felsklippe am Abhang eisiger Berggipfel bekleiden. Nach theilweise erkannten Gesetzen konnten hier die Erscheinungen geordnet werden. Gesetze anderer, geheimnißvollerer Art walten in den höchsten Lebenskreisen der organischen Welt: in denen des vielfach gestalteten, mit schaffender G e i s t e s k r a f t begabten, spracherzeugenden Menschengeschlechts. Ein p h y s i s c h e s Naturgemälde bezeichnet die Grenze, wo die Sphäre der I n t e l l i g e n z beginnt und der ferne Blick sich senkt in eine andere Welt. Es bezeichnet die Grenze und überschreitet sie nicht." (ebd., S. 386, gesperrt im Original)

Diese „Grenze" zwischen der „organischen Welt" der „Naturerscheinungen" und der „Sphäre der I n t e l l i g e n z" des „spracherzeugenden Menschengeschlechts" wird Alexander von Humboldt im zweiten Band des *Kosmos* sehr wohl „überschreite[n]", indem er die Geschichte der Naturerkenntnis erzählt und zur Geschichte der Künste sowie zur Geschichte kolonialer Gewalt dialektisch und selbstkritisch in Beziehung setzt.

Auch diesen Gedanken hat er im ersten Band bereits angedeutet, wo er seinen Bruder zitierte (erneut aus dem *Kawi-Werk*), und zwar in den Anmerkungen, die dem Haupttext als Endnoten nachgestellt sind. Auch sie schließen mit Wilhelm von Humboldt, der im ersten Band des *Kosmos* somit gleich doppelt das letzte Wort hat[6]:

> „‚Die stürmenden Eroberungen Alexanders, die staatsklug bedächtigen der Römer, die wild grausamen der Mexicaner, die despotischen Ländervereinigungen der Incas haben in beiden Welten dazu beigetragen das vereinzelte Dasein der Völker aufzuheben und weitere Verbindungen zu stiften. [...] Die neuere Zeit hat den Begriff der Civilisation lebendiger aufgefaßt, und das Bedürfniß erregt, Verbindungen der Völ-

---

5 In der Anmerkung zu dieser Stelle gibt Alexander von Humboldt zunächst den Quellennachweis: „W i l h e l m v o n H u m b o l d t ü b e r d i e K a w i - S p r a c h e Bd. III. S. 426." Und er fügt noch eine weitere Passage aus dem *Kawi-Werk* an, die folgendermaßen beginnt: „Ich füge aus demselben Werke noch folgendes hinzu: ‚Die stürmenden Eroberungen Alexanders, die staatsklug bedächtigen der Römer, die wild grausamen der Mexicaner, die despotischen Ländervereinigungen der Incas haben in beiden Welten dazu beigetragen das vereinzelte Dasein der Völker aufzuheben und weitere Verbindungen zu stiften. [...]' (A. a. O. S. 427)."

6 Wie oben bereits als Anmerkung A. v. Humboldts zum Zitat in seinem Haupttext angeführt.

ker und Cultur weiter zu verbreiten; auch die Selbstsucht gewinnt die Ueberzeugung, daß sie auf diesem Wege weiter gelangt als auf dem gewaltsamer Absonderung. Die Sprache umschlingt mehr, als sonst etwas im Menschen, das ganze Geschlecht. Gerade in ihrer völkertrennenden Eigenschaft vereinigt sie durch das Wechselverständniß fremdartiger Rede die Verschiedenheit der Individualitäten, ohne ihrer Eigenthümlichkeit Eintrag zu thun.'" (ebd., S. 492 f.)

Die Völker, die Brüder und die Wissenschaften, Naturforschung und Geistesgeschichte, werden hier miteinander verbunden. Bereits zu Beginn des *Kosmos* hatte Alexander von Humboldt seiner Naturwissenschaft eine humanistische Bedeutung gegeben und einen politischen Subtext eröffnet: „Die Natur ist für die denkende Betrachtung Einheit in der Vielheit" (ebd., S. 5). Am Ende hat er seine eigene Beschäftigung und die seines Bruders, gleichsam ihre zwei Kulturen, zusammengeführt, indem er dessen Interesse, die Sprache, als Gegenstand einer „Naturkunde des Geistes" bezeichnet (ebd., S. 384, gesperrt im Original). Die brüderlichen Beziehungen, die Alexander von Humboldt literarisch inszeniert, weisen über die Beziehungen zweier Brüder hinaus.

Literatur

Buch, Hans Christoph (1991): Die Nähe und die Ferne. Bausteine zu einer Poetik des kolonialen Blicks. Frankfurt: Suhrkamp.

Geier, Manfred (2009): Die Brüder Humboldt. Eine Biographie. Reinbek: Rowohlt.

Humboldt, Alexander von (1800): Aus einem Schreiben Alexanders von Humboldt an seinen Bruder Wilhelm aus Puerto Orotova am Fuß des Pic's von Teneriffa. In: Jahrbücher der Berg- und Hüttenkunde 4.2, S. 437–444.

Humboldt, Alexander von (1803): Extrait de plusieurs lettres de M. A. de Humboldt [Brief an Wilhelm von Humboldt aus Lima vom 25. November 1802]. In: Magasin encyclopédique, ou Journal des Sciences, des Lettres et des Arts 9/2, S. 241–258.

Humboldt, Alexander von (1808): Ansichten der Natur mit wissenschaftlichen Erläuterungen. 1. Ausgabe, 1 Band. Tübingen: Cotta.

Humboldt, Alexander von (1814–18[31]): Relation historique du Voyage aux régions équinoxiales du Nouveau Continent. 3 Bände. Paris: J. Smith et Gide fils (die Titelei gibt 1825 als Erscheinungsjahr des dritten Bandes an, tatsächlich erschien er aber bis 1831).

Humboldt, Alexander von (1826): Ansichten der Natur mit wissenschaftlichen Erläuterungen. 2. Ausgabe, 2 Bände. Stuttgart: Cotta.

Humboldt, Alexander von (1836): Vorwort. In: Humboldt, Wilhelm von: Über die Kawi-Sprache auf der Insel Java, nebst einer Einleitung über die Verschiedenheit des menschlichen Sprachbaues und ihren Einfluss auf die geistige Entwickelung des Menschengeschlechts. Band 1. Berlin: Königliche Akademie der Wissenschaften, S. VII–XIV.

Humboldt, Alexander von (1841): Vorwort. In: Humboldt, Wilhelm von (1841–1852): Wilhelm von Humboldt's Gesammelte Werke. Band 1. Herausgegeben von Karl Heinrich Brandes. Berlin: G. Reimer, S. III–VI.

Humboldt, Alexander von (1845–1862): Kosmos. Entwurf einer physischen Weltbeschreibung. 5 Bände. Stuttgart/Tübingen: Cotta.

Humboldt, Alexander von (1849): Ansichten der Natur mit wissenschaftlichen Erläuterungen. 3. Ausgabe, 2 Bände. Stuttgart/Tübingen: Cotta.
Humboldt, Alexander von (1853): Vorwort. In: Humboldt, Wilhelm von: Sonette. Berlin: Georg Reimer, S. III–XVI.
Humboldt, Alexander von (1986/1990): Reise auf dem Río Magdalena, durch die Anden und Mexico. Transkribiert von Gisela Lülfing und Margot Faak, übersetzt und herausgegeben von Margot Faak. 2 Bände. Berlin (DDR): Akademie.
Humboldt, Alexander von (2009): Zentral-Asien. Das Reisewerk zur Expedition von 1829. Herausgegeben von Oliver Lubrich. Frankfurt: S. Fischer.
Humboldt, Alexander von (2019a): Die Russland-Expedition. Von der Newa bis zum Altai. Herausgegeben von Oliver Lubrich, mit einem Nachwort von Karl Schlögel. München: C. H. Beck.
Humboldt, Alexander von (2019b): Sämtliche Schriften: Aufsätze, Artikel, Essays (Berner Ausgabe). 7 Textbände und 3 Ergänzungsbände. Herausgegeben von Oliver Lubrich und Thomas Nehrlich. München: dtv.
Humboldt, Familie von (in Ottmachau) (Hrsg.) (1880): Briefe Alexander's von Humboldt an seinen Bruder Wilhelm, Stuttgart: J. G. Cotta.
Humboldt, Familie von (in Ottmachau) (Hrsg.) (1923): Briefe Alexander's von Humboldt an seinen Bruder Wilhelm. Berlin: Verlag der Gesellschaft deutscher Literaturfreunde.
Humboldt, Wilhelm von (1836–1839): Über die Kawi-Sprache auf der Insel Java, nebst einer Einleitung über die Verschiedenheit des menschlichen Sprachbaues und ihren Einfluss auf die geistige Entwickelung des Menschengeschlechts. 3 Bände. Berlin: Königliche Akademie der Wissenschaften/Ferdinand Dümmler.
Humboldt, Wilhelm von (1841–1852): Wilhelm von Humboldt's Gesammelte Werke. 7 Bände. Herausgegeben von Karl Heinrich Brandes. Berlin: G. Reimer.
Humboldt, Wilhelm von (1853): Sonette. Berlin: Georg Reimer.
Kehlmann, Daniel (2005): Die Vermessung der Welt. Reinbek: Rowohlt.
Knobloch, Eberhard; Schwarz, Ingo; Suckow, Christian (Hrsg.) (2009): Alexander von Humboldt: Briefe aus Russland 1829. Berlin: Akademie.
Lubrich, Oliver (2012): Fascinating Voids: Alexander von Humboldt and the Myth of Chimborazo. In: Ireton, Sean; Schaumann, Caroline (Hrsg.): Heights of Reflection: Mountains in the German Imagination from the Middle Ages to the Twenty-First Century. Rochester: Camden House 2012, S. 153–175.
Lubrich, Oliver (2022): Humboldt oder Wie das Reisen das Denken verändert. Berlin: Matthes & Seitz.
Lubrich, Oliver; Nehrlich, Thomas (2019): Personenregister. In: Humboldt, Alexander von (2019): Sämtliche Schriften: Aufsätze, Artikel, Essays (Berner Ausgabe). 7 Textbände und 3 Ergänzungsbände. Herausgegeben von Oliver Lubrich und Thomas Nehrlich. München: dtv, Band 8, S. 568.
Moheit, Ulrike (Hrsg.) (1993): Alexander von Humboldts Briefe aus Amerika 1799–1804. Berlin: Akademie.
Vierhaus, Rudolf (2001): Die Brüder Humboldt. In: François, Étienne; Schulze, Hagen (Hrsg.) (2001): Deutsche Erinnerungsorte. Band 3. München: C. H. Beck, S. 9–25.

Wilhelm von Humboldt und das Museum als Bildungseinrichtung

Hermann Parzinger

Die Zeit Wilhelm von Humboldts war die Epoche des Zusammenbruchs des aufgeklärten Absolutismus und des Aufstiegs des Bürgertums. Als Ursache für die Niederlage Preußens gegen Napoleon 1806 sah man vor allem die Passivität der Bevölkerung, woraus Wilhelm von Humboldt die Konsequenz zog, es brauche den loyalen Staatsbürger, der dem Gemeinwesen verpflichtet sei. Dabei war er überzeugt, dass dieses Ziel nur durch Bildung zu erreichen sei. Wilhelm zielte also auf die Schaffung einer Bürgergesellschaft auf liberaler Geistesgrundlage.

Die von ihm maßgeblich gestaltete Bildungsreform Preußens war entscheidend für die Modernisierung des Staates, sie ruhte dabei auf drei Säulen: erstens auf einer umfassenden Schulreform mit Einführung der allgemeinen Schulpflicht, zweitens auf der Gründung der Berliner Universität und drittens – was hier im Vordergrund stehen soll – auf dem Museum als Bildungsanstalt (vgl. Lübbe 1980, S. 656).

Wilhelm von Humboldt war *der* große Bildungsreformer des frühen 19. Jh. Er formte das nach ihm benannte Humboldt'sche Bildungsideal, ein Bildungswesen im Geiste des Neuhumanismus. Er wurde dadurch zu einer der einflussreichsten Persönlichkeiten in der deutschen Geistes- und Kulturgeschichte jener Zeit und darüber hinaus.

Selbstbildung sei nach Wilhelm höchster Zweck des Menschen. Bildung sollte dabei nicht streng reglementiert sein, denn die im Menschen vorhandenen Kräfte müssten sich frei entfalten können. Ein auf das Wohl seiner Bewohner bedachter Staat würde immer zur bestmöglichen Entfaltung der Kräfte seiner Bürger durch Bildung beitragen wollen. Bildung war für Wilhelm von Humboldt also sowohl persönliche Verpflichtung als auch gesellschaftspolitisch bestmöglich auszuführende Staatsaufgabe. Nur Bildung befähige das Individuum, sich der Freiheit zu bedienen. Wilhelm hatte stets die Bildung der eigenen Individualität und Persönlichkeit im Blick, es ging ihm um „die höchste und proportionierlichste Bildung seiner [= des Menschen] Kräfte zu einem Ganzen. Zu dieser Bildung ist Freiheit die erste, und unerlassliche Bedingung" (Humboldt 1980a, S. 64). Seine Hochschätzung für Bildung kommt auch in folgendem Zitat zum Ausdruck:

> „Was verlangt man von einer Nation, einem Zeitalter, von dem ganzen Menschengeschlecht, wenn man ihm seine Achtung und seine Bewunderung schenken soll? Man

verlangt, dass Bildung, Weisheit und Tugend so mächtig und allgemein verbreitet, als möglich, unter ihm herrschen […].“ (Humboldt 1980b, S. 236)

Im Gegensatz zu seinem Bruder Alexander von Humboldt war Wilhelm ganz den Geisteswissenschaften verpflichtet. Seine Schwerpunkte lagen in der Beschäftigung mit kulturwissenschaftlichen Zusammenhängen wie der Bildungsproblematik und der Staatstheorie, sowie in der analytischen Betrachtung von Sprache, Literatur und Kunst. Die Bedeutung der Sprache war für ihn herausragend: „Der Mensch ist nur Mensch durch Sprache“ (Humboldt 1988a, S. 11) und die „Nation […] ist eine durch eine bestimmte Sprache charakterisirte geistige Form der Menschheit“ (Humboldt 1988b, S. 160). Wilhelm beherrschte mehrere Sprachen, war als Übersetzer, etwa von Aischylos, tätig und gilt als ein Begründer der Vergleichenden Sprachwissenschaft (vgl. Gall 2011, S. 346 f.).

1. Frühe Stationen: Studien in Göttingen, Paris, Weimar und Erfurt

Wilhelm von Humboldt sollte Jura studieren und ging dafür 1788 nach Göttingen. Dort begann er sich jedoch sehr schnell für Philosophie, Geschichte und alte Sprachen zu interessieren (vgl. Gall 2011, S. 29 ff.). Eindrucksvoll waren für ihn die Begegnungen mit den Sammlungen der dortigen Universität, einem der ersten Universalmuseen, in dem sich Kunst und Natur unter *einem* Dach befanden, unter dem Dach der Universität. Diese Idee sollte Wilhelm nicht mehr loslassen.

Er traf 1788 auch den Weltumsegler Georg Forster, der zusammen mit James Cook die Südsee entdeckte. Foster prägte Wilhelm und Alexander von Humboldt in ihrem kosmopolitischen Denken und Anspruch (vgl. Bredekamp 2019, S. 25 ff.). Wahrscheinlich hatte Forster stärkeren Einfluss auf Alexander, und die Begegnungen mit Foster beförderten dessen Wunsch zu Forschungsreisen nach Südamerika und später nach Zentralasien. Foster weckte vor allem bei Alexander Fernweh, Entdeckerfreude und Forscherdrang. Ohne Foster hätte es wohl keine Amerika-Reise Alexanders gegeben.

Wilhelm von Humboldt ging 1789 ins revolutionäre Paris. Dabei war er weniger der revolutionäre Eiferer, sondern eher der nüchterne Beobachter. Besonders interessierte er sich dort für Kunst und Architektur. Während sein Bruder Alexander sich für die bildende Kunst weniger erwärmte, hinterließen Besuche im damals gerade entstehenden Louvre als modernem Museum tiefen Eindruck auf Wilhelm. Die Beschlagnahmung bedeutender Kunstwerke durch Napoleons Armeen in vielen Teilen Europas, so auch in Berlin, und deren Vereinigung im Louvre empfand er in einer Mischung aus Empörung und Genugtuung (vgl. Bredekamp 2019, S. 28). Die Kunstwerke seien schließlich das Eigentum der ganzen gebildeten Menschheit. Dieses Denken stand ganz im Sinne von Herders Begriff des „Weltbürgers".

1791 begegnete Wilhelm erstmals Schiller und Goethe in Weimar. In Erfurt vertiefte er seine Studien der altgriechischen Sprache, Kultur, Kunst und Philosophie. Dies hatte für sein weiteres Denken tiefgreifende Folgen. Die Beschäftigung mit der Antike trug für Wilhelm von Humboldt zur philosophischen Kenntnis des Menschen überhaupt bei. Den griechischen Geist begriff er als Ideal dessen, was man selbst sein und hervorbringen möchte. Dieses stark idealisierende Bekenntnis zum antiken Griechenland hatte nachhaltigen Einfluss auf das deutsche Bildungswesen (vgl. Berglar 1970, S. 44 ff.).

Die Bedeutung der griechischen Antike war bei Wilhelm ganz zentral. Sie ist das Ideal der umfassenden Menschenbildung, sie unterstreicht exemplarisch, was menschliche Kultur ausmacht, und die humanen Ideale seien am reinsten in der griechischen Antike verwirklicht. Die Folge war das humanistische Gymnasium – mit Altgriechisch-Unterricht. Das Altgriechische sei nach Wilhelm Allgemeingut menschlicher Bildung. Dieser starke Bezug zur Antike wurde später auch an Schloss Tegel sichtbar, Wilhelms von Schinkel klassizistisch umgebautem Renaissancebau mit speziellen Räumen für seine Sammlung von Kunstwerken der griechischen Antike. Tegel war quasi eine Art lebendige Aneignung der Antike, worauf unten noch zurückzukommen sein wird. Schon 1793 erschien Wilhelm von Humboldts Schrift „Über das Studium des Altertums und des Griechischen insbesondere" (1793/1986); gegen diesen betonten Philhellenismus hatte selbst Schiller gewisse Vorbehalte (vgl. Berglar 1970, S. 47 f.).

2. Zwischen Diplomatie und Politik: Rom, Berlin, Wien, London

Von 1802 bis 1808 war Wilhelm von Humboldt preußischer Gesandter am Heiligen Stuhl in Rom. Besonders fordernd dürfte diese Zeit für ihn nicht gewesen sein, denn er hatte viel Zeit zur Pflege von Kontakten und für das Studium der römischen Antike. Das Haus von Wilhelm und seiner Frau Caroline war gesellschaftlicher und künstlerischer Mittelpunkt, quasi das Epizentrum der in Rom versammelten Künstlerkolonie (vgl. Heinz 2019, S. 83). Zu den regelmäßigen Gästen gehörten unter anderen die Bildhauer Bertel Thorvaldsen, Christian Daniel Rauch und Friedrich Tieck, der Architekt Karl Friedrich Schinkel, der Philosoph Friedrich Schlegel und Ludwig I. von Bayern, damals noch als Kronprinz. Rom übte eine ungeheure Faszination auf Wilhelm aus. In einem Brief an Goethe schrieb er 1804:

> „Rom ist der Ort, in dem sich für unsere Ansicht das ganze Alterthum in Eins zusammenzieht [...]. Es ist ein gewaltsames Hinreißen in eine von uns nun einmal, sey es auch durch eine nothwendige Täuschung, als edler u. erhabener angesehene Vergan-

genheit, eine Gewalt, der selbst, wer wollte, nicht widerstehen kann […].“ (Brief vom 23.08.1804. In: Mattson 1980, Bd. 1, S. 106, Nr. 1130)

1809 wurde Wilhelm schließlich auf Initiative des berühmten preußischen Reformers Freiherr vom Stein zum Geheimen Staatsrat und Direktor der Sektion für Kultus und Unterricht im Ministerium des Inneren berufen. Die Annahme dieser Berufung war jedoch nicht selbstverständlich. Wilhelm weilte zuvor in Weimar, Paris und Rom, bereiste Spanien und andere Gebiete, traf Künstler und Intellektuelle (vgl. Rave 1956, S. 121 f.). Er wollte diese Freiheit zunächst nicht eintauschen gegen die absehbaren Zwänge eines solchen hohen Staatsamtes in Berlin. Schließlich sah er dann aber doch die Gestaltungsmöglichkeiten und nahm das Angebot an. Es bot ihm 1809 die Gelegenheit, die Welt zu verändern, zumindest die Welt in Preußen, und Wilhelm veränderte sie. Doch er blieb ein unabhängiger Mensch und trat dann auch nach einem Jahr zurück wegen konservativer Widerstände gegen sein liberales Denken und gegen seine Thesen. Später, nach 1830, wurde er ehrenhalber noch einmal in den Staatsrat berufen, hat dort aber nicht mehr ernsthaft mitgewirkt und gestaltet.

Wilhelm von Humboldt prägte in dieser Zeit die Idee der deutschen Universität. 1809 überreichte er König Friedrich Wilhelm III. einen zehnseitigen Antrag auf Errichtung einer Universität in Berlin (1809/1982a). Der Kerngedanke dabei war die Einheit von Forschung und Lehre, denn Universitäten seien keine Schulen. Dieses Konzept ist bis heute von ungebrochener Modernität und Aktualität, weshalb Wilhelm als Begründer der modernen Universität gilt. Die Universität sei ferner unbedingt freizuhalten von einengenden staatlichen Forderungen und Auflagen. Der Staat möge die besten Köpfe berufen, sollte sich dann aber zurückziehen (vgl. Humboldt 1982c, S. 256, 259 f.). Die Universität ebenso wie das ganze Bildungswesen soll von der monarchischen Staatskasse weitestgehend unabhängig sein (vgl. Humboldt 1809/1982a, S. 33).

Im Jahre 1814/15 war Wilhelm von Humboldt Teil der preußischen Delegation am Wiener Kongress zur Neuordnung Europas nach der Niederlage Napoleons. Als bekannter Vertreter des Reformflügels in Preußen zog er dabei den Argwohn des österreichischen Staatskanzlers von Metternichs auf sich, doch auch der preußische Ministerpräsident Karl August von Hardenberg wollte ihn loswerden und abschieben (vgl. Gall 2011, S. 288, 302 f.). In der Folge wurde er schließlich 1816 als preußischer Gesandter nach London geschickt, was insofern von Bedeutung war, weil dies ihm die Gelegenheit bot, sich intensiv mit den Elgin Marbles im British Museum zu beschäftigen. 1819 wurde Wilhelm vom König erneut zum Minister berufen, doch auf Betreiben Hardenbergs schließlich im selben Jahr noch abgesetzt. Dies war dann gleichzeitig auch das Ende seiner politischen Karriere.

Als bewegende Ursachen der Weltgeschichte sah Wilhelm von Humboldt vor allem drei Faktoren: „die Natur der Dinge, die Freiheit des Menschen, und die Fügung des Zufalls“ (Humboldt 1980c, S. 579). Folgende Aussage gibt wichtige Einblicke in sein Geschichtsdenken und Geschichtsverständnis:

> „Der Geschichtsschreiber darf daher nicht, Alles allein in dem materiellen Stoff suchend, ihre [= der in allem waltenden Idee] Herrschaft von seiner Darstellung ausschliessen; er muss aufs mindeste den Platz zu ihrer Wirkung offen lassen; er muss ferner [...] sein Gemüth empfänglich für sie und regsam erhalten, sie zu ahnden und zu erkennen; aber er muss vor allen Dingen sich hüten, der Wirklichkeit eigenmächtig geschaffene Ideen anzubilden, oder auch nur über dem Suchen des Zusammenhanges des Ganzen etwas von dem lebendigen Reichthum des Einzelnen aufzuopfern.“ (Humboldt 1821/1980d, S. 605 f.)

Wilhelm beschreibt hier jedoch ein Idealbild, dem kaum ein Historiker entsprechen konnte. Er selbst hatte auch nie ein größeres historiografisches Werk in Angriff genommen. Dennoch sind diese Überlegungen – neben seinem Bildungsideal – auch grundlegend für sein Verständnis vom Museum als Bildungseinrichtung.

3. Wilhelm von Humboldt und Schloss Tegel: erstes Zusammenwirken mit Schinkel

Nach seinem Abschied aus allen öffentlichen Ämtern bestimmte Wilhelm Ort und Inhalt seines eigenen Daseins noch einmal neu. Schloss Tegel, das kurfürstliche Jagdschlösschen, war sein elterliches Erbe und wurde zu seinem Lebensmittelpunkt, allerdings in einer Gestalt, die seinen Neigungen und ästhetischen Vorstellungen entsprach (vgl. Abb. 1) (vgl. Heinz 2019; Trabant 2021, S. 58). Antike Kunst und Kultur waren für Wilhelm im Zuge der Entwicklung seines Bildungsideals zum wichtigsten Maßstab geworden. Er lebte in Paris und Rom, bereiste Spanien, war in Wien und London, überall besichtigte und studierte er antike Kunstwerke, versuchte alles zu sehen und Erfahrungen zu sammeln. Auch die Skulpturen der Dresdner Galerie sah er schon früh (1797), und sie fesselten ihn ungemein.

1816 kam er nach dem Wiener Kongress als preußischer Gesandter nach London und sah sogleich die Friesplatten und Giebelfiguren des Parthenon (sogenannte Elgin Marbles). Dazu Wilhelm:

> „Vorgestern war ich einen ganzen Vormittag in dem Britischen Museum und sah die Elginschen Marmor wieder. [...] von der Schönheit macht man sich dann keine Idee. Der Hauptcharakter bleibt immer das Grandiose, die Lebendigkeit und der Reichtum.“ (Brief vom 05.11.1817. In: Mattson 1980, Bd. 1, S. 530, Nr. 6433)

Abb. 1: Schloss Tegel, Blick auf die Außenfassaden (Aufnahme um 1931. No. 40012916 bpk, Fotograf unbekannt).

Durch die Anschauung des Besten der hellenischen Kunst hätte er mehr über diese erfahren als all die Jahre davor. 1818 verließ er London wieder und bemerkt zum Abschied: „Ich war heute noch eine Stunde bei den Elginschen Marmoren und habe von allen Abschied genommen. Sie ziehen einen wie lebendige Wesen und höher und tiefer als Menschen an“ (Brief vom 29.10.1818. In: Mattson 1980, Bd. 1, S 556, Nr. 6754). Wilhelm äußerte interessanterweise aber auch vorsichtige Zweifel, ob der schottische Lord wirklich alles von der Akropolis hätte mitnehmen müssen, auch wenn er hervorhob, dass er es dadurch für die Wissenschaft gerettet hätte (vgl. Rave 1956, S. 102).

Später waren im berühmten Antikensaal von Schloss Tegel im Hauptgeschoss in zentraler Position der Reiterzug der athenischen Jugend und andere ausgewählte Stücke des Parthenonfrieses in ausgezeichneten Abgüssen angebracht (vgl. Abb. 2) (vgl. Rave 1956, S. 105). Es war durchaus typisch für das Sammeln Wilhelm von Humboldts, dass er Dinge, die er nicht im Original erwerben konnte, die ihn aber besonders faszinierten, in vorzüglichen Abgüssen kaufte. In Bezug auf die eigene Sammlung war er also gar nicht so vehement ablehnend gegenüber Gipsen, wie er es später beim ersten öffentlichen Museum in Berlin sein würde.

Antike Kunst und Kultur sollten auch sein neues Haus prägen, architektonisch wie durch die Innenausstattung. Schloss Tegel war ein von Musen verschönter Alterssitz, die Antike sollte das Herz von Tegel werden. Für Wilhelm muss ein Leben

Abb. 2: Schloss Tegel, Antikensaal mit Abgüssen des Ares Ludovisi und der Merkur-Statue von Thorvaldsen sowie dazwischen drei Abgüsse von Reliefplatten des Parthenon-Frieses (Aufnahme um 1959. No. 40016630 bpk, Fotograf unbekannt).

mit antiken Kunstwerken solch herausragender Art und Vollendung, wie in seiner Sammlung, geradezu die Erfüllung seines Sinnens und Denkens, ja seines Seins bedeutet haben, jedenfalls äußerte er sich mehrfach in dieser Richtung. Man müsse das Haus eben wegen der Kunstwerke bauen, die man besitze. An seine Frau Caroline schrieb er dazu 1820: „[…] da niemand sonst in der Gegend ein Museum besitzt" (Brief vom 14.07.1820. In: Mattson 1980, Bd. 1, S 580, Nr. 7044). Abgesehen von den Kuriositäten der kurfürstlichen Kunstkammer im alten Berliner Schloss existierte überhaupt kein Museum in Preußen.

Schloss Tegel war auch der Ort des ersten kongenialen Zusammenwirkens von Wilhelm von Humboldt und Karl Friedrich Schinkel (vgl. Rave 1956, S. 55–63). Schinkel erweiterte den ursprünglichen Bau um eine viertürmige klassizistische Fassade und verwandelte das kleine alte Schlösschen dadurch quasi in eine römische Villa (vgl. Abb. 1) (vgl. ebd., S. 64–72). Er schuf große und helle, stilvolle Innenräume, die dann mit den über die Jahrzehnte von Wilhelm und Caroline erworbenen antiken Kunstwerken oder Gipsabgüssen griechisch-römischer Skulpturen ausgestattet wurden. Auch in seinem Arbeitszimmer war Wilhelm umgeben von griechischen Kunstwerken (vgl. Heinz 2019; Trabant 2021, S. 58).

Von Anfang an war klar, dass Tegel nicht nur als Wohnhaus, sondern auch als Museum eingerichtet werden sollte. Ein großer Saal im ersten Obergeschoss diente als ein kleines Museum antiker Skulpturen. Gezeigt wurden überwiegend Werke der reinen Klassik. Schloss Tegel wurde damit zum Vorbild für die Präsentation von Werken der hochklassischen Zeit. Dort waren die bestmöglichen Voraussetzungen für die Aufstellung der Skulpturensammlung gegeben (vgl. Rave 1956, S. 69 f.). Dieser Antikensaal war das Herzstück der ganzen Sammlung und des ganzen Hauses (vgl. ebd., S. 92), von dort hatte man auch einen Blick über den Tegeler See, der wie ein Blick über die Ägäis anmutete (vgl. Heinz 2019, S. 84).

Die Aufstellung der Skulpturen, die noch heute weitgehend der ursprünglichen entspricht, folgt keinem didaktischen Prinzip, sondern verdankt sich den Gedankenzusammenhängen Wilhelm von Humboldts. Dazu gehörten auch Gipsabgüsse, solche hellenistischen Kunstwerke galten im frühen 19. Jh. als mit am vollkommensten, dem Original durchaus ebenbürtig (vgl. ebd.). Die großen berühmten Bildwerke sollten zusammen mit ihrem mythologischen Hintergrund und in ihrem Zusammenhang als wohldurchdachte, raffinierte Aufstellung und wirkungsvolle Rauminszenierung auf den Betrachter einwirken (vgl. Abb. 2) (vgl. ebd.).

Für Wilhelm stand stets die Gestalt des Menschen, die Skulptur, im Vordergrund. „Die Weltsicht des klassischen Altertums ist in dieser Studiensammlung wie in einem Prisma abgebildet“ (ebd.). Wilhelm hat in Tegel ein Ideal der Vollkommenheit zu schaffen versucht und erinnert damit an die aus seiner Sicht und aus der Sicht seiner Zeit zentralen Grundlagen der europäischen Geistesgeschichte. Er brachte hier zusammen, was er in Rom anschaulich erfahren hatte: die Gedankenwelt und das Lebensgefühl der „ewigen Stadt“. Damit verband sich für ihn auch seine Vaterstadt Berlin mit der Wahlheimat und dem Sehnsuchtsort Rom, beide verschmolzen in Tegel zu einem neuen, dritten Ort, wo sich seine immer noch aktuelle Ideengeschichte im Gewand des Klassizismus zeigte (vgl. Heinz 2019, S. 87). Wilhelm von Humboldts Griechenbild war jedoch „umfassender als das des 18. Jh., das wesentlich von Winckelmann bestimmte der edlen Einfalt und stillen Größe“ (Rave 1956, S. 109).

Das äußere Erscheinungsbild von Schloss Tegel bestimmen ganz wesentlich die bereits genannten vier Türme. Der Bildhauer Rauch bekam den Auftrag, allegorische Figuren der acht griechischen Hauptwinde nachzubilden, wie sie in Athen den Turm der Winde schmückten (vgl. Abb. 1). Griechischer Geist also umweht bis heute Wilhelms Haus in Tegel (vgl. Rave 1956, S. 73–81; Trabant 2021, S. 58).

Schloss Tegel war aber nicht nur eine einzigartige private Wohnanlage, sondern „es bedeutete ein ästhetisches Statement, eine denkmalartige Stiftung, welche der Nachwelt die Individualität des Gründers erhalten und vermitteln sollte“ (Maurer 2016, S. 278). Und das neue Tegel war Preußens erstes Antikenmuseum, das erste und einzige zugängliche Museum in Preußen, das eigens für eine Sammlung gebaut und eingerichtet worden war.

1824 war Einweihung mit zahlreichen illustren Gästen, darunter der Kronprinz, nicht aber der König (vgl. Trabant 2021, S. 58). Dieser näherte sich erst später Ende der 1820er Jahre wieder Wilhelm von Humboldt an, holte ihn erneut in den Staatsrat, was aber keine weiteren Folgen hatte. Folgenreich war jedoch Wilhelms Berufung 1829 zum Vorsitzenden der Kommission für Schinkels neues Museum (heute „Altes Museum") durch Friedrich Wilhelm III (vgl. Trabant 2021, S. 58). Erneut konnten die beiden kongenial zusammenwirken: Schinkel als Baumeister, Humboldt als der für die Objektausstattung Zuständige.

4. Wilhelm von Humboldt, Karl Friedrich Schinkel und das erste öffentliche Kunstmuseum in Berlin

Seit den 1790er Jahren gab es Überlegungen zu einer Reform der kurfürstlich-königlichen Kunstkammer im Berliner Schloss (vgl. Wezel 2001, S. 31 f.). Jean Henry, als Bibliothekar auch Direktor dieser Kunstkammer, strebte eine weitgehende Öffnung und Zugänglichmachung an. Bis dahin war zum Besuch der Kunstkammer eine Anfrage nötig, nur am Sonntagvormittag bestand freier Zugang, und diese Möglichkeit erfreute sich regen Zuspruchs. Henry hatte ein erstes allgemeines Museum in Berlin vor Augen. Gerade nach der Rückkehr der von Napoleon geraubten Kunstschätze aus Paris strebte er ein wahres Weltmuseum an, sämtliche Berliner Sammlungen sollten unter dem Dach der Kunstkammer zusammengefasst werden (vgl. Bredekamp 2019, S. 29 f.).

Alexander von Humboldt machte 1807 einen anderen Vorschlag, indem er dafür plädierte, die Kunstkammer mit den Sammlungen der Akademie und allen weiteren verfügbaren Kunstsammlungen zusammenfassen, allerdings unter dem Dach der Preußischen Akademie der Wissenschaften (vgl. ebd., S. 31). Auf diese Weise sollten ein der Forschung und der Öffentlichkeit gleichermaßen zugängliches großes Museum und auch ein ganz neuer Sammlungstypus geschaffen werden. Kultur- und Naturgeschichte sollten dabei vereint sein.

Wilhelm folgte 1809 dieser Idee seines Bruders, sah die Zusammenfassung der Sammlungen aber unter dem Dach der neu entstehenden Berliner Universität anstatt bei der Akademie. Die Sammlungen Berlins sollten stärker den Zwecken von Forschung und Lehre dienen. Wilhelm ging sogar noch weiter und schlug vor, Bibliothek, Observatorium, Botanischen Garten, naturhistorische Sammlungen und Kunstgalerien im Rahmen der Universität als ein organisches Ganzes zusammenzufügen (vgl. ebd., S. 31). Die Idee des Universitätsmuseums, das Wilhelm von Humboldt in Göttingen kennengelernt hatte, wurde damit erweitert zur Idee einer Universität als umfassendes Weltmuseum (vgl. ebd.). 1810 schrieb Wilhelm an den König, dass schon im Universitätsgebäude ausreichend Raum für die Gemäldesammlung aus dem Schloss vorzusehen sei (vgl. Humboldt 1810/1982b, S. 245), und tatsächlich wurde ein Teil der Altmeistersammlung für einige Zeit dort ausgestellt.

Als die 1806 von Napoleons Truppen geraubten Kunstwerke 1815 in einem wahren Triumphzug zurückkehrten, war die Idee eines öffentlichen Kunstmuseums nicht mehr aufzuhalten, auch wenn der Ort und die Anbindung noch nicht geklärt waren (vgl. Wezel 2001, S. 103 f.). Friedrich Wilhelm III. erwarb bereits weitere Sammlungen für ein solches zukünftiges Museum, die zu dessen Grundlage wurden (vgl. Bredekamp 2019, S. 31): 1815 Teile der Sammlung Giustiniani mit antiken Skulpturen und Gemälden sowie 1821 die Sammlung Edward Solly mit bedeutenden Gemälden aus Italien, Deutschland und den Niederlanden mit Meisterwerken u. a. von Giotto, Botticelli und van Eyck. Der König dachte zunächst an ein Museum im Marstall oder in der Kunstakademie Unter den Linden, gab dann aber Schinkel den Auftrag für einen Neubau für die königlichen Kunstsammlungen.

Schinkel hatte zuvor die großen Museen in London und Paris studiert und entwickelte 1822/23 die Vision von einem Museum an der Nordseite des Lustgartens. 1825 begannen die Bauarbeiten. Die Gründungsarbeiten waren ausgesprochen kompliziert, über 3.000 Kiefernholzpfähle wurden in den Boden getrieben, ferner musste man den Kanal zwischen Spree und Kupfergraben zuschütten.

Schinkels Museumsbau, heute das sogenannte Alte Museum, besaß eine klare Gliederung und folgte dem Gestaltungskanon der griechischen Antike (vgl. Cullen / Stockhausen 1998; Heilmeyer / Heres / Maßmann 2004). Es verkörperte die in der Aufklärung wurzelnde Idee des Museums als Bildungseinrichtung des Bürgertums (vgl. Abb. 3). Die zentralen architektonischen Elemente sind die große Freitreppe, begrenzt von Wangen mit großen Standbildern, einmal eine Amazone zu Pferde, das andere Mal ein Löwenkämpfer, dann die Vorhalle mit zweiarmiger Treppenanlage, die Innen- und Außenraum zugleich war, sowie die Ausstellungsräume im Inneren, die Schinkel um zwei Innenhöfe herum gruppierte.

Die Rotunde im Zentrum der Anlage, 23 Meter hoch mit einem Galeriering oben als Umgang, hatte das Pantheon in Rom zum Vorbild, was die sakrale Dimension des Museums als Kunsttempel unterstreicht (vgl. Abb. 4). Diese Rotunde zielt bis heute auf die Erhebung des Subjekts, bevor der*die Besucher*in sich in den Sälen der Betrachtung der Kunst widmet. In der Rotunde stellt sich Schinkels Museum als Architektur einer Kunstreligion dar, und der Tempel dieser Kunstreligion ist das Museum (vgl. Lübbe 1980, S. 667). Betritt man nach dem Durchschreiten der Rotunde die dahinter befindlichen Ausstellungsräume, fällt der Blick sofort auf den Betenden Knaben (vgl. Abb. 4), eine Erwerbung Friedrichs des Großen. Nach seiner Entführung durch Napoleon bildete der Betende Knabe ab 1806 in Paris bis zu seiner Rückkehr nach Berlin den viel bewunderten Mittelpunkt im Saal der Diana im Erdgeschoss des Louvre. Nach der Rückkehr 1815 konnte man nicht mehr hinter diese Nobilitierung zurück (vgl. Schuster 2005).

Die Architektur des Alten Museums, eines der Hauptwerke des deutschen Klassizismus, sandte deutliche kulturpolitische und politische Botschaften. Die weit gespannte Säulenvorhalle als Rückgriff auf das demokratische Athen wurde

Abb. 3: Altes Museum, Blick auf Kolonnade und Vorhalle mit Freitreppe und den Bronzeskulpturen des Löwenkämpfers (von Albert Wolff) links und der Amazone (von August Kiß) rechts (Aufnahme um 1910. No. 40008828 bpk, Fotograf unbekannt).

Abb. 4: Altes Museum, Blick in die Rotunde; im Durchgang hinten zu den Ausstellungsräumen ist die Aufstellung des Betenden Knaben zu erkennen. Aquarell von Karl Friedrich Schinkel, um 1835 (No. 40017840 bpk, Zentralarchiv, SMB).

von Schinkel dem barocken Schloss gegenübergestellt, die Säulenfront jedoch mit preußischen Adlern geschmückt, das Museum stellte sich also unter staatlichen Schutz. Die erst 1841 fertiggestellten Wandgemälde in der Vorhalle gaben in vier Erzählungen die Entstehungs- und Entwicklungsgeschichte der Menschheit wieder. Dieses Museum war damit nicht nur der Geschichte Preußens, sondern der der ganzen Menschheit gewidmet (vgl. Wezel 2001, S. 88 ff.; Trempler 2001). Schinkels Bau war damit Zweckbau und Monument zugleich, Museum und Gedenkort (vgl. Kaufmann 1963).

Die monumentalen Säulen, die Rotunde mit Kuppel und die Freitreppe sind architektonische Würdezeichen, die die besondere Rolle der öffentlichen Präsentation von Kunst unterstrichen (vgl. Wezel 2001, S. 57). Das Museum ist ein Ort der

Menschheitsbildung durch Verehrung der Künste und der Kultur, antithetisch zur politischen Macht im Schloss, antithetisch zum Dom als Sitz des Glaubens und antithetisch zum Zeughaus als Ort der militärischen Macht. Die Wahl des Standortes hatte damit klare ideologische Implikationen: Der königlichen, religiösen und militärischen Macht sollte auf diese Weise eine neue bürgerliche, geistige Macht gegenübergesellt werden.

> „Das Museum ist immer auch sein Gegenteil – Aufklärung und ästhetische Religion, Menschheitspathos und patriotische Gesinnung, national und universal, das sind um 1830 offensichtlich keineswegs Gegensätze, die sich ausschließen, sondern die komplementären Leitbilder der Berliner Museen, sowohl ihrer geistigen wie auch ihrer gebauten Architektur von Anbeginn." (Schuster 2005)

Als Wilhelm von Humboldt 1829 von Friedrich Wilhelm III. zum Vorsitzenden der Museumskommission berufen wurde, konnte er nach der allgemeinen Schulreform und der Gründung der Berliner Universität die dritte und letzte große Aufgabe seiner Bildungsreform angehen, die Ausgestaltung des öffentlichen Museums als Bildungseinrichtung. Er hatte dafür nur anderthalb Jahre Zeit: 1829 wurde er berufen, 1830 fand die Eröffnung statt (vgl. Trabant 2021, S. 61). Das Alte Museum war im Rohbau fertig, als Wilhelm an seinen museumspolitischen Empfehlungen zu arbeiten begann, die dann in einem wichtigen Abschlussbericht Wilhelms an den König (Humboldt 1830/1904a) gipfelten. Damit konnte Wilhelm auch diesen Teil seines Lebenswerkes erfolgreich abschließen. Es war der Beginn der Berliner Museen als einer zukunftsfähigen Institution mit fortdauernder Wirkungsgeschichte.

Die Einrichtung öffentlicher Museen in anderen Metropolen jener Zeit wie London oder Paris hatte Folgen auch für Berlin: Das Sammeln und Ausstellen von Kunst wurde zur politischen Aufgabe, und Museumspolitik wurde ein zentrales Politikfeld des modernen Staates. Mehr als das: Der Militärstaat Preußen sollte zum Kulturstaat Preußen werden. Und die Begegnung mit Kunst würde der ästhetischen Erziehung des Volkes dienen (vgl. Trabant 2021, S. 59).

Wilhelm von Humboldt und Schinkel hatten in Schloss Tegel bereits sein privates Wohnhaus als Museum gestaltet. Doch die Einrichtung des ersten öffentlichen Museums in Preußen war für Wilhelm eindeutig staatliche Bildungspolitik. Die Begegnung mit dem Schönen war für ihn eine fundamentale Bedingung für Bildung. Dabei gab es eine doppelte Zielsetzung: Das Museum bildet die Bürger des Staates, das ist seine politische Funktion, aber der Zweck des ästhetischen Genusses muss dabei mit künstlerischer Belehrung einhergehen (vgl. Humboldt 1830/1904a, S. 547), und daran müssen sich Aufstellung und Hängung der Kunstwerke orientieren.

Die konkreten Aufgaben Wilhelms, die er in seinem Bericht darlegte, bezogen sich auf Konzeption und Ausstellungsprinzipien sowie auf Überlegungen zur

Ankaufspolitik. Dieser Bericht ist heute noch im Geheimen Staatsarchiv Preußischer Kulturbesitz erhalten, es ist die Gründungsurkunde der Berliner Museen. Nach Wilhelm von Humboldts Philosophie, die seine Museumspolitik entscheidend prägte, sollten insbesondere die großen Werke der Kunst nun endlich öffentlich zugänglich gemacht werden. Kunst, die zuvor nur in Schlössern und nur über die privilegierende Erlaubnis zum Studium betrachtet werden konnte, sollte nun allgemein allen Bürgern zugänglich sein. „Nichts schien mir so wichtig, als das Museum […] der öffentlichen Benutzung […] sobald als immer möglich zu übergeben" (Humboldt 1830/1904a, S. 541). Wilhelm holte damit für Preußen eine Reform nach, die in Frankreich längst vollzogen war.

Die Grundlage von Wilhelm von Humboldts Museumskonzeption war eine streng kunstwissenschaftliche Anordnung nach Stil, Epoche und Schule (vgl. ebd., S. 543, 547; zum Wandel der allg. Kunstauffassung vgl. auch Wezel 2001, S. 15 ff.). Der Schwerpunkt lag auf antiker Skulptur und auf Malerei der Alten Meister, dazu kamen ergänzend Kupferstiche. Die Singularität der antiken Welt stand für Wilhelm dabei stets im Vordergrund. Die ästhetische Schulung könne nach ihm nur durch originale Meisterwerke und den völligen Verzicht auf Kopien erfolgen. Gipse wären, wenn überhaupt, dann immer funktional und räumlich getrennt von den Originalen aufzustellen, keinesfalls jedoch gemeinsam im selben Saal (vgl. ebd., S. 551 f.). Die Ansicht der Originale sollte seines Erachtens die Unwiederholbarkeitserfahrung intensivieren, das Museum sollte allein von der Attraktivität, dem Eindruck und der Wirkung getragen sein, die nur von der Singularität der originalen Kunstwerke ausgehen könne (vgl. Lübbe 1980, S. 672).

Für Besucher seien die besten und schönsten Kunstwerke auszuwählen, denn nur diese seien in der Lage, sie zu bilden, so Wilhelm von Humboldts Grundgedanke. Die nur kunsthistorisch oder antiquarisch interessanten Werke seien nach ihm in abgesonderten Räumen zu präsentieren, da sie lediglich für Spezialisten von Wert sind, nicht aber für das große Publikum (vgl. Humboldt 1830/1904a, S. 547 f.). Dort könne man dann auch zeichnen und kopieren, nicht aber in den Räumen mit der großen, wahren Kunst.

Wilhelm wies der Kunst des Altertums und dabei insbesondere des Perikleischen Zeitalters eine exemplarische, herausgehobene Stellung zu. Das geschah im Gymnasialunterricht wie im Museum. Der Historismus war für ihn nicht Überwindung des Klassizismus, sondern verhielt sich komplementär zu diesem. „Mit dem Klassizismus" wurde „das Museum zur Bildungseinrichtung und mit dem Historismus, als dem Komplement des Klassizismus, zu einer Einrichtung der Wissenschaft" (Lübbe 1980, S. 670 f.).

Die Verwissenschaftlichung des Museums stand nicht in Widerspruch zu Wilhelm von Humboldts Bildungszweck, aber doch in einem gewissen Spannungsverhältnis zu ihm. Die Verwissenschaftlichung stellte nämlich die Frage nach dem Verhältnis von Original zu Gipsabguss beim systematischen Sammeln und Ausbau der Sammlung, weil wissenschaftliches Studium ganze Entwicklungsreihen braucht, die in kaum einem Museum ausschließlich aus Originalen aufgezeigt werden könnten. Wilhelm war dieser Konsequenz der Verwissenschaftlichung des Museums gegenüber nicht gänzlich abgeneigt, doch wollte er Gipse trotzdem stets nur getrennt von den Originalen aufstellen, um deren bildende Wirkung nicht zu beeinträchtigen.

Mit der fortschreitenden Verwissenschaftlichung des Museums leitete die Intention der Komplettierung immer mehr dessen Sammeltätigkeit (vgl. Lübbe 1980, S. 669 f.). Eine entscheidende Rolle spielte die Ankaufskommission, die auf Bestreben von Wilhelm mit deutlich erhöhtem Etat ausgestattet wurde, den er letztlich auch gegen den Widerstand der Ministerialbeamten durchsetzte. Er war sich bewusst, dass sich im Kunstmuseum die Historisierung der Kunst vollzieht. Mit dem Musealisierungsprozess war auch die Selektion verbunden, das Urteil über Rang und Qualität (vgl. Lübbe 1980, S. 676). Auch Wilhelm von Humboldt hat sich mit der Frage nach den Kriterien für künstlerische Qualität beschäftigt. Sein Klassizismus leugnete nicht die Historizität der Kunst, bot aber die klassische Antwort auf die Frage, warum unter den Werken vergangener Kunst einige dauerhafter gegenwärtig bleiben als andere (vgl. ebd.).

Die Aufteilung der Sammlungen im Alten Museum entschied Wilhelm wie folgt in einer Dreiteilung: im Souterrain das Antiquarium mit antiken Kleinobjekten, Vasen, Gemmen und Münzen, im ersten Obergeschoss die Skulpturen, im Mittelpunkt dabei die antiken, und im zweiten Obergeschoss die Gemäldesammlung (vgl. Humboldt 1830/1904a, S. 543 f). Aegyptiaca, Ethnologica und sogenannte Nordische Altertümer wurden ins Schloss Monbijou ausgelagert (vgl. Lübbe 1980, S. 669). Zu letzteren äußerte sich Wilhelm wie folgt:

> „Ich glaube nicht, die Beschuldigungen befürchten zu müssen, gewisse Gebiete der Kunst oder ihrer Geschichte zu sehr in den Schatten zu stellen. Ich schätze gewiss alle und erkenne ihren Nutzen; wo sie aber in Beziehung auf einen bestimmten Zweck und eine zu diesem Zweck gestiftete Anstalt betrachtet werden, muss ihre Wichtigkeit natürlich verschiedenartig erscheinen." (Humboldt 1833/1904b, S. 574)

Ein völlig anderes Konzept lag später dem Neuen Museum zugrunde, worauf noch zurückzukommen sein wird.

Wilhelm von Humboldts Denken hinsichtlich der Konzeption eines Museums lässt sich sehr gut an der Auseinandersetzung um die richtige Hängung der Gemälde Alter Meister herausarbeiten (vgl. Vogtherr 1992, S. 53 ff.; Wezel 2001, S. 36 f., 100 ff.). Im Alten Museum waren dafür fünf große Säle und damit das gesamte Obergeschoss vorgesehen. In einer Denkschrift (Humboldt 1992) schrieb Wilhelm die leitenden Prinzipien bei der Hängung der Gemälde nieder. Danach sollte die niederländisch-deutsche Malerei von der italienischen getrennt werden, dies war unbestritten. Umstritten war jedoch, ob es innerhalb der italienischen eine Aufteilung in Regionalschulen geben, oder ob der Epoche Priorität zukommen sollte. Für Wilhelm war die primär nach Epochen gegliederte Hängung nur bei eng benachbarten Schulen sinnvoll, weil er eher Gleichartiges zusammenfassen wollte (vgl. ebd.; Vogtherr 1992, S. 56 f).

In der für die Einrichtung des Alten Museums zuständigen Kommission, der Wilhelm von Humboldt vorsaß, gab es unterschiedliche Vorstellungen und Herangehensweisen, was die Hängung der Bilder betraf.

> „Während Waagen kunsthistorische Vergleiche ermöglichen wollte, legte Humboldt Wert auf ungestörten Genuß von Einzelwerken. Nur die Gruppierung weitgehend gleichartiger Werke sicherte nach Humboldts Meinung die Harmonie, die für den Genuß des Schönen unbedingt notwendig war. Dahinter mußten historisch-didaktische Absichten zurücktreten, die Humboldt als bevormundend empfand." (vgl. ebd., S. 57)

In seiner Denkschrift unterschied Wilhelm von Humboldt zwei Arten von Besuchern: den „eklektisch auswählenden Liebhaber, der ästhetisch vollendete Bilder suchte, und den systematisch vorgehenden Kenner, der auch nur an historisch bedeutungsvollen Bildern interessiert war". Beide suchten nach Wilhelm aber „gut [...] aufgehängte und angemessen beleuchtete Bilder" (Vogtherr 1992, S. 57).

Ein weiterer Konflikt drehte sich um die Anordnung der Gemälde: Sollten frühe Werke der jeweiligen Schulen zusammen mit den späten ausgestellt werden oder eben getrennt voneinander. Waagen und Schinkel plädierten für den historischen Zusammenhang, wogegen Wilhelm von Humboldt und Carl Friedrich von Rumohr, letzterer ebenfalls Mitglied in Wilhelms Museumskommission, Bilder aus ästhetischen Gründen absondern wollten (vgl. Humboldt 1992). Wilhelm setzte sich am Ende durch.

Humboldts Denkschrift war der Versuch, das Museum als ästhetisch-normative Einrichtung zu organisieren. Er hatte dabei die Befürchtung, dass die Berliner Gemäldegalerie zu sehr auf den historisch interessierten und entsprechend vorgebildeten Kenner ausgerichtet sein würde. Waagen und Schinkel sahen demgegenüber die Funktion des Museums eher darin, dem Besucher ein möglichst umfassendes Gesamtbild der Kunstgeschichte zu vermitteln, was – rückblickend betrachtet – fortschrittlicher gedacht war, weil sie auch Mittelalter und Frührenaissance als eigenständige Kunstepochen zu ihrem Recht kommen lassen wollten. Wilhelm vertrat dagegen einen für seine Zeit eher konventionellen, stark auf die klassischen Perioden konzentrierten Geschmack. Er setzte im Alten Museum seine Museumskonzeption durch, die im weiteren Verlauf der Berliner Museumsgeschichte jedoch ohne Nachfolge blieb (vgl. Vogtherr 1992, S. 61). Schon das Neue Museum war grundlegend anders.

Zusammenfassend kann man zu Wilhelm von Humboldts museumspolitischen Zielen festhalten, dass er das aufstrebende und immer selbstbewusster werdende Bürgertum im Blick hatte. Kenner und Dilettanten, Gelehrte und Bürger befanden sich im selben Raum, alle waren quasi Staatsbürger in Ausbildung. Nicht die Öffnung war das Entscheidende, sondern die Funktionalisierung der Sammlung als politische Plattform für das Vermitteln des historischen Wertes und der künstlerischen Qualität von Kunst (vgl. Lübbe 1980, S. 662ff.). Das Museum wurde identitäts- und nationsstiftend und war damit Vorbedingung des bürgerlichen Staates. Die Allgemeinheit sollte die Möglichkeit zu einer umfassenden kulturellen Bildung erhalten (vgl. Gerhardt 2017, S. 462f.). Und wenn Kunst zur Sache des Publikums wird, bedarf es des Museums als der Institution ihrer Veröffentlichung und Zugänglichmachung.

Innerhalb von Wilhelms Bildungskonzept kam der Kunst also hohe Bedeutung zu. Kunst fördere sämtliche sinnlichen und intellektuellen Fähigkeiten, Kunst sei moralische Bildung, sie versittliche und sei Träger humaner Ideale. Kunst veredele die Persönlichkeit und halte sie von Extremen (Revolution) fern. Wilhelm hatte in seinen morgendlichen, andachtsförmigen Beschäftigungen mit Kunst und Literatur der Antike Schillers Theorie der ästhetischen Erziehung (1795/1962) auf sich selbst angewandt. Durch die Einrichtung eines Museums übertrug er diesen Ansatz quasi auf die Nation.

Das Museum ist für ihn ein Ort freier Selbstbildung. Für Wilhelms Benutzungsordnung eines Museums galten daher folgende Eckpunkte: Die großen Werke der Kunst seien öffentlich zu halten, konkurrierende Zwecke der praktischen Künstler-Ausbildung oder esoterischer Studien seien rigoros dem Kunstgenuss unterzuordnen, kein Kunstwerk solle zum Zweck der Kopierübungen von seinem Platz entfernt werden, die tolerable Zahl der anwesenden Kunstschüler müsse strikt begrenzt werden, und das Original müsse überhaupt aus seiner Dienstbarkeit als Hilfsmittel der Künstlerausbildung entlassen werden (vgl. Humboldt 1830/1904a, S. 561f.). Das Museum ist nur dem Schönen geweiht und dient einzig der Betrachtung von Kunst in kontemplativer Verehrung. Das Museum ist ein Tempel der Kunst, der die Werke in öffentlicher Präsentation ohne jegliche Kontextualisierung zeigt (vgl. Lübbe 1980, S. 664; Wezel 2001, S. 106). Wilhelm von Humboldt begründete damit eine Vision, die historische Mitte Berlins von Kunst und Kultur, Wissenschaft und Bildung her zu denken. Dafür steht heute die Museumsinsel und das sie zu einem Zentrum für die Kulturen der Welt erweiternde Humboldt Forum.

5. Berliner Museumsgeschichte nach Wilhelm von Humboldt

Die Eröffnung des Neuen Museums 1859 zeigt einen grundlegenden Paradigmenwechsel im Verhältnis von Kunst und Wissenschaft geradezu exemplarisch auf. Nach dem Alten Museum als Tempel der Kunst entstand das Neue Museum mit der wissenschaftsbasierten Kontextualisierung und Inszenierung der Objekte. Was für Wilhelm von Humboldt noch undenkbar gewesen wäre: Original und

Kopie standen im Neuen Museum gleichberechtigt nebeneinander und waren in ein und dasselbe Narrativ eingebunden (vgl. Abb. 5).

Abb. 5: Neues Museum, erstes Obergeschoss. Aufstellung von Abgüssen römischer Skulpturen (Aufnahme um 1901. No. 00091624 bpk, Zentralarchiv, SMB, Schucht).

Bei seiner Eröffnung 1859 war das Neue Museum in jeder Hinsicht neu (vgl. Wezel 2001): erstens architektonisch-bautechnisch, denn es handelte sich um den ersten dreigeschossigen Museumsbau überhaupt, zweitens bei der Wahl der inszenatorischen Mittel und drittens in der inhaltlichen Konzeption. Das Neue Museum markierte den Beginn einer neuen Epoche im Museumsverständnis. Programmatisch war schon der Kernsatz über dem Mittelrisalit der Westfassade: „Artem non odit nisi ignarus", „Nur der Unwissende verachtet die Kunst".

Das Neue Museum war ursprünglich als Erweiterung des Alten Museums gedacht, doch lagen ihm grundlegend veränderte architektonische, kunsttheoretische, kulturphilosophische und allgemein historische Auffassungen zugrunde: Es war vor allem eine inhaltliche Erweiterung vom Kunst- zum Kulturmuseum. Das Konzept wurde dabei ganz wesentlich vom Architekten August Friedrich Stüler und vom damaligen Generaldirektor der Königlichen Museen Ignaz von Olfers entwickelt. Das Neue Museum wurde dabei zu einem wahren Gegenbau des Alten Museum, wie schon der Name unterstreicht.

Das Alte Museum war der „Tempel der Kunst“, der nur originale Kunstwerke, vorwiegend Skulpturen und Gemälde, in gleichförmigen und zurückhaltend dekorierten Ausstellungsräumen so gut wie möglich zur Geltung zu bringen versuchte. Daneben entstand mit dem Neuen Museum der „Tempel der Bildung“, der darauf ausgerichtet war, nicht nur mit Originalen, sondern vor allem auch mit Gipsabgüssen vor dem Hintergrund einer reichen erzählerischen Raumdekoration einen kunst- und kulturgeschichtlichen Überblick entstehen zu lassen. Das Neue Museum wurde dadurch zu einem ersten wirklichen Universalmuseum, dessen Konzeption ganz im Sinne von Alexander von Humboldt war, der nicht nur im Schatten des Alten Museums wohnte (vgl. Bredekamp 2019, S. 32), sondern der das Werden des neuen Hauses auch mit größtem Interesse verfolgte (vgl. Parzinger 2011, S. 204 ff.).

Doch die Anfänge dieses Paradigmenwechsels vollzogen sich schon bald nach 1830 bereits im Alten Museum selbst. 1833 kam Eduard Gerhard als erster Archäologe von Rom in das Berliner Museum. Gerhard hatte 1829 in Rom das „Instituto di corrispondenza archeologica“ gegründet, das heutige „Deutsche Archäologische Institut“ (vgl. Parzinger 2011, S. 205 ff.). Gerhard war die treibende Kraft hinter dieser Gründung und ihm gelang es, auf dem Marktplatz von Pozzuoli Friedrich Wilhelm IV. noch als Kronprinz die Zusage des Protektorats über das Institut abzuringen. Er war jener preußische König, der dann 1841 den Raum hinter dem Alten Museum zur „Freistätte für Kunst und Wissenschaft“ erklärte, die Geburtsstunde der Museumsinsel.

Das von Gerhard gegründete Institut verschrieb sich der Aufgabe, archäologischen Fundstoff systematisch zu sammeln und zu veröffentlichen und auf diese Weise eine umfassende Denkmälerkunde des Altertums zu betreiben. Diesen Ansatz übertrug Gerhard 1833 auf die Berliner Museen. Dort hatte er den berühmten „archäologischen Apparat“ aufgebaut, eine über 2.500 Blatt umfassende Sammlung von Zeichnungen meist unpublizierter Kunstwerke (vgl. Ahrens/Wrede 2000).

Das Alte Museum wurde durch Gerhard zu einer Stätte der Forschung, die nicht nur eigene Bestände in ihrer ästhetischen Kraft präsentierte, sondern auch größere kulturgeschichtliche und kunsthistorische Zusammenhänge aufzeigen sollte.

Gerhards Profil der Berliner Antikensammlung war zukunftsweisend und hatte Auswirkungen auf die Ankaufspolitik: Es ging nicht mehr vordringlich nur um Meisterwerke, sondern um die ganze Vielfalt der antiken Kunstgattungen und Kulturen. Allein dies stand bereits in deutlichem Widerspruch zur ursprünglichen Vision Wilhelm von Humboldts von einem reinen Kunstmuseum. Neben der Bildungsfunktion Humboldt'scher Prägung rückte nun auch die Forschungs- und Lehrfunktion des Museums stärker in den Mittelpunkt. Dabei entstanden auch

Querverbindungen zu anderen wissenschaftlichen Einrichtungen: zur Berliner Universität, zur Preußischen Akademie der Wissenschaften, zum Deutschen Archäologischen Institut sowie zur ebenfalls von Gerhard gegründeten Archäologischen Gesellschaft zu Berlin. Gerhard verstand es, diese Einrichtungen auf ein und dasselbe wissenschaftliche Ziel hin auszurichten. Er schuf damit ein System, dessen einzelne Bestandteile sich gegenseitig stützten. Die deutsche Altertumskunde fand dabei erstmals zu arbeitsteiliger Großforschung, und ihr kam auf diese Weise eine Vorreiterrolle im preußischen Wissenschaftssystem des 19. Jh. zu.

Das Neue Museum war in dieser Phase auch der erste Versuch, ein Museum universaler zu denken als jemals zuvor: Die vaterländischen, ägyptischen und ethnographischen Sammlungen belegten die dortigen Säle im Erdgeschoss, Gipsabgüsse aus allen Epochen boten im ersten Obergeschoss einen umfassenden Rundgang durch die Kunstgeschichte (vgl. Abb. 5), während Kunstkammer und Kupferstichkabinett im zweiten Obergeschoss untergebracht waren. Das Neue Museum nutzte dabei gänzlich neue inszenatorische Elemente. Das gigantische Treppenhaus umgreift alle Kulturen, und die im Zweiten Weltkrieg zerstörten Wandgemälde Wilhelm von Kaulbachs illustrierten wesentliche Stationen der Weltgeschichte vom Turmbau zu Babel bis zur Reformation. Die Kunst Kaulbachs wurde hier zum didaktischen, ja programmatischen Mittel eingesetzt, und die Botschaft war klar: Die Menschheitsgeschichte begann mit den altorientalischen Hochkulturen und fand ihre vorläufige Vollendung im protestantischen Preußen, ganz im Sinne des Hegelschen Aufstiegsdenkens.

Auch die Ausstellungspräsentation ging völlig neue Wege: Die Auswahl der Exponate erfolgte nicht mehr nur nach ästhetischen, sondern nach wissenschaftlichen Kriterien. Anders als im Alten Museum verzichtete man nicht auf spektakuläre Präsentationsformen, sondern im Gegenteil, man nutzte sie gezielt, um Besucher staunend in andere Welten zu versetzen, und zwar durch eindrucksvolle Kulissen für die Exponate und durch ein perfekt aufeinander abgestimmtes Zusammenspiel von Architektur, Wandgestaltung und Objekt. Die Ausstellung war dadurch Parcour und Labor zugleich. Die Gipse wurden dabei im Neuen Museum mit ähnlicher Wertschätzung aufgestellt wie Originale im Alten Museum. Diese ‚Provokation' des Kunstmuseums Humboldt'scher Prägung wurde noch verstärkt durch den Übergang vom Alten ins Neue Museum, der von den Originalen direkt in die Ebene der Gipse führte.

Es waren letztlich zwei fundamentale Neuerungen im Neuen Museum gegenüber dem von Wilhelm von Humboldt eingerichteten Alten Museum: Erstens ging es nicht mehr allein um den reinen Kunstgenuss, sondern um ein Verständnis für die Entwicklung der Kunst. Das Neue Museum sollte den Besucher*innen (kultur-)historisches Wissen und Bewusstsein vermitteln und seine kognitive Wahrnehmung schärfen. Zweitens dominierte im Neuen Museum der Stolz der Gegenwart gegenüber der Ehrfurcht vor der Vergangenheit, wie noch im Alten Museum der Fall. Der Schievelbein-Fries im Griechischen Hof des Neuen Museums bringt dieses neue Selbstbewusstsein deutlich zum Ausdruck: Die vor dem Ausbruch des Vesuvs flüchtenden Bewohner von Pompeji retten ihr kostbares Hab und Gut in die Hände von Stüler und Olfers, die es gnädig in Empfang nehmen.

Das Neue Museum ist ein gelungenes Beispiel für ein kulturgeschichtliches Museum, das ganz im Sinne von Alexander von Humboldt war. Trotz wissenschaftsbasierter Kontextualisierung hat es eine besondere ästhetische Kraft. Altes und Neues Museum verdeutlichen also zwei zutiefst unterschiedliche, ja widersprüchliche Positionen von Museum, das eine war der Gedankenwelt Wilhelm von Humboldts verpflichtet, das andere eher der seines Bruders Alexander.

Literatur

Ahrens, Sven/Wrede, Henning (2000): Der Archäologische Lehrapparat von Eduard Gerhard und die Sammlungen des Winckelmann-Instituts. In: Bredekamp, Horst/Brüning, Jochen/Weber, Cornelia (Hrsg.): Theater der Natur und Kunst. Theatrum naturae et artis. Wunderkammern des Wissens, Bd. 2 (Essays). Berlin: Henschel, S. 173–185.

Berglar, Peter (1970): Wilhelm von Humboldt. Reinbek: Rowohlt.

Bredekamp, Horst (2019): Das Glühen der Exponate. Museumskonzepte der Brüder Humboldt. In: Spies, Paul/Tintemann, Ute/Mende, Jan (Hrsg.): Wilhelm und Alexander von Humboldt. Berliner Kosmos. Köln: Wienand, S. 25–33.

Cullen, Michael S./von Stockhausen, Tolmann (1998): Das Alte Museum. Berlin: Berlin-Edition.

Gall, Lothar (2011): Wilhelm von Humboldt. Ein Preuße von Welt. Berlin: Propyläen.

Gerhardt, Volker (2017): Wilhelm von Humboldt als Philosoph. In: Pädagogische Rundschau 71, H. 5, S. 462–498.

Heilmeyer, Wolf-Dieter/Heres, Huberta/Maßmann, Wolfgang (2004): Schinkels Pantheon. Die Statuen der Rotunde im Alten Museum. Mainz: Zabern.

von Heinz, Christine (2019): 10. Tegel – Der Antikensaal. In: Spies, Paul/Tintemann, Ute/Mende, Jan (Hrsg.): Wilhelm und Alexander von Humboldt. Berliner Kosmos. Köln: Wienand, S. 83–87.

von Humboldt, Wilhelm (1830/1904a): Bericht des Ministers Wilhelm Freiherrn von Humboldt an den König vom 21. August 1830. In: Wilhelm von Humboldts Gesammelte Schriften (1903 ff.), Bd. XII,II (Politische Denkschriften III., 2. Hälfte, 1904), Berlin: Behr, S. 539–566.)

von Humboldt, Wilhelm (1833/1904b): Gegen Änderung des Museumsstatus. 14. Juni 1833. In: Wilhelm von Humboldts Gesammelte Schriften (1903 ff.), Bd. XII,II (Politische Denkschriften III., 2. Hälfte, 1904), Berlin: Behr, S. 572–581.)

von Humboldt, Wilhelm (1980a): Ideen zu einem Versuch, die Gränzen der Wirksamkeit des Staates zu bestimmen (1792). In: Flitner, Andreas/Giel, Klaus (Hrsg.): Wilhelm von Humboldt: Werke, Bd. 1 (Schriften zur Anthropologie und Geschichte). 3. Auflage. Stuttgart: Cotta'sche Buchhandlung, S. 56–233.

von Humboldt, Wilhelm (1980b): Theorie der Bildung des Menschen. Bruchstück. In: Flitner, Andreas/Giel, Klaus (Hrsg.): Wilhelm von Humboldt: Werke, Bd. 1 (Schriften zur Anthropologie und Geschichte). 3. Auflage. Stuttgart: Cotta'sche Buchhandlung, S. 234–240.

von Humboldt, Wilhelm (1980c): Betrachtungen über die bewegenden Ursachen in der Weltgeschichte (1818). In: Flitner, Andreas/Giel, Klaus (Hrsg.): Wilhelm von Humboldt: Werke, Bd. 1 (Schriften zur Anthropologie und Geschichte). 3. Auflage. Stuttgart: Cotta'sche Buchhandlung, S. 578–584.

von Humboldt, Wilhelm (1821/1980d): Über die Aufgabe des Geschichtsschreibers. In: Flitner, Andreas/Giel, Klaus (Hrsg.): Wilhelm von Humboldt: Werke, Bd. 1 (Schriften zur Anthropologie und Geschichte). 3. Auflage. Stuttgart: Cotta'sche Buchhandlung, S. 585–606.

von Humboldt, Wilhelm (1809/1982a): Antrag auf Errichtung der Universität Berlin. In: Flitner, Andreas / Giel, Klaus (Hrsg.): Wilhelm von Humboldt: Werke, Bd. 4 (Schriften zur Politik und zum Bildungswesen), 2. Auflage. Stuttgart: Cotta'sche Buchhandlung, S. 29–37.
von Humboldt, Wilhelm (1810/1982b): Zur Errichtung eines Museums in Berlin. In: Flitner, Andreas / Giel, Klaus (Hrsg.): Wilhelm von Humboldt: Werke, Bd. 4 (Schriften zur Politik und zum Bildungswesen), 2. Auflage. Stuttgart: Cotta'sche Buchhandlung, S. 245–246.
von Humboldt, Wilhelm (1982c): über die innere und äußere Organisation der höheren wissenschaftlichen Anstalten in Berlin (1809). In: Flitner, Andreas / Giel, Klaus (Hrsg.): Wilhelm von Humboldt: Werke, Bd. 4 (Schriften zur Politik und zum Bildungswesen), 2. Auflage. Stuttgart: Cotta'sche Buchhandlung, S. 255–266.
von Humboldt, Wilhelm (1793/1986): Über das Studium des Altertums und des Griechischen insbesondere. In: Flitner, Andreas / Giel, Klaus (Hrsg.): Wilhelm von Humboldt: Werke, Bd. 2 (Schriften zur Altertumskunde und Ästhetik). 4. Auflage. Stuttgart: Cotta'sche Buchhandlung, S. 1–24.
von Humboldt, Wilhelm (1988a): Ueber das vergleichende Sprachstudium in Beziehung auf die verschiedenen Epochen der Sprachentwicklung (1820). In: Flitner, Andreas / Giel, Klaus (Hrsg.): Wilhelm von Humboldt: Werke, Bd. 3 (Schriften zur Sprachphilosophie). 6. Auflage. Stuttgart: Cotta'sche Buchhandlung, S. 1–25.
von Humboldt, Wilhelm (1988b): Ueber die Verschiedenheit des menschlichen Sprachbaues (1827–1829). In: Flitner, Andreas / Giel, Klaus (Hrsg.): Wilhelm von Humboldt: Werke, Bd. 3 (Schriften zur Sprachphilosophie). 6. Auflage. Darmstadt: Wissenschaftliche Buchgesellschaft, S. 144–367.
von Humboldt, Wilhelm (1992): Bemerkungen zu Hrn. Dr. Waagen's Aufsatz über die Principien der Gemälde-Aufstellung (1829). In: Vogtherr, Christoph Martin: Zwischen Norm und Kunstgeschichte. Wilhelm von Humboldts Denkschrift von 1829 zur Hängung in der Berliner Gemäldegalerie (Jahrbuch der Berliner Museen 34, S. 53–64), S. 61–64.
Kaufmann, Hans (1963): Zweckbau und Monument: zu Friedrich Schinkels Museum am Berliner Lustgarten. In: Hess, Gerhard (Hrsg.): Eine Freundesgabe der Wissenschaft für Ernst Hellmut Vits zur Vollendung seines 60. Lebensjahres am 19. September 1963. Frankfurt a. M.: Knapp.
Lübbe, Hermann (1980): Wilhelm von Humboldt und die Berliner Museumsgründung 1830. In: Deutsche Vierteljahrsschrift für Literaturwissenschaft und Geistesgeschichte 54, H. 4, S. 656–676.
Mattson, Philip (Hrsg.) (1980): Verzeichnis des Briefwechsels Wilhelm von Humboldts, 2 Bde., Heidelberg: Wilhelm-von-Humboldt-Briefarchiv.
Maurer, Michael (2016): Wilhelm von Humboldt. Ein Leben als Werk. Köln / Weimar / Wien: Böhlau.
Parzinger, Hermann (2011): Die Kraft der Kunst und die Macht der Reflexion: eine Geschichte vom Widerstreit zum Wechselspiel. In: Berlin-Brandenburgischen Akademie der Wissenschaften. Jahrbuch 2010 (2011), 200–213.
Rave, Paul Ortwin (1956): Wilhelm von Humboldt und das Schloss zu Tegel. 2. Auflage. Berlin: Mann.
Schiller, J. C. Friedrich (1795/1962): Über die ästhetische Erziehung des Menschen in einer Reihe von Briefen. In: von Wiese, Benno (Hrsg.): Schillers Werke. Nationalausgabe. Bd. 20, Weimar: Böhlaus Nachfolger, S. 309–412.
Schuster, Klaus-Peter (2005): Europa und die Welt – vom Betenden Knaben über Nofretete zum Humboldt-Forum. Der Tagesspiegel, 12. August 2005.
Trabant, Jürgen (2021): Wilhelm von Humboldt (1767–1835). Menschen, Sprachen, Politik. Würzburg: Königshausen & Neumann.
Trempler, Jörg (2001): Das Wandbildprogramm von Karl Friedrich Schinkel, Altes Museum Berlin. Berlin: Mann.
Vogtherr, Christoph Martin (1992): Zwischen Norm und Kunstgeschichte. Wilhelm von Humboldts Denkschrift von 1829 zur Hängung in der Berliner Gemäldegalerie. In: Jahrbuch der Berliner Museen 34, S. 53–64.
van Wezel, Elsa (2001): Die Konzeptionen des Alten und Neuen Museums zu Berlin und das sich wandelnde historische Bewusstsein. In: Jahrbuch der Berliner Museen 43 (Beiheft). Berlin: Mann.

Autorenverzeichnis

Dietrich Benner, Prof. em. Dr. Dr. h. c. mult., Humboldt-Universität zu Berlin. Arbeitsschwerpunkte: Allgemeine Erziehungswissenschaft; Didaktik und Wissenschaftsdidaktik; Theorie- und Problemgeschichte; Religiöse und Moralische Erziehung, Bildung und Kompetenz. Email: dietrich.benner@gmx.de.

Malte Brinkmann, Prof. Dr., Humboldt-Universität zu Berlin. Arbeitsschwerpunkte: Theorie der Bildung und Erziehung; videographische Unterrichtsforschung; Phänomenologische Erziehungswissenschaft. Email: malte.brinkmann@hu-berlin.de.

Stefan Kipf, Professor für Didaktik des altsprachlichen Unterrichts, Humboldt-Universität zu Berlin. Arbeitsschwerpunkte: Geschichte des altsprachlichen Unterrichts und der Klassischen Philologie; Sprachbildung; Literaturdidaktik; Weiterentwicklung der Lehrerbildung; Beratung zur Unterrichtsentwicklung an Schulen mit altsprachlichem Schwerpunkt. Email: stefan.kipf@staff.hu-berlin.de.

Oliver Lubrich, Professor für Komparatistik an der Universität Bern. Er gab Alexander von Humboldts *Sämtliche Schriften* heraus und veröffentlichte zuletzt die Monographie *Humboldt oder Wie das Reisen das Denken verändert*. Email: oliver.lubrich@unibe.ch.

Ruprecht Mattig, Professur für Systematische Erziehungswissenschaft und Methodologie der Bildungsforschung, TU Dortmund. Arbeitsschwerpunkt: Pädagogische Anthropologie. E-Mail: ruprecht.mattig@tu-dortmund.de.

Hermann Parzinger, Prof. Dr. Dr. h. c. mult., Präsident der Stiftung Preußischer Kulturbesitz, Vor- und Frühgeschichte (Prähistorische Archäologie). Email: Parzinger@hv.spk-berlin.de.

Heinz-Elmar Tenorth, Prof. i. R. Dr. Dr. h. c., Humboldt-Universität zu Berlin. Arbeitsschwerpunkte: Theorie und Geschichte pädagogischen Wissens; Universitätsgeschichte. Email: tenorth@hu-berlin.de.

Jürgen Trabant, Professor emeritus der romanischen Sprachwissenschaft an der Freien Universität Berlin. Arbeitsschwerpunkte: Europäische Sprachphilosophie (Humboldt, Vico) und Sprachpolitik. Email: trabant@zedat.fu-berlin.de.

Iñaki Zabaleta-Gorrotxategi, Professur für Philosophie der Moderne, Universität des Baskenlandes. Arbeitsschwerpunkt: Kultur- und Sprachphilosophie. E-Mail: i.zabaleta-gorrotxategi@ehu.eus.